實戰智慧館 446

巴菲特的勝券在握之道

在負利率時代，存錢不如存股的 4 大滾雪球投資法

The Warren Buffett Way, +Website, 3rd edition

by
Robert G. Hagstrom

羅伯特・海格斯壯（Robert G. Hagstrom） 著

林麗雪 譯

推薦導讀

以巴菲特為師，十年賺三千萬

周文偉

不管您有沒有投資股票，您一定聽過華倫．巴菲特（Warren Buffett）。巴菲特於一九五六年成立合夥人投資公司，他從一百美元起家，靠著投資股票，到了二〇一六年，他用了六十年的時間累積超過六百五十億美元資產（這還不包括長期捐贈給蓋茲基金會做公益的善款）。截至二〇一六年七月為止，巴菲特名列全球第四大富翁❶。更難能可貴的是，《富士比》雜誌（*Forbes*）上的全球前十大富豪，只有巴菲特以投資股票致富，所以稱巴菲特為「股神」一點也不為過，巴菲特投資的績效堪稱空前絕後。

要成為全世界最偉大的投資家，必須符合兩個條件：第一、投資績效超越大盤指數；第二、必須持續長久時間。巴菲特同時滿足了以上條件，所以絕不是用「好運」二字就能解釋。他曾用一個比喻來解釋「運氣」，假設現在全世界的猴子比賽猜拳，經過分組、分區激烈地競賽之後，前十名的猴子名單出爐，我們來研究一下全世界最優秀的猴子是哪一個國籍？來自哪一個地方？經過訪問之後，發現這十隻猴子全都來自美國內布拉斯加州的奧馬哈（巴菲特的出生地），我們就有理由去了解、去學習為什麼奧馬哈的猴子特別厲害。

本書延續前兩本書《值得長抱的股票巴菲特是這麼挑的》、《巴菲特勝券在握的12個原則》的精神，闡述巴菲特的投資理念。第二章介紹了影響巴菲特最深遠的人──班傑明．葛拉漢（Benjamin Graham），他重視安全邊際（margin of safety），教巴菲特在股價有明顯安全邊際的低價時買進，所以巴菲特在一九六〇年買了藍籌印花公司（Blue Chip Stamps）、一九六二年買進波克夏海瑟威紡織公司（Berkshire Hathaway）；菲利浦．費雪（Philip Fisher）則注重公司長遠的成長；波克夏的副董事長、與巴菲特亦師亦友的查理．蒙格（Charlie Munger）給了巴菲特一個更重要的觀念：「寧願用合理的價格買下卓越的公司，也不願意用便宜的價格買下平庸的公司。」因此，巴菲特才會在一九七二年以高於帳面價格三倍的價錢買下時斯糖果（See's Candies），並在一九八八年以相對大盤指數高的價錢買進可口可樂。

第三章介紹巴菲特選股的十二個原則，這對所有投資人來講是最重要的部分。第四章介紹巴菲特持有最重要的九檔股票，如何運用這十二個原則買進，包括二〇一一年買下全球科技服務業龍頭IBM、二〇一三年買下全球番茄醬第一品牌亨氏公司（H.J. Heinz）❷，這兩個例子讓我們了解到巴菲特的變與不變，因為他一向對於科技公司敬謝不敏，但如今

❶ 巴菲特名列全球第四大富翁，僅次於微軟（Microsoft）創辦人比爾．蓋茲（Bill Gates）、平價服飾ZARA創辦人阿曼西奧．奧蒂嘉（Amancio Ortega）和網路零售巨擘亞馬遜（Amazon）創辦人傑佛瑞．貝佐斯（Jeff Bezos），如果巴菲特沒有捐款的話，身價應該更高。

❷ 亨氏於二〇一五年併入卡夫食品（Kraft）成為全球第五大食品公司。

ＩＢＭ已經是波克夏市值第四大的持股，僅次於富國銀行（Wells Fargo）、卡夫亨氏（KraftHeinz）和可口可樂。

第五章講到集中持股、長期投資的重要，巴菲特說：「如果你對股票略有所知，也有能力理解公司的財務數字，然後把資金配置在五到十支擁有長期競爭優勢的公司，那分散投資對你毫無意義。」他也說：「只要公司能繼續創造高於平均值的表現，我認為最理想持有這檔股票的期限是『永遠』。」

第六章到最後一章談的是投資心理學。想要成為成功的投資者，耐心和紀律非常重要，巴菲特不是靠「玩」股票致富，而是靠「玩股票的投資人」致富，巴菲特就是那些短視近利和沒有耐心的投資人的最終受惠者。

巴菲特也是一個樂觀的人，他說有一天道瓊指數（ＤＪＩ）會漲到十萬點。他相信人類社會永遠進步，長期來看，人類為了追求更舒適和便利的生活，總是會有發明家不斷的創造，這就是社會進步繁榮的基石，而好公司的長期發展是一片光明。道瓊指數在二十世紀的一百年之間從六十六點漲到一一四九七點，二十一世紀的前面十幾年又漲到了一八五〇六點（結算自二〇一六年七月十四日止），這中間歷經了兩次世界大戰、韓戰、越戰、冷戰，又經過幾次經濟大蕭條、金融大海嘯，但多次的經濟衰退又如何呢？這其中不光只有指數的上漲，不要忘記，這一百多年來，投資人還收到了無法計數的現金股息分紅。

我和巴菲特一樣，初入股市時，曾嘗試透過Ｋ線圖、技術指標去預測股價未來走勢，做為買進賣出的依據。說穿了就是投機，我圖的是價差，但通常賺少賠多，忙了好多年，結論就是賠錢，而且賠的很慘。

我在心灰意冷、決定離開股市之際，看了海格斯壯寫的兩本書《值得長抱的股票，巴菲特是這麼挑的》、《巴菲特勝券在握的12個原則》，從此徹底改變投資的觀念，也對股票有了新的體認。想要投資致富，不需要很高的智商，只需要「耐心」而已。大道至簡，我根據巴菲特的法則，十年來堅持長期投資好公司，股票資產從一百萬成長至三千萬，我就是遵循巴菲特投資哲學最好的案例。多年後，一遍又一遍地看完海格斯壯寫的書，內心仍舊非常澎湃和感動。

巴菲特九歲那年，在雪地玩雪時，從「雪球」悟出了投資的大道理。他昭告世人，要在三十歲那年成為百萬富翁，他說：「人生就像雪球，重要的是要找到溼的雪，和一道長長的山坡。」他不愛錢，卻喜歡看著錢不斷變大；他熱愛工作，並自詡為啦啦隊長，充分授權旗下子公司經理人，激勵員工成就卓越；他說如果波克夏的股價在他離開人世的那一天大漲，他會非常傷心（這表示巴菲特對波克夏不重要）。探索股神的智慧若能學到他的十分之一，相信大家在投資的路上都能勝券在握，祝福大家！

（本文作者自三十四歲開始遵循巴菲特的滾雪球投資法存股，不到五十歲便存到三千萬，提早退休達到財富自由。現為財經專欄作家，著有《流浪教師存零股存到3000萬》、《華倫老師的存股教室》，向大眾分享以巴菲特為師的投資心得。）

推薦文1

貼近巴菲特智慧，但要做自己

闕又上

海格斯壯是少數對巴菲特有深入了解的作家。巴菲特的選股原則和他在投資管理上所展現的智慧歷久彌新，然而他的投資策略並非一成不變。他非常尊崇恩師葛拉漢，但在費雪和重要搭檔蒙格的影響下，他將葛拉漢的投資策略修正後發揚光大，賦予了新的詮釋和生命，這段過程並非一蹴可幾。成功的投資者對價值的核心理念有所堅持，但不會墨守成規。讀者可以從這些變化中更了解這位偉大的投資者。

海格斯壯堅信，巴菲特投資的四個守則仍然適用。一是專業守則，二是管理團隊守則，三是財務守則，四是價值守則。這本書延續了十二個選股原則，這是巴菲特投資管理中最重要的理論基礎。這幾章的鋪陳和探討夠理性、夠科學，也符合挑選成功企業的篩選標準，可以說只要遵循這十二個原則，便可挑選出多數成功企業。這十二個原則如下：

一、業務簡單易懂；

二、擁有穩定的營運歷史；

三、公司長期前途看好；
四、經營團隊是否理性；
五、經營團隊對股東誠實；
六、經營團隊能拒絕制度性的從眾盲目；
七、聚焦在股東權益報酬（ROE）而非每股盈餘（EPS）；
八、計算「業主盈餘」（owner earning）；
九、尋找高獲利率公司；
十、公司每一美元的保留盈餘是否至少可以創造一美元的市場價值；
十一、看到公司的價值；
十二、是否能以遠低於這家公司價值的價格買進股票？

在我近三十年管理客戶資產的經驗中，發現許多投資者的失敗不在於未遵循選股技巧，而是投資策略和工具不符個性。若每位投資者都充分理性，對於投資目標、方法了然於胸，朝自己的投資方向前進，那麼便容易成功。然而多數的投資者是心嚮往之，卻不能至。海格斯壯也注意到這個現象，特別在二〇〇八年金融海嘯之後，增添了財務行為的範疇——投資心理學。

我們常說投資是藝術和科學的結合，穩健的投資管理需以科學為基礎，而非天馬行空，情緒管控則具有藝術成分；科學和藝術兩者融合，才算是佳作。百年來，華爾街只有三個天敵：貪心、恐懼、沒耐心，喜歡巴菲特的大多數是價值投資型，特別注重安全邊際，因貪婪而犯錯的機會相對地少，「恐懼」才可能是大多數讀者的弱項。巴菲特前五大持有股都曾在黑天鵝來臨時面臨五〇％虧損，不過他說：「如果投資者不能承受五〇％的波動，就不要進股市攪局。」

巴菲特何以願意忍受這巔簸和不適呢？這是得到豐碩投資成果的必要之惡，也是他看清股市本質的表現；作者在本書中引述葛拉漢「市場先生」的經典故事，再次呈現股市既荒謬又真實有趣的事實。

如果無法克服黑天鵝來臨時股市劇烈震盪和恐懼，做出傻事怎麼辦？海格斯壯也深知這引發的後果和績效不良的影響，特別在最後兩章強調「理性的重要」；「理性」是選股和克服股市震盪的重要基礎，《財富》雜誌的卡洛．露米絲（Carol Loomis）指出，理性是造就巴菲特成功的最重要特質。能正確面對股市波動，是巴菲特比一般投資失敗者高明之處；而「耐心」是擴大及保有戰果的另一項特質和重要養分，這是巴菲特獨一無二的特質，也都是事實，所有擁有實務經驗的成功投資者都能認同。

我認為，巴菲特之所以成功不僅堅守十二個原則，同時也源自其個性和藝術表現。因此最後兩章的重要性不亞於前者。作者加重了情緒控管的內容、提到耐心的價值，深得我心，更能體現巴菲特完整的操作理念。作者引用托爾斯泰所說：「時間和耐力是最強的戰士。」這話說得貼切。投資時若無法克服股市震盪所帶來的恐懼情緒，就不可能耐心等待，也無法像巴菲特得到那樣豐碩的成果回報，所以理性與耐心同樣重要。

最後，作者以找出自己的風格做結，這表示海格斯壯是有經驗的操盤手。相信喜愛巴菲特的投資者，都不陌生本書所提到的十二個原則。不過我更關切的是，「投資策略是否符合我們的個性與想要的生活方式」，這些巴菲特經典語錄看似稀鬆平常，但事實上有自知之明的投資者並不多。

投資者若想成功，可以參考大師的理念和投資操作，但是制定投資策略時，還是要符合自己的個性，這樣才有融合自己的體悟及自身強項的機會，將巴菲特的投資策略和技巧運用得虎虎生風。

《巴菲特的勝券在握之道》非常值得投資者仔細閱讀。見賢思齊，你可以貼近巴菲特的智慧，但別忘了要做自己。

（本文作者為美國又上成長基金經理人、財務規劃師，過去七年年均報酬十八．五四%，曾被《紐約時報》譽為二〇一六年大型基金的績優操盤手。）

推薦文2

向巴菲特學投資

陳重銘

相信很多人都買過可口可樂的股票，卻沒有人賺到跟巴菲特一樣多的錢，原因在哪裡呢？我歸納出以下三點：

一、**賺錢的動機**：巴菲特在幼年時經歷了經濟大蕭條，讓他產生一股想要非常、非常、非常有錢的動機。年僅六歲，他就曉得花二十五分錢從祖父雜貨店買進六罐可口可樂，再以每罐五分錢的價錢賣出，投資報酬率幾近二〇%。強烈的賺錢動機是投資成功的最重要因素，但他不單只是愛錢，而是喜歡看著金額變大的樂趣，並且樂在其中。

二、**經營公司**：對巴菲特而言，股票並不是賭博的工具，買進股票等於持有公司的一小部分，所以他用經營公司的角度來看待投資。他偏好的公司必須是簡單且容易理解，過去幾年亦須有穩定的營運歷史，而且長期前途看好。更重要的是，他知道自己不懂哪些領域，並堅守只在了解的領域中投資，絕對不碰不了解的公司。同時，他善用「安全邊際」，一旦耐心等到夠便宜的股價，他不怕對最好的投資點子下大注。

三、**理性：**投資人最大的敵人不是股市，而是自己。股市中永遠存在著「恐懼」與「貪婪」這兩種人性，由於人是群體動物，潛意識中都會追隨別人的腳步。集體貪婪與恐慌，就會造成股價暴漲暴跌。根據學者研究，對於相同金額的輸贏，人們對輸錢的懊惱程度比贏錢的高興程度強烈兩倍。每個人都痛恨賠錢，會在大跌時不理性地集體殺出股票。但巴菲特超級理性，不會隨著短期的股價起舞，而且他善於利用群眾的恐慌情緒，在崩盤時勇敢買進好股票。

做為股市投資人，目標其實很簡單，就是用合理的價格買進一家容易理解的公司的股票。本書詳細介紹巴菲特評估公司價值的方法，有助於讀者在價格低於價值時買進股票。但是股市中永遠有不可預期的挑戰，投資人也要鍛鍊心理強度，學習巴菲特的理性與紀律等優點。最後要把持有股票當成擁有公司來看待，不要汲汲於短期的股價漲跌，而是要延長投資的時間，並降低看股價的頻率，才能獲取公司成長的最大果實。

本書詳細介紹巴菲特的投資智慧，如果能夠勤加研讀，相信可以幫助投資人優游於股海，樂於投資。

（本文作者著有《每年多存300張股票》。）

巴菲特的**勝券在握**之道

目錄

前言

打敗市場的華倫·巴菲特

霍華德·馬克斯（Howard Marks）

到底要怎麼解釋巴菲特如此超凡的投資成就？這是我最常被問到的，也是我在這裡想探討的問題。

一九六〇年代末，我在芝加哥大學攻讀MBA時，接觸到前幾年發展的一個新財務理論。所謂的「芝加哥學派」（Chicago School）中，一個最重要的理論就是「效率市場假說」（efficient market hypothesis）。根據這個假說，由於無數聰明、自動自發、客觀與消息靈通的投資人的共同努力，各種資訊會立刻反應在市場價格上，因此資產提供的是一種不多也不少、風險調整後的收益。價格不會太高，但也不會太低，讓人有機會撿便宜，因此也沒有任何投資人可以不斷找到賺錢的機會。基於這個假說，芝加哥學派產生了一句眾所周知的名言：「一般人無法打敗市場。」

效率市場假說為這個結論提供了知識基礎，同時也有很多實證資料顯示，投資人雖然想方設法，無所不用其極，但大部分投資人仍然無法打敗市場。一般人無法超越大盤，似乎是很明顯的事實。

但這並不是說，沒有人可以打敗市場。三不五時，有些人的確可以做到。市場效率的力量還不至於強大到讓個別投資人的報酬率無法超越整體市場的表現。它只是認為，沒有人可以做到很有效率或能持續不斷打敗市場，所以，效率市場假說依然正確。但凡事都有例外，只是他們的高報酬被描述成只是隨機的表現，所以也是短暫的。我長大後，當時就有一句話是這樣說的：「如果在一個房間裡，放進夠多的黑猩猩與打字機，最後一定會有一隻猩猩可以寫出《聖經》（*Bible*）。」也就是說，如果隨機真的算數，那麼任何事偶爾都一定會發生。就像我母親說的：「例外的事，正好證明這個原則的正確性。」任何通則都不可能百分之百正確，但因為例外太罕見，正好證明了通則基本上是正確的。畢竟，不管業餘或專業人士，每一天都有無數的投資人在證明，一般人確實無法打敗市場。

直到出了一個巴菲特。

巴菲特和幾個傳奇投資人，其中包括班傑明・葛拉漢、彼得・林區（Peter Lynch）、史丹・德拉肯米勒（Stan Druckenmiller）、喬治・索羅斯（George Soros）與朱利安・羅伯遜（Julian Robertson），他們的投資績效紀錄都顛覆了芝加哥學派的假說。簡單的說，他們打敗大盤的幅度夠大、時間夠長、金額也夠驚人，以至於效率市場假說的支持者被迫淪為守方立場。他們的績效紀錄顯示，藉由技巧，而不是機會，這些「例外」的投資人絕對可以打敗大盤。

尤其是巴菲特的績效，更是難以反駁的事實。在他的辦公室牆上，有一則由他自己打字的宣言，上面寫著，他在一九五六年以十萬五千美元成立巴菲特合夥投資公司（Buffett Partnership）。從那之後，他吸引了更多資金，也賺到很多報酬，現在，波克夏海瑟威（Berkshire Hathaway）的總投資額達到一千四百三十億美元，公司淨值是二千零二十億美元。他已經打敗指數很多年。在這過程中，他也成為美國第二富有的人。這個成就並不是靠炒作房地產，也不是靠某個獨特的投資技術，那些都是《富比士》雜誌上很多富豪用的方法，巴菲特靠的就是對投資市場抱著認真的態度，並用心熟練技巧而已。何況，這是一個對所有人開放的投資市場，並非專屬於少數人。

巴菲特的驚人成就到底原因何在？我認為有幾個關鍵：

他超級聰明。有一個描述巴菲特的妙喻是：「如果你的智商一六〇，可以賣掉其中的三十點。因為你並不需要。」就像美國暢銷作家麥爾坎．葛拉威爾（Malcolm Gladwell）在《異數》（*Outliers*）中指出的，成就豐功偉業不需要天才，只要夠聰明就好。此外，智商更高也不會增加成功機會。事實上，很多聰明人在真實世界中，反而無法走出自己的路，或找到邁向成功和快樂的途徑。單純的高智商尚無法讓普通人變成厲害的投資人，如果可以，那麼美國最富有的人就應該是大學教授了。除了智商之外，還要有點商業頭腦，有點「機靈」或「街頭智慧」，這些都很重要。

我私下猜測，巴菲特的智商可能超過一三〇，只是他一點也不會刻意展現這些「不重要」的額外智商。他總是對問題直指核心，並提出有根據的有力推論，而且，即使事情一開始的發展與他預估的不一樣，他也能保持耐心，平心靜氣堅守自己的推論，這就是他今天何以成為股神的關鍵要素。簡單說，他非常、非常重視分析。

他的速度也令人咋舌，他做出一個推論，不需要花幾個星期或幾個月。他也不需要應用分析師的架構，才能推算數字。他認為根本不需要知道與考慮每一個數據點，只要掌握到重要數據就可以了。而他非常清楚那些是什麼數字。

他堅守一個整體哲學觀。很多投資人認為，他們已經夠聰明到對每一件事都很專精，或至少他們表現出那個樣子。甚至，他們也相信，世界不斷在變化，所以你必須不拘一格，並改變適應的方法，以便跟上最新的變化。這個想法的問題在於，沒有人真的知道每一件事，所以很難持續吸收新知學習新把戲，甚至，這樣的心態還會阻礙一個人發展出專門知識與實用捷徑。

相反的，巴菲特知道他有哪些不懂的領域，並堅守在他了解的領域，讓別人去應付剩下來的部分。這一點非常重要，就像美國小說家馬克・吐溫（Mark Twain）說的：「讓你摔一跤的往往不是你不了解的事，而是你自以為很了解，但卻和你以為的不一樣的事。」巴菲特只投資他了解與感到自在的產業，他著重在相對平凡的領域，並避開高科技公司。在他的想法與知識範圍之外的東西，他一概不碰。最重要的是，別人因為投資他跳過的公司賺大錢，而他只能看著別人日進斗金時，他還是可以活得很自在（大部分的人沒辦法做到這一點）。

他的心理狀態夠彈性。堅守一個整體哲學觀很重要，但並不表示改變就不好。面對劇烈變化的大環境，適應也是很值得的事，甚至會產生出更好的想法。關鍵在於知道何時要改變，何時要堅持。

巴菲特在投資初期採用他的偉大老師葛拉漢的方法。這個方法叫做「深度價值法」（deep value），也就是買被別人放棄的股票，特別是可以用低於公司淨現金的價錢買的股票，有時候也被稱為「撿菸屁股」。不過，一段時間之後，他受到合夥人蒙格的敦促，改成投資由優秀經營者領導，有「護城河」保護與定價能力，股價合理（不一定是別人放棄不要）的優質公司。

長期以來，巴菲特都會特別避開資本密集的公司，但他後來也能克服這種偏見，利用二〇〇八年金融危機後的時機，以及看好未來鐵路運輸業的展望，以合理價格買了伯靈頓北方聖達菲鐵路公司（Burlington Northern Santa Fe railway）。

想法應該提供指引，而不是讓自己變得僵化，就像和投資有關的其他事，這是一個變難駕馭的兩難。但巴菲特很有彈性，他既不會跟著流行而改變，也不會讓想法一成不變。

他不會情緒化。很多阻礙投資成功的因素與人類的情緒有關，效率市場假說失靈的主要原因，就出在很少投資人能採取客觀行動。當行情走高時，大部分的人會變得很貪婪、有自信，而且情緒亢奮，因此他們會因為買到賺錢股票而沾沾自喜，並加碼買進，而不是選擇獲利了結。當行情走低時，他們就會情緒低落，內心充滿恐懼，然後就會以便宜價格賣掉資產，根本提不起勇氣再買進。但也許最糟糕的是，他們行動的準則是：別人怎麼做，他們就怎麼做。因為羨慕別人成功，而願意承受更大的風險，因為別人就是這樣做。光是羨慕，就足以讓人跟隨群眾，甚至投資自己根本一無所知的資產。

很明顯的是，巴菲特對這一切的情緒作用免疫。增值時，他不會過度欣喜；貶值時，他也不會垂頭喪氣。對他來說，成功由他自己定義，而不是大眾或媒體。他不在乎別人是否認為他是對的，或他的決策是否讓他馬上看起來是對的（二〇〇〇年初，因為他沒投資科技業，被認為已經「過了人生顛峰期」，但結果，熱門的科技投資風潮變成一場科技泡沫。他依然始終如一）。他只在乎自己（與蒙格）的想法……以及股東是否賺錢。

他會逆向操作，而且會打破成規。一般投資人都認為，就是應該跟著大家做；但最厲害的投資人卻與大眾相反，會在關鍵時刻採取不一樣的行動。但是，只做和其他人相反的事還不夠，你還必須了解：別人在做什麼、為什麼這樣做是錯的，然後知道應該怎麼做才對，還有膽識和別人相反（也就是說，採用並堅持美國投資家大衛．史雲生〔David Swensen〕所謂的「令人不安的特殊狀態」），而且在市場轉向證明你是對的之前，還要願意忍受自己看起來似乎錯得非常離譜的樣子。其中最後一點簡直會讓人覺得度日如年，就像有一句老話說的：「做得太早與做錯，是無法區別的。」要做到這一切，顯然並不容易。

但巴菲特非常有能力做到逆向操作。事實上，他對逆向操作很著迷。他有一次寫信告訴我，他發現高收益債券的市價有時候像鮮花，有時候像雜草，「當市價像雜草時，我會更喜歡。」逆向操作者喜歡買別人不想要的東西。巴菲特就是這樣做的，而且沒人像他一樣。

反週期操作。投資行為包含了對未來的預測，但很多厲害的投資人會接受一個事實，他們其實無法預測總體經濟的未來，包括經濟發展、利率與市場波動。如果我們無法戰勝大部分的人都想跟上的事，該怎麼做？我個人認為，反週期操作會有很大的幫助。

當經濟情況好轉、公司獲利增加、資產價格上揚，承擔風險也得到報酬時，一般人在情緒上很容易想做更多投資，但買進升值的資產並不會帶來優渥的投資成果。事實上，經濟情況與公司狀況不佳時，才能買到最物美價廉的東西，因為在這種情況下，資產價格更容易被低估。不過，這也同樣不容易做到。

但巴菲特卻一再證明他的非凡能力，事實上，在普遍不樂觀的經濟週期底部投資，應該是他的偏好。在二〇〇八年金融危機重創時期，他各花了五十億美元投資高盛（Goldman Sachs）與奇異公司（General Electric）的一〇%優先股，另外在二〇〇九年，還以三百四十億美元買了伯靈頓北方鐵路公司，這還只是兩個象徵性的例子。從今天回頭看，大家可以很清楚這三筆投資背後的智慧，但在金融體系猛烈崩壞之際，有多少人可以做出這麼大膽的行動？

長期聚焦且不受波動影響。我在這一行已經超過四十五年，我發現投資人的投資週期已經愈來愈短。原因可能是媒體愈來愈注意投資成果（這是一九六〇年代不曾有過的事），這也影響了投資機構與他們的客戶；另外也可能受到對沖基金年度獲利的影響，因為這些對沖基金每年都能收到獎勵費用。但是，當其他人被荒謬的偏見影響到自己的想法與做法時，我們卻可以因為避免同樣的行為而獲利。因此，當大多數投資人過度關注季度與年度投資成果時，就會為長期思考型的投資人創造獲利機會。

巴菲特有兩句名言：「持有期限，就是永遠。」「我寧願要一年可能上下起伏一五%的獲利，也不要穩定的一二%。」這讓他能長期堅持好的投資想法，並把所得投入再賺到複利，讓獲利持續累積，也不會被扣到稅，而不是每一年變更投資組合，還要根據短期利率繳稅。這不僅讓他不至於在波動期間離開市場，更能讓他占到波動之利。事實上，與其堅持流動性與出場的能力，巴菲特很顯然非常樂於做永遠不出脫的投資。

他敢在最好的投資點子上下大注。長期以來，在所謂的審慎投資管理中，分散投資一直是最重要的一環。簡單說，它可以降低大致上的個別損失（也不會在賠錢部位持有太多）。雖然這樣做能減輕賠錢項目的痛苦，但高度分散投資的同時也會降低潛在獲利。

和很多事一樣，巴菲特對分散投資也持相反意見：「我們採取的投資策略，絕對不會跟隨一般的分散投資教條。很多投資權威可能會因此認為，我們的策略風險一定比墨守成規的投資人更大。但我們認為，如果能提升投資人多思考一家公司，以及在買進之前能夠對該公司經營感到放心，集中投資策略就可以大幅降低風險。」

巴菲特非常明白，絕妙的投資點子很少出現，所以他不輕易出手；而且，只要讓他看到一個絕佳的投資機會，他就敢下大注。因此，他會非常投入他信任的公司與經營者；他不會因為別人買，就跟著抱股；他也不會擔心，沒有他背書的股票竟然表現得很好；他更拒絕分散投資到他較少研究的公司，或只是為了減低做錯投資的衝擊，就去進行他所謂的「多慘化」（de-worstification）投資。如果你有機會大賺一筆，這一切顯然都是很重要的元素。但在投資組合管理的相關論述中，這些做法都是例外，都不是投資組合管理的原則。

他願意維持不行動的狀態。有太多投資人表現得好像隨時都有很棒的投資要做。也許他們認為，必須給別人一種印象，認為他們實在夠聰明，才能一直找到聰明的投資項目。但是絕妙的投資機會，絕對是罕見的例外。所以這表示了，你不會每天都遇到好的投資機會。

巴菲特很願意長期不採取行動，在發現對的投資出現之前，他絕不出手。他拿最偉大的棒球打擊手泰德．威廉斯（Ted Williams）比喻：他靜靜站在本壘板上，球棒高舉在肩上，一直等到完美打擊點出現，才會出手。巴菲特一向堅持，只有看到吸引人的機會，才會進場投資。畢竟，誰敢說好的投資案源都很穩定，或任何時候都是一樣好的投資時機？

最後，他不擔心會丟工作。很少投資人可以採取所有他們認為是正確的行動。很多人受限於能力，買入不具流動性、爭議性或不適宜的資產，並賣掉「每個人」都認為會繼續增值的資產，然後把投資組合集中在幾個最好的想法上。為什麼？因為他們害怕做錯的後果。

為他人理財的「經紀人」會擔心，大膽行動會害他們被公司開除，或客戶會跑掉。因此只能採取適當的行動，只做被認為謹慎而不具爭議性的事。這就是英國經濟學家凱因斯（John Maynard Keynes）觀察到的行為傾向：「世俗的智慧教導我們的是，墨守常規的失敗比不按牌理出牌的成功，更能贏得好名聲。」但這種做法會帶來重大的難題：如果你不願意大膽做一旦失敗會讓你出糗的事，也一定不可能做如果順利會讓你大放異采的事。偉大的投資人會在明智的推論之後，採取相應的行動，簡單說，他們敢於成為偉大的人。

很明顯的，巴菲特不必擔心有一天會被老闆解雇。他的地位就和他的資金一樣，幾乎是一種固定不變的狀態。在市場崩盤期間，沒有一個客戶可以把資本拿回來，還要求用便宜價格賣掉資產。在任何偉大投資人的成功經驗中，這件簡單的事基本上發揮過重要的作用，而且我也深信，巴菲特把形勢導向這個方式，並把原本是對沖基金的結構，轉型為波克夏海瑟威的公司形態，並非出於巧合。

當然，巴菲特還有很多傑出投資人的共同特質。他夠專心、有紀律，也有目標；他也努力認真，會經常運算數字與邏輯；他還會透過閱讀以及他敬重的人脈身上，孜孜不倦地收集資訊；另外，他樂於投資是因為他享受解決問題的樂趣，而不是為了得到名聲或賺到錢。我認為，賺錢只是他努力結果的副產品，而不是他的主要目標。

理論上，很多人可以做到巴菲特過去將近六十年所做的事。因為以上提到的特質雖然很少見，但並不獨特。而且每一種特質都很合理，誰會認為以上特質的相反特質，才是對的呢？只是，很少人能夠在行動中做到這一切。這一切的組合以及另外一點點讓特別的人之所以特別的「某種氣質」，讓巴菲特可以採取他自己的投資方法，達成如此不凡的成就。

二〇一三年七月

（本文作者為美國知名投資家、目前為橡樹資本管理公司〔Oaktree Capital Management〕的聯合創始人兼董事會主席。）

第二版前言

歷久彌新的巴菲特投資原則

比爾・米勒（Bill Miller）

一九九四年，海格斯壯的《值得長抱的股票是這麼挑的》一上市就轟動一時，至二〇〇四年銷售已超過一百二十萬本。從該書的暢銷程度就能證明，本書的分析正確，建議實用。

凡是有關巴菲特的主題，牽涉到的數字往往非常驚人。大部分的投資人是以數百或數千美元的資金規模在思考，但巴菲特的世界卻動輒以數百萬或數十億美元在計算。但這不表示，我們無法從他的經驗中學習。正好相反，如果我們注意他做了什麼，以及做出什麼成果，並領悟其背後的思考方式，我們就能仿效他的決策模式。

這就是海格斯壯的書所帶來的深遠貢獻。他多年來近距離地研究了巴菲特的行動、發言與決策，再加以分析，並找出其中的共同思路。在本書中，他根據這些共同思路，整理出十二個原則，這也是引領巴菲特歷經所有環境與市場動盪的投資哲學與永恆原則。這些原則也可以同樣的方式，帶給所有投資人啟發。

海格斯壯寫的書，價值歷久不衰，因為聚焦清楚，雖然寫的是投資技巧，但基本上談的是投資原則，而原則是不會改變的。我幾乎可以聽到巴菲特帶著睿智的笑容說：「這就是它們被稱為原則的原因。」

過去十年，已經清楚印證了這個事實。在這十年，股票市場趨勢改變了好幾次。我們看到了毫無道理的泡沫，讓很多人賺了大錢，然後又跌到讓大家痛苦哀號的空頭市場，最後在二〇〇三年春天才開始觸底反彈。

但在這段期間，巴菲特從未改變他的投資方式，持續遵循本書提到的原則：

- 把買股票想成買進整個公司的一部分。
- 形成一個集中、低周轉率的投資組合。
- 只投資自己能理解與分析的公司。
- 在公司的買進價格與長期價值之間，預留安全邊際。

波克夏海薩威的投資人當然也在這種穩健的投資方式下賺到錢。自從景氣在二〇〇三年復甦開始，波克夏海薩威每一股的股價漲到二萬美元，漲幅超過三〇％，遠遠超過股市大盤的表現。

價值投資思維從葛拉漢開始奠定根基，經由巴菲特與他同時期的投資者身體力行，再傳給下一代的追隨者如海格斯壯。巴菲特是葛拉漢最有名的學生，他也經常建議投資人要研讀葛拉漢的《智慧型股票投資人》（*The Intelligent Investor*）。我也常常給別人同樣的建議。而且我相信，海格斯壯的書和那本經典著作都有一個關鍵特質：這些建議不會讓你致富，但絕不可能讓你變窮。如果能理解並聰明應用，本書的技術與原則能讓你成為更好的投資人。

二〇〇四年十月

（本文為本書第二版《巴菲特勝券在握的12個原則》之前言，作者比爾・米勒為LMM對沖基金主席暨投資長。）

第一版前言

巴菲特的關鍵投資決策

彼得·林區

一九八九年，某個工作天的晚上，家裡電話響了。當時十一歲的次女安妮，第一個跑去接電話，然後告訴我是巴菲特打來的電話。我接過電話時心裡想，這一定是個惡作劇。但電話那頭的人開始說話了：「我是來自奧馬哈的華倫·巴菲特（好像以為我會把他和其他的華倫·巴菲特搞混），我剛看完你的書，我很喜歡，而且我想在波克夏年報上引用書中的一句話。我一直想寫書，只是從沒時間動手。」他說話的速度很快，十五秒到二十秒裡講了大概四十個字，而且語氣中充滿熱情，還包括一些爽朗笑聲。我立刻同意了他的請求並和他談了五到十分鐘。我記得他最後說：「如果你來奧馬哈卻不來看我，你在內布拉斯加州就會聲名掃地。」

我當然不想在內布拉斯加州聲名掃地，所以六個月後，我親自到他的辦公室拜訪。巴菲特帶著我參觀辦公室的每一個地方（時間並不長，因為他的辦公室不到半個網球場大），我也和十一位員工打招呼。在那裡，看不到一部電腦或股票行情螢幕。

大約一小時後，我們到了當地一家餐廳，我跟著巴菲特的指點，點了可口的牛排，以及三十年來第一次喝的櫻桃可口可樂。我們聊到小時候的工作經驗、棒球、橋牌，也交換了幾個我們以前投資過的公司資訊。巴菲特也討論並回答了波克夏擁有的每一支股票的問題，以及相關的操作方式。

巴菲特為什麼是史上最偉大的投資人？做為個人、股東、經營者，以及一家公司所有人的巴菲特，又是什麼樣的人？波克夏年報有何特別之處，為什麼他要花那麼多心血，我們又能從中學到什麼？為了要回答這些問題，我直接和巴菲特談話，並且重讀波克夏過去五年的年報，以及他最初當主席時所寫的年報（一九七一與一九七二年的年報，都只有兩頁文字）。另外，我也和過去四年到三十多年以來，那些與巴菲特有密切互動的人談過，他們和巴菲特各有不同的關係，也都有各自的觀點，這九個人分別是傑克．波恩（Jack Byrne）、羅伯特．丹漢（Robert Denham）、唐．奇奧（Don Keough）、卡洛．露米斯、湯姆．墨菲（Tom Murphy）、查理．蒙格、卡爾．雷查德（Carl Reichardt）、法蘭克．朗尼（Frank Rooney）和塞斯．修菲爾德（Seth Schofield）。

關於巴菲特的個人特質，大家的回應相當一致。首先，巴菲特相當知足。他喜歡他做的每一件事，也喜歡與人相處、閱讀大量的年報與季報，還有很多報紙與期刊。身為投資人，他有紀律、耐心、彈性、信心與決心。他總是在找無風險或風險最小的投資。此外，他就像賠率制定者，非常善於計算機率。我認為這種能力來自於他對簡單的數學運算有一股天生的熱愛；另外，他對橋牌遊戲的投入與參與，以及他長期以來在保險與再保業，已經培養出承受高風險的能力。他很願意為了血本無歸的機率低，但報酬極為豐厚的機會冒一點險。他會列出自己的失敗與錯誤，但不會因此而道歉。他喜歡開自己的玩笑，也喜歡在客觀條件下讚美同仁。

巴菲特不只是偉大的商業學習者，也是不可思議的聽眾，而且能非常快速而正確地掌握一家公司或複雜議題的關鍵要素。他可以在短短兩分鐘之內決定不投資某一家公司，但也可以只根據幾天的研究決定，就判斷出現在正是重大投資的時機。他總是隨時做好準備，就像他在某一次年度報告時說的：「諾亞不是等到下大雨時，才開始建造方舟。」

做為一個經營者，他幾乎從不打電話給公司各部門主管或高階主管，反而很高興他們在白天或夜晚的任何時間，打電話給他做報告或請教問題。在投資某支股票或購買某家公司之後，他就變成啦啦隊長或回音響板，他曾拿棒球來比喻管理：「在波克夏，我們不必告訴全壘打王如何揮棒。」

有兩個例子可以說明巴菲特如何樂意學習與調適自己，一個是公開演講，一個是電腦應用。一九五〇年代，他花了一百美元參加卡內基課程，目的「不是為了讓我在公開演講時膝蓋不會發抖，而是要學會即使膝蓋發抖，還是能繼續公開演講。」在波克夏的年度大會中，在二千多人面前，巴菲特會和蒙格一起坐在講台上，並在沒有講稿的情況下，發表演說並回答問題。他的做法可能會讓威爾・羅傑斯（Will Rogers）、葛拉漢、金恩・索羅門（King Solomon）、菲利普・費雪、大衛・賴特曼（David Letterman）以及比利・克里斯多（Billy

Crystal）等人感到滿意。一九九四年初，為了玩橋牌，巴菲特學會了如何操作電腦，這樣他就可以在網路上和世界各地的人玩橋牌。也許在不久的將來，他在做投資研究時，會開始使用某些有關企業的資料檢索與資訊服務，這些資訊服務在今天已經隨處可見。

巴菲特強調投資成功的關鍵因素是，先判斷一家公司的內在價值，並且支付合理或便宜的交易價格。他不會在乎一般股票市場最近以來或未來的表現。他在一九八八年與一九八九年購買了十億美元可口可樂的股票，這些股票在之前六年上漲了五倍，而在過去六十年以來則漲了五百倍。靠著可口可樂的股票，他在三年內把手中的錢變成四倍，而且還計畫在未來五年、十年、二十年，都要靠它繼續賺錢。一九七六年，當GEICO（The Government Employees Insurance Company，政府員工保險公司）的股票從六十一美元跌到二美元，一般人都認為還會繼續跌到一文不值時，巴菲特反而買進非常多的部位。

一般投資人要怎麼應用巴菲特的投資方法？巴菲特從來不投資他不理解的公司，或在他「能力圈」（circle of competence）之外的公司。其實，所有投資人只要用心一段時間，都可以取得或強化自己的能力圈，也許是在工作上實際參與的行業，或是自己樂於研究的產業。投資人不一定要在一生中的每一次決定，都做出正確決策，就像巴菲特說的，在他四十年的投資生涯中，為他創造出如此不凡的投資成就的，其實只有十二個重要的投資決策。

如果投資人在做投資研究時，能更謹慎、更透徹，集中在幾個公司的持股，其實可以大大降低風險。波克夏公司有超過七五%的股票持股集中在五支股票上。本書會一再清楚強調一個原則：買暫時遇到問題的公司，或股票市場下跌並創造出絕佳的購買價格時。所以，不必再預測股票市場的走勢、經濟景氣、利率或選舉了，也不要再浪費錢付給以做這件事維生的人了。研究公司的現況與財務狀況，評估公司的未來展望，並在一切對你有利的時機，果決一點下手買進。很多人的投資方式就像打牌打到通宵，但從沒好好看清手中的牌。

當GEICO下跌到二美元，或很多專家都認為富國銀行（Wells Fargo）與通用電力（General Dynamics）遇到很嚴重的問題時，很少投資人擁有巴菲特的知識與膽識，敢買進這些公司的股票。但巴菲特也買了經營良好、獲利穩健的公司，而且還是該行業中的領導企業，例如首都／美國廣播公司（Capital Cities/ABC）、吉列（Gillette）、《華盛頓郵報》（*Washington Post*）、聯合出版社（Affiliated Publications）、房地美（Freddie Mac）與可口可樂（這家公司已經為波克夏產生六十億美元的獲利，或一百億美元的股東權益中的六〇％）。

除了巴菲特的股東受惠，他也利用波克夏年報幫助一般大眾成為更好的投資人。說到家庭背景，巴菲特的父母雙方家裡都有報紙編輯的背景，而他的阿姨愛麗絲則是在公立學校教了三十多年的老師。巴菲特自己也喜歡一般商業的教學與寫作，特別是投資方面。二十一歲時，他志願在奧馬哈市的內布拉斯加州大學教書。一九五五年，到紐約工作時，他也在斯卡斯戴爾高中（Scarsdale High School）教授有關股票市場的課程。一九六〇年代晚期到一九七〇年代的十年期間，他也在克萊頓大學（Creighton University）免費講課。一九七七年，他服務於由小艾爾・桑默（Al Sommer, Jr）所領導的一個委員會，針對企業資訊揭露一事，為美國證券交易委員會（Securities and Exchange Commission）提供建言。在他參與這個委員會之後，在一九七七年底與一九七八年初寫的一九七七年波克夏年報，內容有了大幅改變，在形式上，更接近他在一九五六年到一九六九年寫的合夥人報告。

從一九八〇年代初期開始，波克夏年報告知股東有關公司持股與新投資案的表現，也會更新保險與再保業的經營狀況，並從一九八二年起列出波克夏想要購併的公司標準。年報都會提供很多例子、比喻、故事與隱喻，並包含股票投資時該做與不該做的注意事項。

巴菲特為波克夏公司的未來績效，設定了很高的標準，從長期來看，他希望公司的內在價值每一年都能成長一五%。其實從一九五六年到一九九三年之間，除了他自己，沒有人能做到這麼出色的表現。他自己也認為，由於公司規模變大很多，這會是一個很難維持的標準，但機會總是有的，而且波克夏有很多現金可以投資，而且每一年的現金都在增加。他的信心在一九九三年六月的年報第六十頁的最後文字中顯露無遺：「波克夏從一九六七年以來，還沒配發過現金股利。」

巴菲特曾說過，他一直很想寫一本有關投資的書。希望這件事有一天可以實現。不過，在那之前，他的年報內容充滿著類似十九世紀作家，例如愛倫坡（Edgar Allan Poe）、謝克雷（William Makepeace Thackeray）與狄更斯（Charles Dickens）等人寫的連載小說文體。一九七七年到一九九三年的波克夏年報，就像巴菲特寫的書的十七個章節。同時，我們也有了海格斯壯寫的這本書，海格斯壯描繪了巴菲特的職業生涯，也舉出實例說明巴菲特的投資技巧與方法如何演變，以及在這過程中幾個影響他的重要人物。本書也詳細說明了造就巴菲特無以倫比的投資績效中的幾個關鍵投資決策。最後，本書也包含了每一個人無論貧富都能取得的工具，不斷創造財富的投資思考方式與哲學思想。

一九九四年十月

（本文為本書第一版《值得長抱的股票巴菲特是這麼挑的》之前言，作者彼得・林區為美國知名投資家，他曾為麥哲倫基金經理人，操盤的基金年報酬率幾近三〇%，現任任富達管理暨研究公司副董事長及富達基金托管人董事。）

第二版導言

我的父親與巴菲特

肯尼斯・費雪（Kenneth L. Fisher）

我的父親菲利普・費雪，對於巴菲特採納他的某些觀點，以及他與巴菲特長久的友誼，感到非常自豪。如果我父親還在世，並親自寫這篇導言，他一定會抓住這個機會，大力說出他對這位已經認識數十年、少數投資技巧出色到讓他自己相形失色的人的好感。

我父親真的很喜歡巴菲特，並且因為巴菲特接受了他的某些想法而感到榮幸。我父親在九十六歲高齡過世，而且就在我收到一封意外的邀約，問我是否能寫一篇有關我父親和巴菲特的文章之前的三個月。這篇文章幫我連結了某些事件，並為我父親與巴菲特先生的關係提供一個美好的句點。對於本書的讀者，我希望能針對一段非常重要的投資歷史，提供一個非常個人的角度，以及使用本書的最佳方式。

我談到巴菲特的部分會比較少，因為這是本書的主題，而且海格斯壯先生已優雅又見解獨特地涵蓋了一切。眾所周知，我父親對巴菲特有很深遠的影響，而且就如海格斯壯先生寫的，我父親對巴菲特近幾年思考方式的影響更明顯。我父親認識巴菲特之後，他對巴菲特的特質讚譽有加，他認為那是投資成功非常關鍵的要素，卻很少在投資經理人身上看見。

巴菲特在四十年前拜訪我父親時，當時的資訊工具仍然非常原始，因此我父親用自己的方法收集資訊。數十年下來，他慢慢建立了一個他認識的人的圈子，這些人都是他敬重的投資專業人士，以及一些了解他的為人以及他不感興趣的事物的人，還有一些會和他分享好想法的人。從那之後，他就決定，任何年輕的投資專業人士，他只見一次。如果這個人讓他印象不錯，他就可能再和這個人見面，並建立關係。他很少見一個人兩次。他的標準真的很高！在他心裡，如果你不是「A咖」，就是「F咖」。而且一旦他決定否決某人，他就會永遠把那個人排除在外。只有一次見面機會，他就會決定是否建立關係。畢竟時間很寶貴。

巴菲特是非常非常罕見的年輕人，我父親第一次和他見面時就留下好印象，並且再約見第二次面，以及之後的很多次。我父親對人的特質與技能的判斷很敏銳。這是很不尋常的能力！不過他的事業基礎靠的就是識人。這是我父親最厲害的特質之一，也是他在分析股票時特別強調必須判斷企業經營者素質的主要原因。在巴菲特贏得實至名歸的聲望與讚美之前，他已經把巴菲特列為「A咖」，這件事總是讓他感到非常驕傲。

我父親偶爾會把巴菲特叫成「霍華德」（Howard，巴菲特父親的名字），但巴菲特與我父親的友誼並未因此受到影響。這是一個從來未被外界知道的小故事，但我父親與巴菲特私下經常提到。

我父親個子不高，但企圖心很大，想的也很多。有時候很和善，但個性很容易緊張，通常很激動，而且常覺得沒有安全感。他也是強烈需要習慣的人，每一天都有必須嚴格遵守的儀式，這會讓他比較有安全感。因此他喜歡睡覺，因為睡覺時，他就不會緊張，不會不安。所以當他在晚上無法讓念頭停止四處狂奔時，他不是數羊，而是開始玩記憶遊戲，這經常發生。他玩的一個記憶遊戲是記住所有國會議員的名字與選區，直到他入睡。

一九四二年開始，他記得霍華德．巴菲特這個名字，並把這個名字與奧馬哈相連結，一次又一次，一夜又一夜，超過十年。在他與巴菲特見面很久之前，他的大腦就機械式地連結到「奧馬哈」，而「巴菲特」與「霍華德」則是相關系列。之後，當巴菲特成立公司，並開始崛起，我父親還是花了整整二十年才完全把巴菲特與奧馬哈，和「霍華德」分清楚。這件事讓我父親很苦惱，因為他無法控制自己的心思，而且他真心喜歡巴菲特，也很看重他們之間的友誼。父親確實知道巴菲特是誰，但在日常對話中，他經常會脫口而出：「那個來自奧馬哈的聰明年輕人霍華德．巴菲特。」他愈常說，就愈難從他的用語中修正這個錯誤。這算是一個依賴習慣的人的一種習慣性煩惱吧。

有一天早上，他們即將見面之前，我父親試著想把「霍華德」和「巴菲特」分開。但是，在談話的某一個時間點，我父親又把巴菲特叫成「霍華德」。如果巴菲特有注意到，他也不會有任何表示，當然更不會糾正我父親。這斷斷續續發生在整個一九七〇年代。直到一九八〇年代，我父親終於把「霍華德」這個字趕出任何有關巴菲特的句子裡。當他永遠不再提「霍華德」時，他好得意。幾年之後，我曾經問過他，有沒有和巴菲特提過這件事。他說沒有，因為這件事讓他非常不好意思。

他們的友誼能維持下去，是因為他們的友誼建立在更強烈的基礎上。我認為，他們的友誼核心之一是，他們有相同的見解：只和正直與身懷特殊投資技巧的人往來。當巴菲特先生提到管理波克夏主管時說：「我們不必告訴全壘打王如何揮棒。」這簡直就是從我父親的劇本中直接拿來用的句子。只和最優秀的人往來，並確認自己沒看錯人，之後就不必告訴他們要做什麼。

好幾年下來，巴菲特先生成為一個對原則毫不妥協的投資人，這也讓我父親讚不絕口。每一個十年，巴菲特做到的事，讓任何閱讀他過去歷史的人也無法預料，而且，他還能把事情做得非常成功。在專業投資領域，大部分的人以類似手工的方式學到某些特殊的投資風格之後，就不再改變。例如買低本益比或占領導地位的科技公司，等等之類的投資風格。他們建立了自己的投資手法之後，就不再輕易改變，要改變也只會改一點點。但巴菲特相反，他總是持續採用新的方法，十年又十年之後，根本不可能預測他下一步會做的事。從他一開始嚴格遵守的價值原則，你不可能預測得到他在一九七〇年代會買進連鎖企業。但從他之前的投資方法，也無法預測他在一九八〇年代竟然會以高於市場平均本益比的價格，買下做消費產品的企業。光是他自我改變的能力——而且都做得非常成功，就能寫成一本書。大部分的人想和他一樣做點什麼改變時，經常以失敗收場。但巴菲特沒有失敗，我父親也非常相信這一點，因為我父親從未看錯他是什麼樣的人。巴菲特永遠堅持做自己。

英國詩人吉卜齡（Rudyard Kipling）有一首知名的詩〈如果〉（If），我父親在書桌、床頭櫃與小房間裡，都放著這首詩。他一遍又一遍地讀著，也會經常引用給我聽。我現在也把這首詩放在我的書桌，就像讓我父親靠近我一樣。雖然我父親很沒有安全感，但他並沒有被擊倒，他會用吉卜齡風格的調調告訴你，要認真對待你的工作與投資，但別把自己看得太重要。他會敦促你仔細思考別人對你的批評，但永遠別把別人當成你的法官。他會鞭策你挑戰自己，但不要太極端地評判自己；當你認為已經失敗的時候，他會強迫你再試一次。然後他會催促你去做下一件事，即使你對那一件事還沒完全理解。

能保持與過去一貫的價值而調整投資方法，並在還未完全理解就著手下一件事，這也是巴菲特先生最讓我父親讚不絕口的地方。繼續前進，完全不受限於過去的門檻、言論、常規，或自豪之處。以我父親的思考方式，巴菲特具體呈現了吉卜齡描述的某些永恆特質。

遺憾的是，社會中總是會有一群比例很小但人數眾多的人，他們無法開創自己的人生，而且心胸狹小又愛嫉妒，就喜歡誹謗別人。這些被誤導的靈魂追求的人生目的就是創造痛苦，不這樣，他們就沒有好處。因此，當有人達成某些成就時，就會引來一些非議，有些批評還會流傳下去。我那個充滿不安全感的父親總是預期，每一個人都很難全身而退，包括他自己。但對於他非常讚賞的人，他只希望他們遇到的批評都能不攻自破。遇到別人的非議時，他也希望這些他讚許的人，能仔細思考別人的批評或指控，但不要覺得被這些話評斷。我父親永遠以吉卜齡的眼光在看事情。

巴菲特在整個比大部分的人更久的投資生涯中，為自己贏得了無與倫比的空前地位，引來的批評也很少，而且沒有一個批評被保留下來。這是千真萬確的事！吉卜齡一定會感到很高興，我父親也是。這與巴菲特的核心價值有關，他永遠知道自己是誰，以及要做什麼。他不做利益衝突的事。因為利益衝突會讓他妥協原則，並做出較不會受到肯定的行為。所以，沒有什麼事可以批評，也就沒有什麼壞話可以傳。而這就是你應該效法巴菲特的最重要特質。永遠知道自己是誰。

另外，我寫這篇導言的部分目的，也是想建議你如何使用這本書。在我的職業生涯中，很多人問我，為什麼我的作風不像我父親，也不像巴菲特先生。答案很簡單。我是我，他們是他們。我必須應用自己的優勢。我對人不如我父親敏銳，我也不像巴菲特那樣是天才。

所以重要的是，要用這本書來學習，但不是用這本書來變得像巴菲特。你不可能成為巴菲特，如果你想試試看，你會很痛苦。你可以用這本書來了解巴菲特的觀念，然後把它們整合到你自己的投資方法中。只有從自己的想法出發，才能創造出偉大的績效。本書的獨特見解，只有在你能把它內化成自己人格的一部分，而不是試著扭轉自己的人格以符合它，才會發揮效用（一個扭曲的人格會成為很糟糕的投資者，除非你轉化得很自然）。無論如何，我保證你不管讀了什麼或多認真嘗試，你都無法變成巴菲特，所以，你必須做你自己。

我父親教給我的最重要的一課，就是不要變成他或任何人，而是要成為最好的自己，永遠不要停止自我演化。無論從任何角度來看，他是真正偉大的導師。你從巴菲特身上能學到的最棒的一課是什麼？向他學習，但別想變成他。如果你還年輕，最好的投資課程就是找出真正的自己。如果你年紀稍微大一點，最棒的一課就是你比想像中的年輕很多，因此你應該表現得年輕一點，這是一種少見的天賦。如果你覺得這不可能，那麼巴菲特先生也就不可能在大多數人的退休年齡時，仍然能夠繼續自我演化了。把巴菲特當成導師，而不是角色模範，然後把這本書當成有關他的教導的一本最好的說明書，論述清晰，也容易學習。你可以從本書學到很多，並做為發展出你自己的成功投資哲學的基礎。

二〇一三年七月

（本文為本書第二版《巴菲特勝券在握的12個原則》之導言，作者肯尼斯．費雪為菲利浦．費雪之子。菲利浦．費雪是早期啟蒙巴菲特投資觀念的重要知名投資家之一，其著作《非常潛力股》〔*Common Stocks and Uncommon Profits*〕讓巴菲特大為讚嘆，並立刻親自拜訪費雪，兩人自此開始了長久的友誼。一般公認，巴菲特強調「集中投資」及「注意市場及公司基本面異常」等做法，便是源自費雪的啟發。）

作者序

不敗的滾雪球投資法

一九八四年六月，我在馬里蘭州巴爾的摩市美盛（Legg Mason Wood Walker）公司上課，之後很快就要開始投資經紀人的生涯。聽了兩個星期有關投資、市場分析、行規與銷售技巧的簡報之後，我一直無法擺脫可能犯下嚴重錯誤的感覺。

美盛公司著重在價值投資，訓練課程也特別強調價值投資的經典作品，包括葛拉漢與大衛．陶德（David Dodd）的《有價證券分析》（*Security Analysis*），以及葛拉漢的《智慧型股票投資人》。每一天，公司裡的資深經紀人會過來一趟，分享他們對股票與市場的獨特見解。他們會交給我們一本他們最喜歡的股票的《價值線投資調查》（*Value Line Investment Survey*）。每一家公司都有相同的屬性：低本益比、低股價淨值比、高股息率。通常這家公司完全不受市場青睞，而且長期以來，這支股票的表現也明顯低於大盤。一次又一次，我們被告知要避免高價又受歡迎的成長型股票，並盡量聚焦在股價被踐踏的股票，這樣才會有更好的風險報酬率。

這些分析牽涉到的數學並不困難，因此我完全理解價值投資法的邏輯。對於理解一家公司二十年來的資產負債表與損益表概況，價值線很快就能給你一個大概印象。表格的上方是公司股價圖，並緊跟著每一年的成果。但不管我把一家公司的表格看了多少次，總覺得還是缺少了點什麼。

訓練課程結束的前一天，是個星期四的下午，指導員交給我一份從沒聽過的波克夏公司的一九八三年年報，作者也是我從沒聽過的巴菲特。我們被告知要讀一下主席的信，並準備在隔天討論這封信。

當天晚上，我在飯店快速瀏覽這份波克夏年報，卻很沮喪地發現，裡面竟然沒有任何照片或圖表。光是主席寫給股東的信，就幾乎占了二十頁。我認命地坐在椅子上開始讀起來。真的很難解釋接下來發生了什麼事，但經過這一晚之後，我的整個投資觀點都改變了。

過去兩個星期以來，我一直在盯著數字、比率與公式，但現在我開始研讀公司的財報，以及經營這些公司的人。巴菲特帶我認識了八十歲的羅絲．布朗金（Rose Blumkin），她是個俄國移民，她經營年銷售額一億美元的內布拉斯加家具商場（Nebraska Furniture Mart）。我也認識了《水牛城新聞》（*Buffalo News*）的發行人史丹．利普西（Stan Lipsey）；以及時思糖果的董事長查克．希金斯（Chuck Higgins），並學到經營一家報社的經濟條件以及糕餅業的競爭優勢。接著巴菲特討論到波克夏旗下保險公司的營運狀況，包括國家償金公司（National Indemnity Company），以及擁有三分之一股權的ＧＥＩＣＯ。但是巴菲特並非快速點出經營數字而已，他帶著我仔細觀察保險公司的細微差異，包括每年保費、理賠準備金、綜合賠付率，以及結構性和解的稅收優惠。如果這些還不夠，針對一家公司如何藉由經濟商譽（economics goodwill）的魔力，讓內在價值超越帳面價值，巴菲特還提供股東一份容易理解的說明。

隔天早上，回到課堂上時，我完全變了一個人。畫著沒完沒了的數字與線條的價值線仍在那裡，但這些數字骨架突然長出了肌肉、皮膚與意義。簡單說，這些公司好像都活了起來。我現在不只看數字，我還開始思考公司的經營，經營公司的人，以及最後產生數字填滿那些表格的商品與服務。

接下來那個星期，我正式進入職場，內心充滿了熱情。對於要怎麼做好我的工作，我的內心毫無疑惑。我要把客戶的錢投資在波克夏，以及波克夏持有的投資組合中的股票。每一次巴菲特掉下一點麵包屑，我就會撿起來，並為客戶買進。只要巴菲特買一支股票，我就會打電話給該公司，跟他們要一份公司年報，然後專心研讀，並猜想他看到什麼大家漏看的事。在網際網路時代以前，只要寄一張二十五美元的支票給證券交易委員會，他們就會影印一份你想要的年報給你，於是，我買了所有的波克夏年報。同時，我也收集了所有關於巴菲特報導的報章雜誌。任何有關巴菲特或波克夏做的事，我都會要一份資料，仔細研讀，然後存檔。我像是一個瘋狂追逐棒球選手的孩子。

幾年後，卡洛．露米斯為《財富》寫了一篇文章，標題是〈華倫．巴菲特的內心世界〉。當時的《財富》總編輯馬歇爾．羅布（Marshall Loeb）認為，是該寫一篇巴菲特的完整人物特寫的時候了，而且他知道，露米斯正是完美的寫手人選。因為直到那時候為止，唯一可以從內部看到巴菲特的機會，就是從波克夏年報裡的「主席的信」單元，以及他一年一度出席的奧馬哈波克夏年會。而那些曉得露米斯就是波克夏年報編輯的人也同時知道，任何人如果要寫巴菲特的內心世界，露米斯就是不二人選。於是，我快步跑到書報攤，生怕買不到雜誌。

露米斯說，她想寫一篇不一樣的故事，她想強調的是，巴菲特不只是一個投資人，也是一個非常「出色的生意人」。露米斯沒有讓人失望。她的文字優美，七千字的文章，忠實呈現了現在被大家暱稱為「奧馬哈先知」的巴菲特更私密的一面。露米斯給了我們很多獨特的觀點，但都比不上其中三個短短的句子更具顛覆性。

「我們做的事並沒有超過任何人的能力範圍，」巴菲特說：「我在管理時的想法和投資一樣：要得到不凡的成果，不一定要做不凡的事。」

很多讀到這句話的人會認為，巴菲特有一種中西部人的謙虛。其實，巴菲特不喜歡自誇，但也不會誤導別人。所以我很肯定，如果他不是真心相信，絕對不會這樣說。如果這些話千真萬確，而我也相信是，這就表示，我們可以發現一張路徑圖，或一張更好的藏寶圖，這張圖描繪了巴菲特如何思考投資，特別是選股的模式。這就是我寫這本書的動機。

我讀了二十年的波克夏年報，以及波克夏收購的公司年報，加上報導巴菲特的許多文章，這些資料幫助我理解巴菲特如何思考普通股的投資。其中一個最重要的獨特觀點就是，不管是買普通股或買下整家公司，巴菲特每次處理交易的方法都一樣。不管買的是公開上市公司或私人公司，巴菲特會經過相同的程序，甚至相同的順序。他會考慮這一家公司、經營公司的人、這家公司的經濟條件，以及這家公司的價值。而且每一次，他都會違反自己過去的準則，剛剛才學到的新技巧。我把這一切稱為「投資守則」，並把它們分成四類：事業守則、經營團隊守則、財務守則與價值守則。

本書的目的是以巴菲特為波克夏收購的主要公司做例子，以檢視這些公司是否符合在他寫作與演說中呈現的守則。我個人認為，對投資人更寶貴的一點是，本書徹底檢視巴菲特的思想與策略，以及波克夏這些年來的購併案，而且全部彙編在一本書中。針對這個目標，我認為我們做到了。

在寫《值得長抱的股票巴菲特是這麼挑的》之前，我從未見過巴菲特先生。在寫書期間，也沒有諮詢過他的意見。如果有機會向他請益，當然會是一個附加紅利，但我也已經夠幸運，能取得他寫的有關投資的大量文章。我引用了大量的波克夏年報，貫穿本書，特別是「主席的信」。巴菲特先生說，只要給他審書機會，他就同意我使用那些有版權的素材。但這個同意並不表示他和我一起合作寫這本書，或者他私下告訴我他沒在文章中披露的祕密或策略。巴菲特做的每件事幾乎都是公開的，只是不太被人注意到。

寫書時，我遇到的主要問題是，我要證明或反駁巴菲特說的「我做的事並未超過任何人的能力範圍」。有些批評者認為，巴菲特的特殊嗜好讓一般人不容易採用他的投資方法，但我並不同意。巴菲特的嗜好的確是他成功的原因，但我認為，只要了解他的方法，個人與機構投資人都能適用。幫助投資人實際應用並成就巴菲特的策略，就是我寫書的目的。

當然，有人還是有疑慮。這幾年下來，我們接到的主要反對意見是，讀一本有關巴菲特的書，並不保證就能做到巴菲特的投資報酬率。首先，我並未暗示，讀了這本書，就能達到像巴菲特一樣的投資報酬率。第二，我也很困惑，為什麼有人會這樣以為。對我來說，這就像你買了一本如何把高爾夫球打得像老虎伍茲（Tiger Woods）的書，也不應該期望自己在高爾夫球場上就能與老虎伍茲相提並論。你會讀那本書，是因為你相信書中有某些訣竅可以幫助你改善技巧。這本書的道理也是一樣。讀了本書後，如果你讀到了某些可以幫助你提升投資成果的知識，那這本書就成功了。大部分的人在股市表現很糟，應該還有很多改善的空間，所以提升投資技巧，不是一件很困難的任務。

巴菲特與波克夏副董事長、也是巴菲特在知識上的論辯對手蒙格，有一次被問到，他們這兩顆偉大的心靈能教育出新一代投資人的可能性。當然，這正是過去四十年來，他們一直在做的事。波克夏年報因其條理分明、沒有胡言亂語、極具教育價值而聞名。任何人如果有幸能親臨波克夏年會，就會知道他們兩人多麼啟發人心。

獲得知識是一趟旅程。巴菲特在自己的旅程中，從其他人身上得到很多智慧，一開始是葛拉漢與費雪。之後，他從夥伴蒙格身上學到很多經營知識。這些經驗整合起來，拼接成一種對投資的理解，而巴菲特也反過來大方地和那些願意自己做功課，擁有嶄新、充滿活力又開放的心態，盡可能學習的人分享。

在一九九五年的波克夏年會上，蒙格說：「抗拒學習，是很奇怪的事。」巴菲特馬上接著說：「但更驚人的是，即使是對自己有利的事，有人仍然抗拒學習。」接著，巴菲特以更深沉的語調說：「那種抗拒思考與改變的程度，簡直令人不可思議。我要引用英國哲學家羅素（Bertrand Russell）的話：『大部分的人寧願死，也不願意思考。』從財務的意義上來看，這句話也非常貼切。」

從我寫這本書之後的二十年以來，股票市場持續出現各種噪音。當你認為噪音不會再更大聲的時候，卻忽然來個震耳欲聾的尖叫聲。電視名嘴、財經作家、分析師與市場策略家，彼此互相叫囂，以爭取投資人的注意。每個人一定都會同意，現今的網際網路是取得資訊的神奇工具。但換個角度來說，它也提供免費的管道，或者我所謂的免費平台，給任何有財務見解的人發表，結果就是到處都有財務建議，你根本無法分辨其中的價值。

因此，雖然有大量的資訊，投資人還是很難賺到錢，有些人甚至因為口袋不夠深而被迫出場。股價會因為小事而一飛沖天，但大跌也一樣快速。為了孩子的教育基金與自己的退休金而投資股票市場的人，常感到困惑與迷惘。股票市場似乎沒有規律，也沒有理由，純粹是一場鬧劇。

但是在這些市場的瘋狂行徑之外，巴菲特的智慧與建言仍然有效。在一個似乎對投機者比較有利，對投資者比較不利的環境中，巴菲特的建言再一次證明了，他的投資原則確實是數百萬迷惘的投資人的安全避難所。投資方向不同的投資人偶爾會大聲嚷嚷：「但是這次不一樣。」偶爾也會被他們說中。政治帶來意外，經濟情勢也會有所反應，所以股票市場會以有點不同的調調反彈。有些公司成熟了，有些公司才剛成立。各行各業也在演變與調整。變化持續發生，但本書概括的投資原則歷久彌新。「這就是它們被稱為原則的原因。」巴菲特有一次調侃地說。

一九九六年的年報上，有一段簡潔有力的建言：「做為一個投資人，你的目標很簡單，就是用合理的價格買進一家容易理解的公司的部分股權，而且，在未來的五年、十年、二十年，這家公司的獲利會比現在更高。經過一段時間之後，你會發現，只有少數公司能達到這個標準。所以，只要發現有這種條件的公司，就應該大膽出手，買進一大堆股票。」

不管你能投入的資金有多少，不管你感興趣的行業或公司是哪些，你都無法找到比這個更好的檢驗方法。

二〇一三年十月

第1章
打敗大盤的巴菲特
史上最偉大的投資人

「擁抱你自己。」巴菲特微笑著、帶著一種狡猾的笑容說。某個春天的早晨，他坐在一間曼哈頓房子的客廳裡，身邊坐著他最親近、認識最久的朋友之一卡洛・露米斯。露米斯是《紐約時報》（*New York Times*）暢銷書作者、得過獎的新聞從業人員，也是《財富》雜誌的資深總編輯，她從一九五四年起就在那裡工作，並被認為是雜誌社裡的巴菲特專家。在巴菲特身邊的人都知道，她從一九七七年以來就負責波克夏年報的編輯工作。

在二〇〇六年春天的那個早上，巴菲特告訴卡洛，對於如何與何時捐出他在波克夏累積的財富，他的想法改變了。卡洛和很多人之前都知道，巴菲特在分給三個孩子一小部分的財富之後，將把九九%的財富捐給慈善機構，但一般都認為，這筆錢會捐給他過世的妻子蘇珊設立的巴菲特基金會（Buffett Foundation）。但在此刻，他告訴卡洛他改變主意了，他說：「我知道我想做什麼，而且這樣做很合理。」

二〇〇六年六月二十六日，巴菲特這個全世界第二富有的人，在午餐前不久，走向紐約市立圖書館的麥克風座準備發言。數百位紐約市最富有的觀眾站起來熱烈歡迎他。簡短幾句開場白之後，巴菲特把手伸進外套口袋，並拿出五封信。每一封信就是一份財富配置聲明，只等著他簽名。前三封信很簡單，他只簽上「爸爸」，就交給他的孩子：女兒蘇西（Suze）、長子霍華德（Howard）、次子彼得（Peter）。第四封信交給他已故妻子的慈善基金會代表。這四封信加總起來一共六十億美元。

最令人意外的是第五封信。巴菲特簽完名之後，把信封交給在這世界上唯一比他富有的人比爾．蓋茲的老婆手上。巴菲特在信中，承諾要把波克夏的三百億美元股票交給全世界最大的慈善組織，也就是比爾與美琳達蓋茲基金會（Bill and Melinda Gates Foundation）。這是有史以來金額最高的一筆捐獻，比安德魯．卡內基（Andrew Carnegie，換算成今天的幣值是七十二億美元）、約翰．洛克菲勒（John D. Rockefeller，七十一億美元），或小約翰．洛克菲勒（John D. Rockefeller Jr.，五十五億美元）的捐獻還要更多。

在那之後的好幾天，外界冒出各種疑問。巴菲特生病了嗎，甚至快死了嗎？「沒有，當然沒有。」巴菲特說：「我身體好得很。」是不是受了妻子過世的影響？「確實是。」巴菲特承認。眾所周知，如果蘇珊還在世，將會從巴菲特基金會繼承巴菲特的財富❸。「她一定會很享受這個過程。」巴菲特說：「她真的很喜歡做基金會的事，而且她也一直做得非常好。但她以前就有點擔心基金會擴大規模的事。」

但在妻子過世之後，巴菲特改變了主意。他知道比爾與美琳達蓋茲基金會是一個很棒的組織，而且也已經擴編好人員準備處理巴菲特即將捐贈的數十億美元。他們「就不必像巴菲特基金會一樣，必須費心擴編成很大規模的問題，而且他們現在就可以用我的錢做很多事了」。他說：「不管你想做什麼，還有什麼事比找到比你更擅長的人來做更合理的呢？」

這就是典型的巴菲特。理性優先。在波克夏，巴菲特告訴我們，很多經營者在公司的營運工作上，做得比他更好。因此，他認為比爾與美琳達蓋茲基金會在管理他的慈善捐款時，也會強過他。

比爾．蓋茲這樣描述他的朋友：「大家會記得華倫的，不只是因為他是最偉大的投資人，也是全世界最偉大的慈善事業投資人。」這一點當然千真萬確。但最重要的是，大家要記住，他為了做善事慷慨捐出來的款項，一開始也是靠他無與倫比的投資技巧得來的。當巴菲特把這封信與支票交給美琳達．蓋茲（Melinda Gates）時，我立刻回想到他五十年前開的另一張支票，他在巴菲特合夥公司投資的一百美元支票。

又幸運又努力

巴菲特總是說，他贏得了出生彩券。他算出自己出生在一九三〇年代的美國的機率是三十分之一。他坦承自己跑不快、足球也一直踢不好。即使他頗有彈奏烏克麗麗的天分，也成不了音樂會中的提琴手。但是他「一直堅持某種特定方式」，最後讓他可以「在一個資本家經濟體系中，靠著很多做法而出人頭地」。

❸巴菲特一直以為小自己兩歲的妻子蘇珊會活得比他久，等到巴菲特百年之後蘇珊替他捐出遺產，沒想到二〇〇四年蘇珊中風離世，巴菲特只好自己處理遺產捐贈事宜。

「我的財富是因為我住在美國，加上一些幸運基因與複利的結合。」巴菲特說：「這個市場制度雖然整體上對國家有利，但有時會脫序，而那正是我的幸運之處。」正確地說，巴菲特是想謙虛地表示，他工作的地方剛好是「一個會獎勵在戰場上拯救人命的人、會獎勵受到很多家長感謝的偉大老師、會獎勵能偵查到總價高達數十億美元的股票卻被錯誤訂價的人的經濟體系。」他把這個現象稱為：命運對「長稻草」（long straws）❹的隨機分配。

這句話也許是對的，但在我的心中，巴菲特打造了自己的人生，並因此決定了自己的命運，而不是命運決定他的人生。以下就是巴菲特如何製作自己的長稻草的故事。

個人歷史與投資初始

一九三〇年八月三十日，巴菲特出生於內布拉斯加州奧馬哈市。他是巴菲特家族在奧馬哈市的第七代。一八六九年，第一個住在這裡的巴菲特開了一家雜貨店。巴菲特的祖父也開了一家雜貨店，而且曾經一度雇用過年輕的蒙格，也就是未來的波克夏副董事長。巴菲特的父親霍華德是一位當地的股票經紀人與銀行家，後來成為共和黨國會議員。

據說，巴菲特一出生就對數字非常著迷。這可能有點渲染，但倒是有清楚的文件紀錄顯示，在進入幼稚園之前，他已經是個人體計算機了。在很小的時候，他和他最要好的朋友鮑伯．羅素（Bob Russell）會坐在羅素家的門廊上，記錄經過的車子的車牌號碼。天黑的時候，巴菲特會和鮑伯進到屋子裡，把《奧馬哈世界先驅報》（*Omaha World-Herald*）攤開放在地上，然後開始數報紙上的數字出現的次數。然後他們把計算結果記錄在一本剪貼簿上，好像那是天大的祕密一樣。

小巴菲特曾贏得姑媽艾麗絲給的一個獎勵玩具。因為，她很快就喜歡上這個討喜的外甥，並給他一個無法抗拒的提議：如果他肯吃蘆筍，就送他一個碼錶。巴菲特對這個能精確計算的小玩意兒非常入迷，並把它用來從事各式各樣的小男孩冒險活動，包括彈珠競賽遊戲。他會把兩個姐妹叫進房間，在浴缸放滿水，然後指示她們把玩具彈珠放在水缸另一邊。誰的彈珠（利用浴缸傾斜的形狀）先跑到排水塞子，誰就是贏家。巴菲特手上拿著碼錶計時，並記錄每一次的比賽時間。

但是，讓六歲的巴菲特投入不只是對數字著迷、他也對他的人生新方向金錢著迷，那是艾麗絲姑媽送給他的第二個禮物。那一年的聖誕節當天，他打開禮物，然後把最寶貝的禮物綁在皮帶上——一個外層鍍鎳的錢幣兌換器。他很快就為它找到各種用途。他在他家門外擺了一張桌子，對經過的人兜售口香糖。也會挨家挨戶去賣口香糖與汽水。他會花二十五分美元從祖父的雜貨店買到六罐可樂，然後再以五美分一罐賣出去：其投資報酬率是二〇％。另外，他也挨家挨戶銷售《星期六晚報》（*Saturday Evening Post*）與《自由》（*Liberty*）雜誌。每一個週末，他會在當地足球比賽場地上銷售爆米花和花生。他的錢幣兌換器一路上跟著他從事這些生意，收進一元一元的鈔票，再找零錢給別人。

有一天晚上，巴菲特的父親下班回家後告訴大家，他上班的銀行關門了，原本聽起來還

❹長稻草，指抽籤時抽到大家都想要的幸運籤。

滿愉快的童年生活，忽然風雲變色。他的工作沒了，存款也泡湯了。大蕭條降臨到了奧馬哈。巴菲特的祖父，也就是雜貨店的老闆，資助霍華德一些錢，幫助他養家。

幸運的是，這種絕望感並沒有持續太久。霍華德很快振作起來，並且自力更生，他和朋友合夥在法納姆街開了巴菲特斯克萊尼卡公司（Buffett, Sklenicka & Company）。巴菲特後來也在同一條街買了房子，並開始他的合夥投資公司。

想成為有錢人

大蕭條的衝擊雖然短暫，卻讓巴菲特家過得很艱辛，也讓年輕的巴菲特留下深刻而深遠的印象。《巴菲特傳》（*Buffett*）的作者羅傑．羅文斯坦（Roger Lowenstein）寫道：「他在非常辛苦的頭幾年，產生了一股想要非常、非常、非常有錢的動機。甚至在五歲以前，就有這樣的想法。從那時候開始，這念頭就從沒斷過。」

巴菲特十歲時，他父親帶他到紐約，那是霍華德給每個小孩的生日禮物。巴菲特說：「我告訴父親，我想看三個地方。一是斯科特郵幣公司（Scott Stamp and Coin Company），二是萊昂內爾火車公司（Lionel Train Company），三是紐約證券交易所。」搭了夜班火車後，巴菲特父子抵達紐約華爾街，在那裡，他們遇到一位交易所員工艾特．莫爾（At Mol）。「午餐後，有個人拿著一個放置各式各樣菸草的托盤過來，」巴菲特回憶說：「莫爾先生選了菸草之後，他就為他捲了一根雪茄。當時我就想，就是這個！什麼都比不上這個，一根客製的雪茄。」

稍後，霍華德對席尼・溫伯格（Sidney Weinberg）介紹了自己的兒子。他是高盛的資深合夥人，當時也是華爾街最有名的一號人物。在溫伯格的辦公室裡，巴菲特對牆上的照片與文件如癡如醉。他把這些裱框起來的信件內容做了筆記，而且非常清楚這些都是有名的人士寫的信。當霍華德與席尼在討論當時的金融議題時，巴菲特就在溫伯格辦公室走來走去，盯著這些文件。到了要離開的時候，溫伯格把手放在巴菲特肩上，並開玩笑地問他喜歡什麼股票。巴菲特回憶說：「這一切，他可能隔天就會忘掉，但我永遠記得。」

其實在巴菲特前往紐約之前，他就對股票與股票市場非常好奇。他經常會去他父親的辦公室，並盯著掛在牆上的股票與債券憑證，就像在溫伯格辦公室一樣。他也經常到兩層樓以下的哈里斯厄漢（Harris Upham）經紀公司。很多經紀人後來很喜歡這個有點麻煩的小傢伙，他似乎有問不完的問題。偶爾他們也會讓小巴菲特在黑板上用粉筆寫股價。

星期六早上，股票交易所只開兩小時，巴菲特就會和他爸爸這邊的法蘭克・巴菲特（Frank Buffett）叔公，以及媽媽這邊的約翰・巴伯（John Barber）叔公，一起在交易辦公室殺時間。根據巴菲特的說法，法蘭克叔公是永遠悲觀的熊，而約翰叔公則是永遠樂觀的公牛。在此同時，巴菲特則死盯著股票行情指示器，想搞清楚不斷變化的股票價格。每個週末，他會讀《巴隆週刊》（*Barron's*）上的「交易員」專欄。他讀完父親書架上所有的書之後，就借了當地圖書館所有有關投資的書籍。很快地，他就開始自己畫股價圖，想要理解在他眼前不斷閃過的數字模式。

當巴菲特在十一歲時向大家宣告，他準備要買人生中的第一支股票時，沒有人覺得吃驚。但是讓大家嚇了一跳的是，巴菲特告訴家人他要投資一百二十美元，這是他賣汽水、花生與雜誌存到的所有錢。他決定買他父親最喜歡的股票之一城市服務（Cities Service）特別股，並慫恿姐姐多麗絲（Doris）加入他。他們分別買過三股，每一個人投資了一百一十四．七五美元。巴菲特已經研究了這支股票的股價走勢圖，也相當有信心。

那年夏天，股票市場下跌，並在六月跌到年度低點。這兩位小巴菲特家的人眼睜睜看著股價下跌了三〇％。多麗絲每天都對巴菲特叨念著他們的虧損，所以當城市服務特別股的股價一回到每股四十美元，巴菲特就把持股都出脫了。這次投資，獲利是五美元。

最讓巴菲特扼腕的是，城市服務特別股的股價很快就飆到二百零二美元。扣除掉手續費之後，巴菲特計算了他放棄的獲利超過四百九十二美元。因為他花了五年才存到一百二十美元，所以他的算法是，他放棄了二十年的工作所得。這是一次非常心痛的教訓，但卻非常寶貴。巴菲特發誓，第一，他以後不要再被投資股票的錢牽制；第二，他也不要只賺小錢。在十一歲這個小小年紀，巴菲特就學到投資中最重要的一課——耐心（詳見第七章）。

一九四二年，巴菲特十二歲，他的父親當選國會議員，於是舉家搬到華盛頓。這個小男孩對這個改變適應得非常辛苦。由於想家想得非常厲害，家人讓他回奧馬哈和祖父與艾麗絲姑媽住一年。隔年，一九四三年，巴菲特再給華盛頓一次機會，再度搬到華盛頓。

因為沒有友善的經紀公司可以待，巴菲特的興趣慢慢地從股票市場轉移到企業家的事業。十三歲的時候，他送《華盛頓郵報》與《華盛頓時代先驅報》（*Washington Times-*

Herald）兩份報紙。在伍德羅威爾遜高中，他和唐・丹利（Don Danly）成了朋友。他很快就被巴菲特的賺錢熱情感染。這兩人把積蓄湊起來，花了二十五美元買了一部翻新的彈球機。巴菲特說服當地一個理髮師，讓他們在他店裡放一部機器，利潤給他一半。第一天營運結束之後，他們回來查看並發現，他們的第一部機器收到的五美分錢幣，共有四美元。後來，威爾森錢幣運作機器公司（Wilson Coin-Operated Machine Company）增加到七部機器，接著很快地，巴菲特每星期都可以拿五十美元回家。

巴菲特高中畢業的時候，由於平時有機會就賺錢，這時候已經存到九千美元。他很快就宣告，他沒有理由去讀大學，而且讀大學會中斷他的事業。但他父親不接受，那天秋天，他在賓州大學華頓商學院註冊入學。雖然華頓商學院特別著重在商業與金融，但巴菲特對這所學校並未留下特別印象。他承認：「我沒學到多少。我也不是只能在那裡學到東西。」因為華頓的課程著重在商業理論，但巴菲特感興趣的是商業實務——如何賺錢。在華頓待了兩年（一九四七至一九四九年）之後，他就轉學到內布拉斯加大學。他一年修十四堂課，並於一九五〇年畢業。當時他還不到二十歲。

初讀葛拉漢的書

回到奧馬哈之後，巴菲特與股票市場重新連結。他開始從經紀人身上收集投資訣竅，並訂閱發行服務。他挖出以前畫的股價圖，並研讀技術分析的書籍。他用了麥基點數系統（McGee point-and-figure system），以及任何想得到的系統，想知道哪一個有效。有一天，他在當地圖書館瀏覽時，發現一本剛出版的書，是葛拉漢寫的《智慧型股票投資人》，他說：「就像看到一道光。」

葛拉漢寫的投資專書，包括與大衛．陶德合寫的《有價證券分析》，深深影響了巴菲特，巴菲特還因此離開奧馬哈，跑到紐約哥倫比亞大學商學院向葛拉漢學習。葛拉漢諄諄教誨著理解一家公司內在價值的重要性。他認為，能正確計算公司價值並以低於這個價格買進的投資人，就會在市場中賺到錢。巴菲特對數字的喜愛剛好用得上。

葛拉漢的班上有二十名學生，很多人的年紀都比巴菲特大，有幾個人已經在華爾街工作。到了晚上，這些華爾街專業人士會坐在葛拉漢的班上，討論哪些股票價值被大幅低估，隔天上班時就去買這些前晚分析過的股票，並因此賺到錢。

每個人很快就發現，巴菲特是他們之中最聰明的學生。他經常在葛拉漢問題還沒問完，就舉手回答問題。之後與瑞克．卡尼夫（Rick Cuniff）合創紅杉基金（Sequoia Fund）的比爾．盧恩（Bill Ruane），也在同一個班上。他回憶說，葛拉漢與巴菲特之間有很強的化學反應，班上其他人基本上只是觀眾。巴菲特在這堂課得到的成績是A^+，這是葛拉漢二十二年教學生涯以來第一次給出的A^+。

大學畢業後

從哥倫比亞大學畢業後，巴菲特向葛拉漢要一份跟在他身邊工作的機會，但被葛拉漢拒絕。他一開始因為被拒絕而覺得有點受傷，但後來才知道，葛拉漢紐曼公司（Graham-

Newman）的職缺，只留給在華爾街受到不公平對待的猶太裔分析師。巴菲特沒有因此受挫，他回到奧馬哈，加入父親的經紀公司巴菲特福爾克公司（Buffett-Falk Company）。他一上班就快馬加鞭展開重要工作，熱切地推薦符合葛拉漢價值標準的股票。而在同時，巴菲特也繼續與葛拉漢保持聯繫，並寄給他一個又一個有關股票的想法。一九五四年，葛拉漢捎來一個消息：葛拉漢紐曼公司的宗教限制已經解除，如果巴菲特還有興趣，公司有一個職缺。巴菲特馬上就搭下一班飛機前往紐約。

巴菲特在葛拉漢紐曼公司工作期間，完全沉浸在恩師的投資方法裡。除了巴菲特，葛拉漢還聘用了華特．史洛斯（Walter Schloss）、湯姆．奈普（Tom Knapp），以及比爾．盧恩。史洛斯後來繼續在WJS有限公司管理金錢，並當了二十八年的合夥人。奈普成為普林斯頓的化學家，並與朋友合夥成立了特威迪暨布朗合夥公司（Tweedy, Browne Partners）。盧恩則與人合創了紅杉基金。

對巴菲特來說，葛拉漢不只是一位導師。「對於奇妙又被禁止窺探的城市——股票市場來說，葛拉漢提供了第一張可靠的地圖，」羅文斯坦寫道：「在那之前，選股幾乎是一種接近賭博的偽科學，但他展示了一種選股的基本方法。」從巴菲特在十一歲時買了第一張城市服務特別股開始，他已經花了一半的人生在研究股票市場的祕密。直到現在，他終於找到答案。《雪球：巴菲特傳》（*The Snowball*）作者艾莉斯．舒德（Alice Schroeder）寫道：「巴菲特的反應就像一個走出已經住了一輩子的山洞的人，當他第一次看到陽光時要眨眨眼一樣。」根據舒德的說法，巴菲特對股票的原始概念是「來自價格形成的模式，而一張張的股票就是根據價格做交易。現在，他把這些紙張，看成基本事實的簡單象徵。」

一九五六年，巴菲特加入葛拉漢紐曼公司兩年之後，該公司解散，當時六十一歲的葛拉漢也決定退休。巴菲特再次回到奧馬哈。帶著他從葛拉漢學到的知識，以及他的家人與朋友提供的資金援助，這一年他二十五歲。他開始了一家有限合夥投資公司。

巴菲特有限合夥公司

公司開始時，有七位有限責任合夥人（limited partners）一起出資十萬五千美元，而負有無限責任的一般合夥人（general partner）巴菲特則出資一百美元。這些有限合夥人每年可以回收投資金額的六％，以及超過這些利潤之外的總獲利的七五％；而巴菲特則拿到另外的二五％。但這家公司的目標是相對的，而不是絕對的。巴菲特告訴合夥人，他的目標是打敗道瓊工業平均指數十個百分點。

巴菲特對合夥人保證：「我們的投資標的根據的是價值，而不是熱門程度。」因此，公司「力圖把長期資本損失（而不是短期的股價損失）降到最低」。一開始，這家公司買的都是根據葛拉漢的嚴格標準、價值被低估的普通股。此外，巴菲特也從事合併套利，這是一種策略，同時購買並出售兩家合併的公司股票，以創造無風險的獲利機會。

打從一開始，巴菲特合夥公司就有令人不可思議的數字表現。在頭五年（從一九五七到一九六一年）期間，道瓊上漲了七五％，巴菲特合夥公司漲了二五一％（其中一八一％要給有限合夥人）。巴菲特不只打敗道瓊十個百分點，而是平均三五％。

隨著巴菲特的名氣愈來愈響亮，愈來愈多人請巴菲特替他們理財。隨著愈來愈多人加入，也成立愈來愈多的合夥公司，直到一九六二年，巴菲特決定把所有的合夥關係重新組合成單一的合夥公司。也在同一年，巴菲特把合夥公司的辦公室從他的家，遷移到奧馬哈的奇威特廣場，直到今天，他的辦公室仍在這裡。隔年，巴菲特進行了他最有名的投資之一，讓他已經響亮的名氣再度高漲。

一九六〇年代，發生了一件史上最重大的企業醜聞之一。提諾・德安傑利斯（Tino De Angelis）成立了聯合植物油提煉公司（Allied Crude Vegetable Oil Company），他知道放款業者會根據公司的沙拉油庫存，決定是否通過貸款。德安傑利斯利用油會浮在水上這個簡單的事實，暗中動手腳。他在紐澤西蓋了一家精煉廠，並且放置了要裝大豆油的一百三十九個五層樓高的儲油櫃，但他事先在儲油櫃中裝水，只在上面放了一英寸的沙拉油。當檢查人員到現場要確認庫存時，聯合煉油廠的員工就爬到儲油櫃上方，拿著一根丈量的棍子浸泡一下，然後就報給站在地面的檢查人員假數字。當這個醜聞曝光之後，外界才得知，受騙的企業包括美國銀行（Bank of America）、國民銀行（Bank Leumi）、美國運通（American Express），以及其他國際貿易公司，已經金援這家公司一億五千萬美元。

這個醜聞被稱為沙拉油醜聞，美國運通公司的損失最大，高達五千八百萬美元，股價也應聲腰斬。巴菲特向葛拉漢學到的重要一課就在此：當一家穩健的公司股票跌到內在價值以下，就要果敢買進。

巴菲特知道美國運通損失了五千八百萬美元，但他不知道顧客會如何看待這個醜聞。所以他逛了幾家奧馬哈餐廳的收銀台發現，沒有人因此而不用美國運通的綠色卡片。他還到當地幾家銀行查看並了解到，這件金融醜聞絲毫沒有影響美國運通旅行支票的銷售。

一回到辦公室，巴菲特立刻針對美國運通的股票，投資了一千三百萬美元，也是合夥公司總資產的二五％。接下來的兩年，這些股票漲了三倍，合夥人淨賺二千萬美元的獲利。這是典型的葛拉漢，也是典型的巴菲特絕招。

一開始，巴菲特限制合夥公司只買價值被低估的股票，以及一些合併套利的行動。但在第五年，他第一次開始購買一家公司的控股權，也就是生產農業設備的丹普斯特農機製造公司（Dempster Mill Manufacturing Company）。接著又開始買股價疲軟的公司，也就是一家叫波克夏海瑟威的新英格蘭紡織公司，直到一九六五年，他已經完全掌握這家公司。

■ ■ ■

在微分學中，所謂的拐點或轉折點（inflection point）指的是在一條曲線中的某一點，接下來曲線從正值變負值，或負值變正值的點。轉折點也會發生在公司、產業、經濟體、地緣政治情勢與個人身上。我認為，一九六〇年代正是巴菲特的轉折點，在這段期間，巴菲特從投資人演化成為生意人。在此同時，市場本身也遇到一個轉折點。從一九五六年以來，由葛拉漢概括出來並由巴菲特成功應用的價值策略，已經主導了股票市場。但在一九六〇年代中期，卻進入另一個新時代，被稱為「Go-Go」年代，Go-Go意味著成長型股票。在這段期間，貪婪開始驅動市場，在追求毫無道理的飆股時，錢賺得快，也輸得快。

雖然市場心理基本上已經改變，巴菲特合夥公司仍繼續展現卓越投資成果。一九六六年結束前，公司成長了一一五六％（其中有七〇四％要給有限合夥人），道瓊在同時間，只漲了一二三％，可以說大敗道瓊指數。即使如此，巴菲特卻變得愈來愈不安。雖然市場一直跟著葛拉漢法則起舞，但在股票市場中演奏的新音樂，對巴菲特來說卻毫無道理可言。

一九六九年，巴菲特決定結束合夥投資公司。因為他發現市場已經變得高度投機，而且也很難找到有價值的公司。一九六〇年代末期，股市由高價的成長股主導。投資人開口閉口就是俏麗五十（Nifty Fifty）❺。像雅芳（Avon）、寶麗來（Polaroid）與全錄（Xerox）等公司的股票交易，本益比竟然高達五十到一百。巴菲特寫信給合夥人，坦承他現在已經跟不上市場環境。「但是，在某一點上，我是很清醒的。」他表示：「我不想放棄我很熟悉的投資邏輯，雖然這個方法在目前的市場上很難賺到大錢；但我不想採用我自己無法完全理解的方法，而且這些方法也還沒被證實過，很可能會帶來巨額資本的永久虧損。」

打敗指數

在合夥公司成立之初，巴菲特設定的目標是每年要打敗道瓊平均工業指數十個百分點。在一九五七年到一九六九年之間，他的確贏過了道瓊，而且不只一年十個百分點，而是二十

---

❺ 俏麗五十，指本益比高達五十的股票。

二個百分點！當合夥公司解散時，投資人都收到自己應得的比例。巴菲特幫有些人上了一堂地方政府債券的課程，另外也安排其他人找到資金管理人。唯一得到巴菲特推薦的人是盧恩，也是他在哥倫比亞的老同學。盧恩同意經營管理一些合夥人的錢，因此誕生了紅杉基金。其他的合夥成員，包括巴菲特自己，則把錢投資在波克夏海瑟威。當時巴菲特在合夥公司的股份已經成長到二千五百萬美元，這筆錢讓他足以控制波克夏海瑟威。

當巴菲特把合夥公司解散時，很多人認為，這個「錢幣兌換機」已經走過人生最顛峰的時期。事實上，他的真正高峰才要開始。

波克夏海瑟威

這家公司的原始公司是成立於一八八九年的波克夏棉花製造公司（Berkshire Cotton Manufacturing），四十年後，波克夏與幾家紡織工廠合併，成為新英格蘭最大的製造業公司之一。在這段期間，波克夏供應全美棉花需求大約二五%，並消耗新英格蘭電力的一%。一九五五年，波克夏與海瑟威製造公司（Hathaway Manufacturing）合併，公司名稱隨後也改為波克夏海瑟威。

遺憾的是，合併後的幾年，景氣持續低迷，不到十年，股東權益跌掉一半，營運損失也超過一千萬美元。接下來的二十年，巴菲特連同管理紡織部門的肯恩．卻斯（Ken Chace），非常努力想要重振新英格蘭的紡織業，但結果未能盡如人意，股東權益只能勉強達到二位數。

一九七〇年代，波克夏海瑟威的股東開始質疑，繼續投資紡織業是否明智，巴菲特並未隱瞞經營上的困難，但在很多場合上他也盡量解釋他的想法：這家紡織廠是當地最大的雇主；勞工年紀偏高而且技能也相對較難轉移；經營階層也有高度的熱情；工會也很明理；而且，非常重要的是，巴菲特相信，紡織事業仍然有利可圖。

但他也說得很明白，他期望紡織事業可以在適當的資本支出下賺取利潤。「我不會只為了增加一點點獲利率，而關掉一家獲利率低於正常值的事業。」巴菲特表示：「但我也覺得，即使是一家有超額利潤的公司，也不該資助一家未來不會停止虧損的事業。現代經濟學之父亞當・斯密（Adam Smith）不會同意我的第一個建議，卡爾・馬克思（Karl Marx）也不會同意我的第二個建議。」他解釋：「中庸之道是唯一讓我覺得舒服的投資策略。」

到了一九八〇年代，巴菲特開始領悟到，紡織業的基本特性不可能讓企業獲得高利潤。第一，紡織品屬於日用品，就定義上，日用品很難與其他競爭者做出區隔。而且外國的競爭對手聘用廉價勞力，更進一步壓縮了利潤空間。第二，如果要保持競爭力，紡織廠就要投入大量資金以改良生產設備，如果碰到通貨膨脹，這個做法就會很危險；如果公司的獲利不足，也會變成災難。

巴菲特面臨困難的抉擇。如果為了保持紡織事業的競爭力，而投資大量資金，波克夏在資本墊高的情況下，獲利率就會變小。如果不繼續加碼投資，和其他國內的紡織公司相比，波克夏的紡織廠就會失去競爭力。而且，無論波克夏是否要再投資，國外的競爭對手也有繼續雇用廉價勞力的優勢。

一九八〇年，年報顯示紡織事業前途不妙。那一年，在巴菲特寫給股東的信中，紡織事業已經失去過去的聲望與主導地位，隔一年，巴菲特在信中根本隻字未提。最後，不可避免地，一九八五年七月，巴菲特結束了紡織部門的事業，也結束了一個營運一百年的企業。

雖然巴菲特在紡織事業遭到挫敗，但這次經驗卻不是一無是處。首先，巴菲特在公司轉型上學到寶貴的一課，因為轉型很少會成功。第二，紡織事業在早年也賺夠獲利，並買了一家保險公司，這是一個更輝煌的故事。

保險公司

一九六七年三月，波克夏海瑟威花了一共八百六十萬美元，買下了總公司設置在奧馬哈的兩家績優保險公司的股權，也就是國家償金公司與全國水火險公司（National Fire & Marine Insurance Company）。它是波克夏傳奇故事的開始。

為了理解這則傳奇，要先了解擁有一家保險公司的真正價值。保險公司有時是一筆好投資，有時候不是。但它們肯定是絕佳的投資工具。投保人付保費，提供保險公司源源不絕的現金流量；保險公司可以拿這筆錢投資，直到保戶申請理賠。由於理賠的時間不確定，保險公司會選擇投資流動性高的有價證券，主要是有固定收益的短期票券、長期債券，以及股票。因此，巴菲特不只取得了兩家經營穩健的保險公司，也得到未來投資的資金工具。

一九六七年，這兩家保險公司擁有超過二千四百七十萬美元的債券組合，以及七百二十萬美元的股票組合。兩年內，巴菲特讓這些投資價值達到四千二百萬美元。對於像巴菲特這樣經驗豐富的選股高手來說，這是一個很漂亮的投資組合。他之前在經營紡織公司的證券組合時，已經小有局面。當巴菲特在一九六五年取得波克夏的控制權時，公司持有二百九十萬美元的可交易證券。第一年結束之前，巴菲特就把這些證券價值增加到五百四十萬美元。而就在一九六七年，投資獲利是整個紡織事業報酬的三倍。

巴菲特退出紡織事業，進軍保險事業的時候，有人認為，他只不過是把一個日用品換成另一個日用品，因為保險公司也和紡織品一樣，銷售的商品很難創造差異化。那時保險公司的保單已經標準化了，而且可以被任何人抄襲。既沒有商標、也沒有專利、更沒有地理位置上的優勢，或是能夠區隔彼此的原料。要領到執照很容易，保險費率也是公開的資訊。一般來說，保險公司最具有差異性的特點就是人力素質。每一個經營者用心與否，都會大幅影響保險公司的績效。幾年下來，巴菲特在波克夏保險集團中又添加了幾家保險公司。由於廣告宣傳得利，其中最重要的、也是現在最知名的一家就是GEICO。一九九一年，波克夏海瑟威持有GEICO流通在外將近一半的普通股。接下來三年，這家公司的表現持續令人刮目相看，巴菲特對它的興趣也愈來愈大。一九九四年，波克夏宣稱，它已經擁有這家公司的五一%股權，並很認真地開始討論要把GEICO納入波克夏家族。二年之後，巴菲特開出一張二十三億美元的支票，完全持有GEICO這家公司。

但巴菲特還不收手。一九九八年，巴菲特花了之前買GEICO流通在外的股票的金額的七倍，大約是一百六十億美元的波克夏海瑟威股票，購併了一家叫通用再保險公司（General Re）。那是當時巴菲特最大手筆的一次購併行動。

幾年下來，巴菲特持續買保險公司，但毫無疑問的是，他最聰明的採購是一個重要人才——阿吉特．賈恩（Ajit Jain），巴菲特聘請他來經營波克夏海瑟威再保事業集團。阿吉特出生於一九五一年，在極負盛名的印度理工學院（Indian Institutes of Technology）取得工程學位，在IBM工作三年之後，又進了哈佛並拿到商業學位。

雖然阿吉特沒有任何保險事業的背景，但巴菲特很快就看出他的長才。以一九八五年為起點，二十年出頭，他把通用再保險事業集團的浮存金（float）❻，做到三百四十億美元。巴菲特認為，阿吉特「會為沒有人想要或沒有資金可以承擔的風險提供保險，他的營運方式結合了能力、速度與果斷，最重要的是，在通用再保險事業中，他有顆獨一無二的腦袋。」巴菲特和阿吉特每一天都要談話。為了讓人更清楚阿吉特的價值，巴菲特在二〇〇九年的波克夏年報中寫道：「如果蒙格、我和阿吉特三人在一艘沉船上，而你們只能救我們之中的一個人，就去救阿吉特吧！」

巴菲特和他的公司

巴菲特是個很難形容的人，他的體型一般，看起來更像個親切的爺爺，而不像個企業大老闆。但在智力上，他被認為是天才，但他與人互動時非常實在，一點也不複雜。他簡單、坦白、直率，而且正直。時而機智，時而冒出冷笑話。高度尊重邏輯，厭惡愚蠢行為；他擁抱單純，避開複雜。

閱讀巴菲特的年報，你會驚訝他能自在地引述《聖經》、英國經濟學家凱因斯與性感偶像梅・蕙絲（Mae West）的話。不過，要注意「閱讀」這個字眼。每份年報都是六十到七十頁滿滿的資訊，沒有照片、沒有彩色的圖表、曲線圖。能夠保持紀律，從第一頁不中斷地看到最後一頁的人，就會發現其中的財務敏感度、輕鬆的幽默笑話，以及絕對的誠實。巴菲特在年報中非常誠實，波克夏的事業不論好壞都會談到。他認為，擁有波克夏股票的人就是公司的老闆，因此他會坦白所有他希望自己當股東時想被告知的事。

巴菲特領導的公司，是他的人格特質、商業哲學（這一點與他的投資哲學一致），以及自己獨特風格的具體呈現。波克夏海瑟威這家公司很複雜，但還算可以理解。公司主要有兩個部分，事業營運以及投資組合，非保險事業有獲利，保險公司則有浮存金。經營事業是巴菲特評估是否全部買下一家公司的務實方法，經營之後，他就會評估，是否只買普通股，或是當成自己的公司來經營。

現在，波克夏海瑟威已經分成三個主要事業群，包括保險事業群、資本密集事業群，以及製造、服務、零售事業群，其中的資本密集事業群包括美中能源公司（MidAmerican Energy）、伯靈頓北方聖達菲鐵路公司，整個公司的產品從棒棒糖到噴射機都有。整體來說，這些事業在二〇一二年為波克夏海瑟威創造出一百零八億美元的獲利，相對於一九八八年，做為生意人的巴菲特則賺了三億九千九百萬美元。二〇一二年年底，波克夏海瑟威的投資組合市價高達八百七十六億美元，但成本才四百九十八億美元。二十五年前，也就是一九

❻ 浮存金，即已經收進來但還未支付理賠金的保費。

八八年，做為投資人的巴菲特當時的投資組合價值是三十億美元，成本則是十三億美元。

從一九六五年巴菲特開始掌控波克夏海瑟威，四十八年以來，公司的帳面價值已經從每股十九美元，上漲到十一萬四千二百一十四美元，每年的複利是一九．七％。在同一段時間，標準普爾五百指數（Standard & Poor's 500 index）則是九．四％，且包含股利。將近五十年，他每年都超越標準普爾五百指數一〇．三％。就像我之前提到的，當「錢幣兌換機」將合夥公司結束時，其實才正要開始人生的新高峰。

五個標準差事件

好幾年來，經濟學者與投資專家都在爭論效率市場理論的有效性。這個具爭議性的理論主張，由於可取得的資訊已經充分反映在目前股價上，因此分析股票是在浪費時間。服膺這個理論的人帶著開玩笑的語氣認為，投資專業人士只要對著一張股票報價單丟飛鏢，選到賺錢股票的機會，就和一個經驗老到的財務分析師，花幾個小時鑽研最新的年報或季報一樣。

但是持續打敗指數的投資人，其中最有名的就是巴菲特，他們的成功經驗則顯示，效率市場假說根本無效。效率市場理論家則反駁，並不是理論無效，而是像巴菲特這樣的人，只是一種五個標準差事件，是一種實際上不曾發生的罕見統計現象。❼大家也很容易就接受巴菲特是統計上的稀有案例的說法。因為，不論是巴菲特合夥公司的十三年成果，或是波克夏海瑟威將近五十年的成果，沒有一個人的投資成就能與他相提並論。當我們把每一位投資專家的成果製表，就可以發現，他們沒有辦法長期打敗主要指數，這引起一個問題：究竟是股票市場真的無懈可擊，還是大部分投資人用的方法有問題？

最後，我們用巴菲特本人的話來思考一下：「我們做的事沒有超過任何人的能力範圍。我在管理時的想法和投資一樣：要得到不凡的成果，不一定要做不凡的事。」大部分的人可能會把巴菲特的這番話，解讀為是他出身中西部的一種特殊幽默感，但我把他這番話看得很重要，同時也是本書的主題。

❼希臘字母sigma在統計學上用來代表標準差，標準差是一組數值自平均值分散開來的程度的一種測量觀念。五個標準差事件發生機率為三百四十八萬八千五百五十五分之一，另一個表達方式是成功機率為九九・九九九九四%。

第2章 巴菲特的啟蒙老師們

葛拉漢、費雪和蒙格

即使是一位五個標準差才會出現的驚世奇才，也一定有學習的對象，因為即使是他，也不能跳過學習交易的過程。巴菲特的學習其實融合了三位擁有強大心靈的人物的投資哲學：葛拉漢、費雪與蒙格。

葛拉漢對巴菲特的影響最為人所熟知，事實上，有些人認為，他影響了巴菲特投資的一切。只要想到這兩個人的生命如何交織在一起，這樣的說法就不令人意外。巴菲特一開始是一個對葛拉漢很感興趣的讀者，接著成為他的學生，再變成他的員工，然後兩人又一起合作，直到最後成為他的同儕。可以說，葛拉漢雕塑了巴菲特的心靈。但是，認為巴菲特只接受葛拉漢教導的人，其實忽略了另外兩位卓越財務思想家的影響：費雪與蒙格。我們也將在這一章讀到這兩位投資大師的故事。

葛拉漢

葛拉漢被稱為是財務分析之父。就像亞當・斯密寫的：「在他之前，並沒有財務分析這門專業，在他之後，人們才稱這些為財務分析。」今天，他的名氣主要是因為兩本非常出色的著作，一本是一九三四年出版與大衛．陶德合著的《有價證券分析》，另一本是一九四九年出版的《智慧型股票投資人》。

《有價證券分析》的影響力歷久不衰，部分原因是它的出版時機，這本書在一九二九年股票市場崩盤幾年後出版，這次改變世界的事件對葛拉漢造成很大的衝擊，也對他的觀念產生深遠的影響。其他學者忙著對這個經濟事件尋求解釋時，葛拉漢幫助人們在財務上再次站穩腳跟，並進一步學到可以獲利的行動途徑。

葛拉漢於一九一四年在哥倫比亞大學取得科學學位，當年他才二十歲。他的希臘文與拉丁文都很流利，對數學與哲學也有學術上的研究興趣。但是，雖然他沒有商業的教育背景，卻在華爾街展開他的職業生涯。他的第一份工作是在紐伯格韓德森暨羅伊比（Newburger, Henderson & Loeb）經紀公司當資訊收發員，負責在黑板上寫債券與股票行情，一星期的薪水是十二美元。他從資訊收發員做起，後來開始寫研究報告，然後很快就被拔擢成為該公司的合夥人。一九一九年，他二十五歲，年薪就高達六十萬美元，幾乎是二〇一二年幣值的八百萬美元。

一九二六年，葛拉漢與傑洛米．紐曼（Jerome Newman）合夥開了一家投資公司。就是這一家公司在三十年後雇用了巴菲特。葛拉漢紐曼公司歷經一九二九年的股市大崩盤、大蕭條、第二次世界大戰，以及韓戰，直到一九五六年才解散。

很少人知道，葛拉漢其實在一九二九年的崩盤時也面臨了財務大傷的困境。這是他人生中的第二次❽他必須重新積聚財富。當時他在母校教授夜間的財務課程，這也讓他有了啟發。學術殿堂讓他有機會重新反省與評估一切。陶德本人也是哥倫比亞大學的教授，在他的協助下，葛拉漢打造出經典保守投資著作。

葛拉漢與陶德兩人總共擁有十五年的投資經驗，但仍然花了四年才完成《有價證券分析》。當這本書在一九三四年出版時，路易斯．李奇（Louis Rich）在《紐約時報》寫著：「這是一本成熟嚴謹、重視細節的著作，既有廣泛而完整的學術探索，也有實用的智慧。如果本書的影響力能充分發揮，將會帶領投資人開始注意股票，而不是市場問題。」

在第一版中，葛拉漢與陶德把注意力放在企業濫權，也提供很多資料。在「一九三三年證券法」與「一九三四年證券交易法」實施之前，企業資訊完全不正確，也經常誤導投資人。大部分的公司都拒絕揭露銷售資訊，資產評估也通常令人懷疑。企業的不實資訊是為了操弄股價，包括首次公開上市與之後的交易。在「證券法」推出之後，企業改革步調雖然緩慢，但也有所準備。一九五一年，這本書出第三版時，葛拉漢與陶德提到企業濫權現象已經消失，但取而代之的是股東與管理階層關係的問題，主要是經營階層的能力與股利政策。

《有價證券分析》的精華在於，精心挑選已經分散風險而且股價合理的投資組合，才可能是一筆穩健的投資。而且在書中，葛拉漢一步又一步地協助投資人看清楚這個投資方法的邏輯。

葛拉漢第一個遇到的問題是，關於「投資」，缺乏一個普遍的定義。葛拉漢引用大法官路易斯．布蘭迪斯（Louis Brandeis）的話說：「投資這個字有很多意義。」但並未提到投資這兩個字指的是股票（因此就是定義上的投機），還是債券（因此就是投資）。一檔不安全的債券，不能只是因為它是債券，就說這是投資行為。一支每股價格比淨值低的股票，也不能只因為它是股票，就說這是投機行為。葛拉漢認為，動機決定一切。如果你是借錢來買有價證券，並希望很快賺到錢，這就是投機行為，不管你買的有價證券是債券或是股票。由於這個問題的複雜性很高，葛拉漢也提出了自己的定義：「所謂的投資操作是指，透過完整的分析研究之後，認為本金保證不會虧損，並能得到一筆滿意的報酬。如果不符合這些要求的操作，就是投機。」這個簡單的句子內含了豐富的想法，值得我們仔細研究。

首先，他所謂的「完整的分析研究」，是什麼意思？他先說了一個簡單扼要的定義：「基於已有的原則與合理的邏輯，針對所有可取得的事實小心研究，得出有用的結論。」接著，他更進一步把分析過程，描述成三個步驟：一、描述，二、評斷，三、選擇。在第一個描述階段，就是要收集所有的事實，並明智地分析這些資訊。第二個評判階段，針對用來溝通資訊的標準，要檢驗其參考價值。最後一個選擇階段，分析師必須判斷該有價證券是否值得投資。

接著，葛拉漢堅持，買一檔有價證券要視為投資必須符合兩個條件：本金必須具有某種程度的安全性，以及要有令人滿意的報酬。針對第一點，他警告說，安全性並不是絕對的，因為非常不尋常或不可思議的突發事件，也可能會讓債券變廢紙。因此他說，在合理的條件

❽ 第一次是他父親過世，全家財務陷入困難。

下，有損失也可以視為安全的投資。

至於第二個必要條件——令人滿意的報酬——也必須注意，葛拉漢指出這是一個主觀的字眼，報酬可以是任何數字，而且不管多低，只要投資人以一定的智慧採取行動，徹底遵循投資的定義。因此，根據葛拉漢的定義，一個人可以根據合理的邏輯，並進行完整的財務分析，並在不損失本金的原則下選定合理報酬，他就是一個投資人，而非一個投機客。

在葛拉漢的職業生涯中，一直非常憂心投資與投機的問題。在他晚年時，看著投資機構明顯擁抱投機，也感到非常失望。一九七三到一九七四年的空頭市場風暴發生後不久，葛拉漢受邀參加由帝杰證券（Donaldson, Lufkin, and Jenrette）主辦的財富經理人研討會，並對會場中聽到的內容感到非常震驚。他說：「我實在無法理解，投資機構的財務管理為什麼會從穩健的投資政策，墮落到如此瘋狂的競賽，竟然想在最短時間內賺到最高的報酬率。」

葛拉漢的第二個貢獻是，在投資與投機之間提出一個清楚又持久的區分標準之後，建立了一套以投資的觀點購買普通股的方法。就是所謂的「安全邊際」概念。而這個概念也是受到一九二九年股市崩盤的影響。

安全邊際

一九二九年股市崩盤的危險之處，並不在於投機行為假裝成投資行為，而是投資行為都淪落成為投機行為。葛拉漢提醒大家，以歷史出發點的樂觀非常容易流行，但也很危險。由於受到歷史行情的激勵，投資人預期未來會繼續成長與繁榮，於是開始失去價格比例的意識。葛拉漢指出，很多人買股票竟然沒有任何數學預期，因此在樂觀的市場心理下，股票可以是任何價格。

為了避免這種危險的行徑，葛拉漢提出一個以「安全邊際」為基礎的選股方法。在這個方法中，投資人如果對某家公司的未來有樂觀的預期，可以用兩個技巧來檢視是否將這支股票納入投資組合中。第一、在「整體市場」交易價格偏低的時候買進股票（通常這會發生在空頭市場，或是類似的價格修正期間）；第二、在價格低於「這家公司的內在價值」時買進股票，即使整體市場的價格並不便宜。葛拉漢說，不管用哪一個，都能在買進價格中預留安全邊際。

第一個技巧，在市場低點買進，是有點困難。這讓投資人必須發展出某些公式，可以指出市場價格何時偏高，何時偏低。投資人也會變成預期市場走勢的人質，但市場走勢一點也不確定。另外，如果市場價格是合理的，投資人買普通股也很難賺到錢。但是，等到市場價格修正才買股票，可能會讓人等得很無聊，最後甚至會弄巧成拙。

葛拉漢建議最好把精神放在第二個技巧，就是不必理會整體市場的行情走勢，專心辨識被低估的有價證券。葛拉漢說，這個策略要運作得好，投資人必須要有一套方法，能看出某支股票的價格低於本身的價值。他的目標就是要找出這樣的策略，因此他最後發展出一個量化的方法，並在《有價證券分析》一書發表後，大眾才得以知悉。

葛拉漢把穩健投資的概念，簡化為他所謂的安全邊際概念。希望藉由這個概念，可以用同一個方法，投資所有的有價證券，包括股票與債券。

在債券建立安全邊際概念，並不困難，舉例來說，如果看到一家公司的營運紀錄，並發現過去五年平均下來，這家公司每年都可以賺到固定費用的五倍，那麼這家公司的債券就有安全邊際。葛拉漢不認為，投資人可以精準預估到這家公司的未來收入。相對的，他認為如果獲利與固定費用的差距夠大，即使公司的未來收入意外下跌，投資人也仍在受到保護的範圍內。

真正的挑戰是，葛拉漢是否能把這個安全邊際概念應用到股票。葛拉漢認為，如果股票的價格低於它的內在價值，這支股票就是有安全邊際。很明顯的，下一個問題就是：內在價值怎麼決定？葛拉漢再次提出一個明確的定義：內在價值就是「根據事實決定的價值」這些事實包括公司的資產、盈餘與股利，以及未來的明確展望。

當然，葛拉漢認為，決定公司價值的事實中，最重要的就是公司未來的獲利能力。他也提出一個簡單的公式：藉由預估公司未來盈餘，並乘以一個適當的資本因素，就能算出公司的內在價值。這個因素則受到公司的盈餘、資產、股利政策與財務健康是否穩定的影響。

另外他也提醒，這個方法受限於投資人計算一家公司未來營收的能力，因為未來的銷售量、價格與費用都很難預期，這種計算一定不精確。因此要應用乘數，也變得比較複雜。

儘管如此，葛拉漢相信，安全邊際在三個領域之中可以運用得非常成功。第一、在相對比較穩定的有價證券上，例如債券、優先股。第二、在比較分析上。第三、在選股上，只要價格與內在價值的差距夠大。葛拉漢希望投資人接受，內在價值是一種難以捉摸的概念，因為它和市場的價格不一樣。一開始，大家以為內在價值指的是一家公司的帳面價值，或真實資產的總和，扣掉公司的負債。這個初期的想法是以為內在價值是一個明確的數字。不過，分析師後來理解到，公司價值不只是它的淨資產價值，還包括這些資產能產生的盈餘價值。因此葛拉漢建議，我們不必判斷一家公司精確的內在價值，只要是一個能與銷售價格比較的大約價值，就足夠我們估計安全邊際了。

葛拉漢提醒我們，財務分析並非一門精密的科學。但可確定的是，在整個財務分析過程中需要某些特定的量化因素，包括資產負債表、損益表、資產與負債、盈餘與股利。但是我們也不應該忽略，不容易分析但在決定一家公司內在價值時不可或缺的質化因素。其中的兩項就是經營能力與事業本質。針對這一點，葛拉漢的問題是：投資人要付出多少注意力？

葛拉漢擔心一般人會過度強調質化因素。對於經營能力與事業本質的意見，其實很難評估；因為很難評估，所以很容易出錯。對於質化因素過度樂觀，通常會得出一個較高的乘數。葛拉漢根據經驗認為，投資人如果把注意力從具體的資產移向不具體的因素，思考方式就具有潛在危險。從另一個角度來講，葛拉漢認為，如果公司的內在價值有較大的比重來自於可以計算的量化因素，投資人比較不會面對下跌的可能性。固定資產是可以計算的，股利是可以計算的，目前與過去的盈餘都可以計算的，以上的每一個因素都可以用數字清楚說明，並能參考實際的經驗做為邏輯思考的根據。

葛拉漢希望，投資人要確定立場，一開始就要以淨資產價值做為出發點。如果你買了某些資產，這些資產的變現價值就會決定下跌可能性。他分析，如果你對某個資產有樂觀的成長預期，一旦這些預期沒發生，沒有人可以幫你脫困。如果有家公司被認為經營一種吸引人的事業，而且它的經營階層也預期未來有非常高的盈餘，毫無疑問地，這家公司一定會吸引非常多的股票投資人。葛拉漢說：「所以投資人會瘋狂買進，價格會因此飆高，本益比也會因此揚升。如果有愈來愈多投資人被保證得到的報酬吸引進場，股票價格就會脫離內在價值，隨意飆漲，形成非常漂亮的泡沫，但最終一定會爆掉。」

葛拉漢說，擁有良好的記憶力是他的個人問題。在人生中遇到兩次財務危機的記憶，讓他能接受同時強調降低下跌風險與上漲潛力的投資方法。

買低本益比的股票

葛拉漢說，投資有兩個法則。第一個法則是，不要虧錢。第二個法則是，不要忘記第一個法則。葛拉漢把「不要虧錢」哲學，具體呈現在兩個堅守安全邊際的原則上，第一，以低於公司三分之二淨資產價值的價格買進該公司的股票，第二，聚焦在低本益比的股票上。

以低於公司三分之二淨資產價值的價格買進該公司的股票，完全符合葛拉漢對現狀的想法，也滿足他對數學期望值的想像。葛拉漢一點都不考慮公司的廠房、土地與設備。而且，他還進一步扣除公司的短期與長期負債，只注意公司的流動資產。如果股價低於上述計算的每股價格，葛拉漢就認為，這種投資方法已經得到一定的保障。他也澄清，投資成果要看一組已經分散風險的股票投資組合的可能結果，而不是靠單一個別股票的結果。

唯一的問題是，符合這個標準的股票很難找，尤其是在多頭市場時期。因為葛拉漢也知道，等到市場修正才進場，是很不合理的事，因此他也提出第二個想法：買低股價且低本益比的股票。但他也很快補充說，這家公司必須有某些淨資產價值，換句話說，公司的負債必須低於公司的價值。

在葛拉漢的職業生涯期間，這個方法也歷經幾次調整。在他一九七六年過世之前不久，他與席尼．寇特（Sidney Cottle）合作，修訂了第五版的《有價證券分析》。這一次，葛拉漢分析的股票財務條件標準是：十年以來都保持低本益比、股價等於過去歷史高點的一半，以及擁有淨資產價值。葛拉漢用這些標準，檢驗從一九六一年以來的股票，發現這些股票的表現令人非常滿意。

過去這些年以來，很多投資人也在尋找計算內在價值的類似捷徑。雖然葛拉漢提出的低本益比選股方法大受歡迎，但我們也知道，只根據本益比，還不足以保證一定能獲利。現在，大部分投資人都依賴約翰．波爾．威廉斯（John Burr Williams）在《投資價值理論》（*The Theory of Investment Value*）一書中，對價值的經典定義。任何投資的價值就是其未來現金流量的當今折現價值。我們會在第三章學到更多股利折現模型。

現在，我們應該注意到，葛拉漢的兩個選股方法：購買低於淨資產價值三分之二的股票，以及買低本益比的股票擁有一個共同特色。根據這些方法挑出來的股票都是不被市場青睞，而且因為某種原因股價也低於公司的內在價值。葛拉漢強烈地認為，這些股票的價格「低得不合理」，也是非常有吸引力的買進標的。

葛拉漢的堅信是基於這些假設，第一，他認為市場經常出現價格錯誤的股票，而且通常是由於人類貪婪與恐懼的情緒作祟。當市場極度樂觀時，在貪婪心理作用下，股價通常會超過其內在價值，市場行情就會飆高。在其他時期，恐懼心理會讓股價低於內在價值，市場行情就會走低。他的第二個假設根據的是均值迴歸這個統計現象，雖然他本人並未使用這個術語。他引用古羅馬詩人賀拉斯（Horace）更動人的句子：「許多應被珍藏的都下跌了，許多應該鄙棄的卻被人追捧。」不管是根據統計學家或詩人的說法，葛拉漢相信，投資人可以在無效率市場的股價修正力道中賺到利潤。

費雪

葛拉漢在寫《有價證券分析》時，費雪才剛開始投資顧問的生涯。從史丹佛大學商管研究所畢業之後，他就到舊金山的盎格魯倫敦暨巴黎國家銀行（Anglo London & Paris National Bank）擔任分析師的工作。不到兩年，他就成為統計部門的主管，並在這個高位上，目睹一九二九年的股市崩盤。接著在當地一家經紀商從事短暫且低生產力的工作之後，費雪決定開一家自己的顧問公司。一九三一年三月三十一日，費雪的公司開始尋求客戶。

在一九三〇年代初期開一家投資顧問公司，看起來可能是一件有勇無謀的事，但費雪認為，他有兩個優勢。第一，在大崩盤之後，手上還有點錢的投資人，可能都會對現有的經紀商非常不滿意。第二，在大蕭條期間，商人們有大把時間可以坐下來和他談談。

在史丹佛求學期間，有一堂課程會要求費雪陪同教授，不定期到舊金山地區的企業拜訪。教授和經營者談到營運狀況，通常能幫他們解決面臨到的問題。在回程的路上，費雪會和教授重新討論他們觀察到的公司與經營者。費雪後來說：「每星期的一個小時，是對我受到的訓練當中最有效的。」

從這些經驗中，費雪認為，超額利潤來自於：一，投資潛力在平均值之上的公司，二，同時擁有最能幹的經理階層。為了要挑出這些出色的企業，費雪發展出「計分系統」（point system），根據公司的特徵與經營管理能力，評估一家公司。

費雪認為，一家公司最重要的特徵就是，以高於同業的平均值，隨著時間增加銷售與獲利的能力。為了達到這個目標，一家公司就必須擁有「產品或服務具有充分的市場潛力，能在銷售上連續好幾年創造可觀的成長」。但是費雪並不在意銷售是否每年持續增加，相對的，他以幾年為週期來判斷一家公司經營素質的優劣。他知道，商業週期的改變對銷售與盈餘有實質的影響。但是他相信，有兩種類型的公司會長年地表現出高於業界的平均值，第一種是「幸運又有能力」的公司；第二種是「因為有能力而幸運」的公司。

美鋁公司（Aluminum Company of America, Alcoa）就是第一種類型的公司。這家公司是「有能力」的公司，因為公司創辦人擁有傑出的能力。美鋁公司的經營階層預見到產品的商業化用途，便積極主動在鋁品市場上增加銷售。費雪認為，這家公司也「很幸運」，因為在經營階層控制之外的事件，也對公司與市場帶來正面的影響。因為當時空中運輸業蓬勃發展，鋁製品的銷售量大增。由於航空業，美鋁的盈利遠高於經營階層原本的願景。

費雪認為，杜邦（DuPont）則是「因為有能力而幸運」的公司。如果杜邦一直生產原有的產品，也就是黑色火藥，這家公司賺到的錢也會與最典型的採礦公司一樣。但由於經營階層利用從生產火藥得到的知識，進而推出新產品，包括尼龍、玻璃紙與透明合成樹脂，因而打造出自己的市場，最後為杜邦創造出數十億美元的銷售額。

費雪提到，一家公司的研發企圖，對於是否持續在銷售上超越同業平均值，具有非常大的貢獻。不管是美鋁還是杜邦，如果沒有對研發投入極大的決心，都不可能獲得長期的成功。即使是非科技業的公司，也需要致力於研發，以生產更好的商品與更有效率的服務。

除了研發，費雪也會檢驗一家公司的銷售組織。一家公司研發出優異的產品與服務之後，如果不夠「商品化」，研發成果也不會自動轉變成營收。費雪說，幫助顧客了解公司產品與服務的好處，是銷售團隊的責任。銷售團隊必須觀察顧客的購買行為，才能注意到顧客需求的改變。費雪認為，銷售團隊是市場與研發單位之間最寶貴的連結。

不過，光是市場潛力還不夠充分。費雪認為，一家公司即使有能力創造高於業界平均的銷售成長率，如果不能為股東創造獲利，仍然不算是個適當的投資。他說：「一家公司即使銷售成長，但經過多年下來，卻不能創造出相對的獲利，就不算是好的投資工具。」因此，費雪想找的公司不只是以最低成本生產商品與服務，而且還要能決心維持這樣的經營模式。一家公司的損益點如果比較低，或者有相對較高的獲利，就比較能抵抗經濟衰退的外在環境。最後，它也能逼走較弱的競爭者，因而強化自己的市場地位。

費雪說，沒有一家公司能維持它的獲利能力，除非它能降低做生意的成本，同時理解生產過程中每一個環節的成本。一家公司要做到這件事，就必須引進正確的會計監督與成本分析。這些關於成本的資訊，將能引導一家公司把資源放到最有經濟潛力的商品或服務上。另外，會計監督也會幫忙找出在公司營運中意想不到的缺失與障礙。這些缺失與障礙，或無效率，就像早期的警告裝置，可以保護公司的整體獲利能力。費雪對於一家公司獲利能力很敏感與另一個顧慮有關：一家公司不需要股權融資也能在未來成長的能力。如果一家公司成長的唯一方法就是賣股票，在外流通的股票一多，就會吃掉股東從公司的成長所能得到的利益。如果一家公司的利潤高，就比較有能力從內部產生資金，這些資金就能用來維持成長，而不需要稀釋股東的權益。另外，相對於固定資產與營運資本需求，如果一家公司能維持適當的成本控制，也會更有能力管理現金需求，避免採取股權融資的措施。

經營團隊的誠信

費雪也注意到，優秀的公司不只擁有超越業界平均值的經營特徵，同樣重要的是，這些公司的領導人也擁有超越業界平均的管理能力。這些經營者會下定決心開發出新產品與服務，好讓現有產品與服務在大賣之後繼續刺激銷售的成長。費雪提到，很多公司因為產品與服務會維持好幾年的營收，所以會有正確的成長預期；但很少公司會有十到二十年持續獲利的政策。他說：「為了達到這個目標，這個概念要求的是長期獲利，因此管理階層必須要有可行的政策，將短期獲利列為次要目標。」他解釋，「將短期獲利列為次要目標」並不是要犧牲短期獲利。一個超越業界平均值的經營者有能力執行公司的長期計畫，並同時專注於日常營運。

費雪也考慮到經營者的另一個重要特質：公司的經營階層是否絕對正直與誠實？這些經營者的行為是否符合股東受託人的身分，而不是只關心自己的福利？

費雪認為，判斷經營者意圖的一個方法，就是觀察經營者如何與股東溝通。所有公司，不管好壞，都會經歷預料之外的困難。一般來說，公司狀況好的時候，經營階層的溝通方式非常自由；當生意走下坡，有些經營者就會三緘其口，而非開誠布公地談到公司的困境。費雪認為，經營階層對公司困境的反應，可以看出其經營的態度。

費雪主張，一家公司要成功，經營階層也必須與員工發展出良好的工作關係。員工應該會真心地感受到，公司是工作的好地方。藍領員工也應該覺得，自己得到公司的重視與禮遇。管理職的員工應該覺得，公司的升遷根據的是能力，而非個人偏好。

費雪也會考慮到一家公司經營階層的深度。執行長是否有智囊團？執行長能否把公司的部分業務授權出去？

最後，費雪檢視一家公司的特別點在於：與同產業的其他公司比起來，公司與經營層表現如何？在研究中，費雪想找出一家公司勝過其他競爭者的線索。他主張，只閱讀一家公司的財務報表，還不足以決定是否投資。在審慎投資的關鍵步驟中，還要向熟悉這家公司的人打聽，盡量發掘這家公司的所有資訊。費雪也承認，這種打探簡直無所不包，他把這種四處打探的方式稱為「八卦網」。今天，我們可以把這稱為企業的消息網絡。費雪認為，如果處理得當，這個方法可以讓投資人找出絕佳投資標的。

費雪以「八卦網」的調查方式，讓他得以採訪最多的消息來源。他會找顧客與供應商聊天，也會找離職的員工，以及曾經在該公司服務過的顧問。他也會聯繫大學裡的研究學者、政府職員，以及同業公會主管，甚至還會採訪競爭對手。雖然高階主管有時候不願意揭露太多與公司有關的資訊，但費雪發現，要他們談競爭對手卻總不缺話題。他說：「非常令人驚訝的是，從或多或少和某家公司有往來的人所透露的訊息中，可以得知每家公司在產業中的相對優缺點。」

大部分的投資人都不願意投入費雪這種理解公司必要的時間與精神。要發展出「八卦網」，並安排訪談，很花時間；每一家考慮中的公司都要重複一次實在很累人。於是費雪找到一個降低工作量的方法，也就是降低他所持有股票的公司數量。他總是說，他寧願只持有幾家好公司的股票，而不是一大堆表現平庸的公司股票。一般來說，他的投資組合不到十家公司，而且其中的三到四家公司占所有投資額的七五％。

費雪相信，投資要成功，投資人只要做好幾件事。其中之一就是只投資在個人能力所及的公司。費雪說他之前犯過的錯誤，就是「把技巧應用在我沒經驗的事上，開始投資那些我已經透徹了解的行業以外的公司，那是完全不同的領域；我也沒有類似的背景知識」。

蒙格

巴菲特在一九五六年成立合夥投資公司時，當時的資本只有十萬美元。因此，初期的任務就是要遊說其他投資人加入。巴菲特用他一貫的輕鬆但謹慎的說法，向他的鄰居艾德溫．戴維斯（Edwin Davis）博士與其妻子遊說時，戴維斯博士忽然打斷他，並馬上宣布要投入十萬美元。巴菲特問他為什麼時，戴維斯回答他：「因為你讓我想起查理．蒙格。」

雖然巴菲特和蒙格都在奧馬哈成長，而且兩人有很多共同認識的人，但這兩人直到一九五九年才實際見到面。那時候，蒙格早已搬到南加州，直到父親過世時，他才特別回奧馬哈一趟。戴維斯博士認為，這是這兩個年輕人見面的時機，並在當地餐廳約兩人一起見面。這兩人從那時候開始，就建立了一段極不尋常的夥伴關係。

蒙格的父親是位律師，祖父是位法官，他在洛杉磯的律師事業也很成功，但他早就對股票很有興趣。在初次見面的晚餐上，兩個年輕人覺得很有話聊，當然也包括股票。從那之後，兩人就經常溝通，巴菲特也經常催促蒙格結束律師工作，以便專心在投資事業上。有一段時間，蒙格同時在做這兩件事。一九六二年，他成立了一家和巴菲特的公司類似的合夥投資公司，但同時還從事律師的工作。開業的頭三年非常成功，之後他就完全離開律師工作，雖然那時，他待的律師事務所已經把他的名字放在公司名稱上，還擁有自己的辦公室。

我們會在第五章大致檢視蒙格投資公司的過去表現。這裡強調，他在洛杉磯的合夥公司和巴菲特在奧馬哈的公司，兩者投資方法很相近，他們都是買進低於內在價值的股票，而且兩人都有很出色的投資成果。因此，他們兩人也買了一些相同的股票，也就不令人意外了。蒙格就像巴菲特一樣，在一九六〇年代晚期，開始買藍籌印花公司的股票，最後成為董事會的主席。當波克夏與藍籌印花公司在一九七八年合併時，蒙格也順理成章成為波克夏海瑟威的副董事長。

蒙格與巴菲特的工作關係並未正式寫在官方的夥伴協議中，但在幾年演變下來，他們變得更密切，也更像共生關係。甚至早在蒙格加入波克夏董事會之前，他們兩人已經一起做了很多投資決策，每天經常都會商談許久，然後慢慢地，彼此的公司業務也變得更互相關聯。

直到今天，蒙格仍然繼續擔任波克夏海瑟威的副董事長。從各方面來看，他的角色就像巴菲特的共同經營夥伴與知己。想知道兩人的關係到底有多密切，只要數一數巴菲特在報告時提到「查理與我」的次數，「查理和我」做的、決定的、相信的、檢查的，或認為的，「查理與我」幾乎就像一個人的名字。

在兩人的工作關係中，蒙格不只增加財務敏銳度，也帶來商業法的基礎。他還引進一個和巴菲特截然不同的知識角度。蒙格對各領域的知識都有高度的熱情與知識，包括科學、歷史、哲學、心理學與數學，他也相信每個領域的知識都有很重要的概念，思想縝密的人都可以、也應該把它們應用到所有想努力經營的事務上，其中也包括投資決策。蒙格認為，要取得「世界級的智慧，就必須建立格狀的心智模式，以整合全世界所有重要觀念」。想要完全領略蒙格知識的深度與廣度的人，應該讀一下他絕佳之作《窮查理的普通常識》(*Poor Charlie's Almanack*)。

財務知識、法律背景，以及從其他學科得到的智慧，這三條思路結合起來，讓蒙格有著和巴菲特不一樣的投資哲學。巴菲特堅定地採用葛拉漢的投資方法，繼續尋找便宜的股票。蒙格則轉向費雪總結出來的投資原則，在他心目中，以合理的價錢買進一家好的公司，絕對遠勝過以好價錢買進平庸的公司。

以合理價錢買進好公司

蒙格如何幫助巴菲特從深度價值投資，開始考慮購買高價值公司，可以在波克夏購併時思糖果的事件中看到。

一九二一年，有位七十一歲名叫瑪麗．時（Mary See）的老奶奶，在洛杉磯開了一家小型的糖果店，專賣用獨特配方製成的巧克力。在兒子與合夥人的協助下，這個事業慢慢成長為在加州北部與南部的小型連鎖事業。這家公司熬過大蕭條，以及在二次世界大戰的糖品配給時期，也歷經激烈的競爭，它只靠著一個不變的策略：對品質永不妥協。

五十年後，時思糖果成為西海岸最大的糖果連鎖公司，而瑪麗．時的繼承人也準備好要邁向人生下一個階段。在三十年前加入這家公司的恰克．哈金斯（Chuck Huggins），擔負著找到買家並協調整個銷售過程的任務。好幾個買家探詢過，但尚未傳出談定的消息。

一九七一年底，藍籌印花公司的投資顧問建議，藍籌印花公司可以買下時思糖果。當時波克夏海瑟威已經是藍籌印花公司的主要股東。賣方報價是四千萬美元，而且由於時思有一千萬美元現金，因此實際價格是三千萬美元。但是巴菲特仍然充滿質疑，因為時思糖果的估價是帳面價值的三倍，以葛拉漢的價值規則，價格實在太高了。

但是蒙格說服巴菲特，以巴菲特認為太高的價錢付了錢。實際上，這是一筆很好的交易。對巴菲特來說，從葛拉漢哲學學到只買價格比實際帳面價值更低的公司，這是他第一次的重大改變。在巴菲特的思考從此展開板塊大挪移，而且他自己知道，是蒙格給了他新方向。蒙格之後說道：「這是我們第一次為了品質買單。」二十年後，有人想以一億二千五百萬美元的價格買時思糖果，這是一九七二年購買價格的五倍，但巴菲特不賣。

巴菲特與蒙格的夥伴關係可以持續這麼久的原因是，他們兩人對商業原則常識，都抱著毫不妥協的態度。兩人也顯現經營高品質企業必備的管理長才。波克夏海瑟威的股東最幸運的是，有這兩位經營夥伴照顧他們的利益、幫助股東在任何經濟環境下都能賺錢。由於巴菲特並不相信「強制退休」那一套，因此波克夏的股東三十五年來，不只受益於一個，而是兩個投資智慧。

智慧的交融

一九七六年葛拉漢過世後不久，巴菲特成為葛拉漢價值投資法的公認接班人。事實上，巴菲特的名字也成為價值投資法的同義詞。箇中道理也很容易理解。他是葛拉漢最專注投入也最出名的學生，而且巴菲特本人也從不吝於表達葛拉漢的啟迪之恩。即使到今天，巴菲特仍然認為葛拉漢是繼他父親之後，影響他投資生涯最深的人。他甚至把第一個兒子以這位恩師為名：霍華德・葛拉漢・巴菲特（Howard Graham Buffett）。

那麼，巴菲特在購買華盛頓郵報公司（一九七三年）、首都／美國廣播公司（一九八六年）、可口可樂（一九八八年）和ＩＢＭ（二〇一一年）公司股票時，又是如何與葛拉漢的教導並行不悖呢？這些公司中沒有一家能通過葛拉漢嚴格的財務檢驗，但巴菲特卻大手筆投資這些公司。

其實早在一九六五年，巴菲特就發現，葛拉漢只買便宜股票的策略有其限制。巴菲特說，葛拉漢會買非常便宜的股票，只要公司發生一點小變動，投資人就能以較高的價錢賣出股票。巴菲特把這個投資方法稱為「菸屁股」投資法。就像走在街上，投資人的眼睛注意到地上的菸屁股，所以撿起來抽最後一口菸。雖然這一口菸不太光鮮，但因為價格實在很便宜，所以還是很划算。為了讓葛拉漢的投資策略繼續奏效，巴菲特主張，市場中必須有人扮演清算者的角色，如果沒有清算人，就必須要有投資人願意買你的公司股票，這樣公司的股票價格才會上漲。

巴菲特舉例解釋，如果以八百萬美元買一家擁有一千萬美元資產的公司，若資產能及時脫手，你就能得到很優渥的利潤。但要是這家公司的基本經濟表現很差，而且要花十年才能把這家公司賣掉，你的報酬就很可能會低於平均水平。巴菲特說：「時間是高品質企業的朋友，卻是平庸企業的敵人。」除非他可以讓績效不振的公司清盤，還可以從公司資產的市場價值與銷售價差中賺取利潤，否則，投資績效只會隨著時間跟公司基本業務一樣表現不良。

巴菲特逐漸從早期的投資錯誤經驗，調整葛拉漢傳授的投資方法。有一次他坦承：「我進化了，但我並不是優雅地從人猿變成人類，或從人類變成人猿。」除了對其他公司做量的比較，他開始能以品質角度鑑賞某公司，但他同時也在找低價品。「我在投資短線的農具製造廠丹普斯特（Dempster Mill）、第三大的百貨公司霍柴孔恩公司（Hochschild-Kohn）、新英格蘭紡織公司波克夏海瑟威受到不少教訓。」巴菲特引用凱因斯的話來解釋他遇到的兩難：「難就難在擺脫不了舊觀念，而不是新觀念很難。」巴菲特承認，他的進化很慢，因為葛拉漢給他的教導實在太寶貴了。

一九八四年，哥倫比亞大學慶祝《有價證券分析》出版五十週年，巴菲特蒞臨演講時提到，有一群成功的投資人都承認，葛拉漢是他們共同的知識啟蒙老師。葛拉漢提出了安全邊際理論，但每個學生應用他的理論判斷公司商業價值時，都發展出各自的方法。不過，他們共同的主題，都是在尋找公司價值與價格之間的差異。看不懂巴菲特出手購買可口可樂與ＩＢＭ的人，就是沒有把理論與應用方法分開看。巴菲特很明顯接受了葛拉漢的安全邊際理論，只是他果決地調整了葛拉漢的投資方法。巴菲特說，最後一次用葛拉漢的投資方法，還能輕易賺到錢的時間，是一九七三年到一九七四年的空頭市場。

大家要記住一點，在評估股票時，葛拉漢並不考慮公司的獨特殊處或經營階層的能力。他的研究只侷限公司的文件檔案與年報。只要在計算上，股價有機會比公司資產便宜，葛拉漢就買進。為了提升成功的機會，他會盡量買符合這個算法的股票。

如果葛拉漢教的只是這些操作原則，巴菲特今天也不會對他如此大力推崇。因為安全邊際理論對巴菲特的影響實在太深遠、也太重要了，導致他忽略葛拉漢投資方法的其他缺點。即使在今天，巴菲特仍然熱情擁抱葛拉漢的安全邊際理論，距離他第一次讀到葛拉漢的理論，已經六十五年了。因此，巴菲特未曾猶豫地告訴每一個人：「我仍然認為，安全邊際理論是正確的。」巴菲特從葛拉漢學到的最重要一課，就是仍然只投資股價和基本公司價值有顯著落差的股票。

除了安全邊際理論成為巴菲特思考的骨架之外，葛拉漢也幫巴菲特體會到追隨股市波動的愚蠢。葛拉漢認為，股票既是投資也是投機，而投機就是人性貪婪與恐懼的產物。在大部分投資人身上出現的這些情緒，不只讓股價飆高，更重要的是，也會讓股價狂跌到比公司的內在價值還低。葛拉漢教導巴菲特，如果能讓自己抽離股票市場的情緒旋渦，就有機會利用其他投資人的不理性行為而獲利，也就是他們只根據情緒而非理性地買股票時。

巴菲特從葛拉漢那裡學到獨立思考。葛拉漢教導巴菲特，如果根據穩健的思考與判斷，得出合理的結論，千萬不要因為別人不認同就放棄。葛拉漢寫道：「不因為大眾不認同而做，你要做對是因為數據與推理正確。」

費雪很多地方正好與葛拉漢相反。費雪認為，為了要做出穩健的決策，投資人就必須得知一家公司的所有資訊，這表示必須深入調查一家公司的所有環節。他們必須檢查數字，也要學習這家公司的業務，因為產業的種類關係重大。他們得研究公司經營層的特質，因為經營團隊能力也會影響公司的內在價值。費雪鼓勵投資人要盡可能學習公司所在的產業以及競爭者，要盡量利用每個消息來源。從費雪身上，巴菲特學到八卦網的價值，數十年下來，巴菲特發展出一個廣闊的人脈網絡，在評估不同公司時很有幫助。

最後，費雪教導巴菲特投資不要過度強調分散風險。他認為，教投資人把蛋放在幾個不同籃子以降低風險是錯的。他認為，買太多股票就像不可能注意到所有籃子裡的蛋。投資人所冒的風險，就是在不熟悉的公司上放太多錢。在他認為，沒有花時間去研究就買進的股票，比分散投資更危險。

葛拉漢與費雪不同之處

葛拉漢與費雪的差異非常明顯。葛拉漢是量化分析師，強調能被量化的因素：固定資產、當期盈餘與股利。他的研究資料也僅限在公司文件檔案與年報，他不花時間採訪顧客、競爭者或經營階層。

費雪的投資方法剛好與葛拉漢相反。費雪是品質分析師，強調的是能增加公司價值的因素：基本上就是未來展望與經營能力。葛拉漢只想買低價的股票，但費雪想買的是長期看來有增加內在價值潛力的公司。他會大費周章，甚至廣泛地調查，以便找到改善選股過程的零碎資訊。

巴菲特讀過費雪的《非常潛力股》之後，也拜訪了費雪。「當我看到他時，對作者本人與他的觀念同樣印象深刻。」巴菲特說：「他和葛拉漢很像，非常謙虛、非常大器，也是個不平凡的老師。」巴菲特認為，葛拉漢與費雪的投資方法雖然不同，但他們兩人「在投資界中，旗鼓相當」。但換個方式說，與其說他們兩人旗鼓相當，不如說在巴菲特的投資理論中，兩人其實彼此搭配得天衣無縫，因為巴菲特的投資策略融合了對公司與管理的品質理解（受到費雪的教導），以及對價格與價值的數量理解（受到葛拉漢的教導）。

巴菲特有一度提到：「我有一五％的費雪，八五％的葛拉漢。」這句話被引用得很廣，但很重要的一點是，巴菲特說這句話的時候是一九六九年。經過這些年，巴菲特的投資已經慢慢轉變成費雪的投資理論，只買幾家公司的股票，並且持股好幾年。我的直覺是，如果巴菲特今天要再發表類似一九六九年的話，比重應該會很接近五〇／五〇。

就現實上而言，蒙格就是費雪品質理論的具體化身。從一開始，蒙格就非常理解好公司的價值，也有為好公司付出合理價格的智慧。但從某個重要的角度來看，蒙格也是葛拉漢的現代化身。多年前，葛拉漢曾經教過巴菲特，情緒會為投資帶來雙重影響：根據貪婪與恐懼的不理性決策造成錯誤，但也為避免了這種情緒陷阱的投資人創造出機會。蒙格廣泛閱讀心理學，得以發揚光大。他把這稱為「誤判心理學」（the psychology of misjudgment），我們將在第六章更完整的介紹。蒙格在波克夏的投資決策上，一直強調這點。這也是蒙格的重大貢獻之一。

巴菲特是三人綜合體

我們就此可以理解到，為何巴菲特會對葛拉漢、費雪、蒙格如此推崇。葛拉漢提供巴菲特投資的知識基礎，也就是安全邊際，並幫助他學習如何主宰自己的情緒，以便從市場波動中得利。費雪則教導巴菲特一種更新穎而可操作的方法，讓他找出良好的長期投資，並長期聚焦管理投資組合。蒙格教巴菲特體會到購買與擁有好公司得到的經濟報酬。針對這一點，蒙格幫助巴菲特克服很多投資人在做投資決策時常犯的心理錯誤。巴菲特的投資行為常引起外界困惑，但只要知道，巴菲特其實是葛拉漢、費雪、蒙格三個人的綜合體，一切就很容易理解了。

笛卡兒（Descartes）曾經寫過一句名言：「光是具備聰明才智還不夠，重要的是要能應用。」就是這種靈活應用的能力，讓巴菲特能超越其他投資經理人。他的很多同儕也具備高度的聰明才智、也有紀律、也非常投入。巴菲特能夠從中脫穎而出，是因為他能巧妙地整合這三個智者的策略，變成一整套協調的投資方法。

第3章 四大滾雪球投資法

買股等於買公司

巴菲特認為，買下整家公司，或是以股票形式買下公司部分，兩者基本上相同。但在這兩種做法中，巴菲特比較喜歡持有公司，這樣他就能影響公司最重要的議題，也就是資金的配置。相對的，只買公司的普通股有一個很大的缺點：不能控制那家公司。但巴菲特也解釋了，這個缺點也被兩個明顯的優點抵消掉了：第一，挑選股市這個無法直接控制公司的地方，比挑選個別公司容易多了；第二，股市有更多買低價股票的機會。但是不管買公司，還是買股票，巴菲特的策略不變。他尋找的都是他已經理解、長期展望看好、經營團隊誠實而能幹，以及很重要的，價格要夠吸引人。

他說：「投資時，我們把自己當成企業分析師，而不是市場分析師、不是總體經濟分析師，更不是證券分析師。」這表示，巴菲特運用的是生意人的眼光。他會看一家公司的整體狀況，檢查有關這家公司的經營、財務狀況與購買價格等所有數字與品質方面的資訊。

從巴菲特整個投資過程來看，回顧他買下的所有公司或股票，並尋找其中的共同點，就能看出引導巴菲特決策的基本原則或守則。進一步分析這些原則，就可以發現自然地形成以下四個類別：

一、**事業守則**：有關公司事業本身的三個主要特質。

二、**管理團隊守則**：公司高階經理人應該展現的三個重要特質。

三、**財務守則**：公司應該堅持的四個重要的財務決策。

四、**價值守則**：考慮買進時兩個互相關聯的守則。

並不是所有巴菲特購併的公司都符合這十二個原則，但整體來看，這些守則確實是他投資方法的核心。這十二個原則也是巴菲特經營波克夏海瑟威的原則。他買公司時看重的也是相同的特質；這同時也是他每天上班希望看到的特質。

事業守則

對巴菲特來說，股票是一種抽象概念。他不以市場理論、總體經濟概念或市場趨勢來看股票，他只根據公司的營運狀況做投資決策。他認為，如果人們是因為表面理由而做了投資，而不是根據公司的基本面，可能會在壞消息出現時就嚇跑並可能虧損。為了改善這狀況，巴菲特關注所有正考慮的公司相關訊息，他特別關心三大領域：

一、這個事業必須簡單且可以理解；

二、這個事業必須有穩定的營運歷史；
三、這個事業必須長期前途看好。

巴菲特投資法

事業守則

這家公司是否簡單易懂？
這家公司是否有穩定的營運歷史？
這家公司的長期前途是否看好？

管理團隊守則

管理團隊是否夠理性？
管理團隊是否對股東誠實？
管理團隊是否能拒絕制度性的從眾盲目？

財務守則

聚焦在股東權益報酬率（ROE），而不是每股盈餘（EPS）。
計算「業主盈餘」（owner earnings）。

尋找高獲利率的公司。
公司每一美元的保留盈餘，是否至少可以創造一美元的市場價值？

價值守則

這家公司的價值是多少？
能否以遠低於這家公司價值的價格買到這家公司股票？

這家公司是否簡單易懂？

根據巴菲特的看法：投資人是否賺得到錢，要看他們有多了解投資的公司。這就是事業導向的投資人與大部分短線操作，買進賣出者之間的差別。

多年來，巴菲特在不同產業擁有許多公司。有些公司他擁有掌控權，但有些公司他只是少數股東。但是他都非常清楚所有公司的營運狀況。他充分了解波克夏持股的每一家公司的營收、支出、現金流量、勞資關係、價格彈性與資產分配需求。

巴菲特能對波克夏持有的公司保持深入理解，是因為他特意地把投資目標限定在他的財務與知識足以理解的範圍之內。這樣的邏輯非常具有說服力。如果你在還沒深入理解的產業裡擁有一家公司（不管是持有整家公司，還是只是當股東），你就不可能正確地了解公司的發展，也不可能做出明智決策。

成功的投資並不在於知道了多少，而是如何誠實地定義不知道的事。巴菲特的忠告是「在你的能力範圍內投資」，而且「重點不在於範圈有多大，而是你如何界定範圍」。

這家公司是否有穩定的營運歷史？

巴菲特不只避免買複雜的公司，他也會避免買到以解決困難為目標的公司，或是因為先前的計畫不成功而徹底改變經營方向的公司。在他的投資經驗中，最好的投資報酬率來自於數年來一直生產相同產品與服務的公司。若公司的主業正在轉型，犯下重大商業錯誤的可能性會大增。

巴菲特觀察到「劇烈的改變通常不會帶來令人眼睛一亮的報酬」。可惜的是，大部分投資人的做法剛好相反。投資人很容易受到快速變化的產業或正在進行重組的公司吸引。巴菲特說，基於某種無法解釋的理由，投資人對明天可能會發生的事，總是一廂情願地癡心妄想，以至於根本忽略了公司今天的實際狀況。

不管在任何時候，巴菲特都不太關心熱門股票。他比較有興趣買下長期下來會成功、會賺錢的公司。想要猜測未來是否成功當然不容易，因此穩定的歷史紀錄就是比較可靠的參考根據。如果一家公司年復一年生產相同的產品，也有穩定的財務結果，那麼就能假設這些結果會繼續下去，這樣就不算毫無根據地猜測了。

巴菲特也不買正在努力解決經營問題的公司。經驗告訴他，公司要轉型，很少能順利轉成功。尋找價錢合理且營運良好的公司，比尋找價錢便宜但營運困難的公司，更能賺到錢。

「蒙格和我沒有學到解決困難的管理問題，」巴菲特坦承：「但我們學到如何避開這些公司。我們能夠一直這麼成功是因為，我們專注找出我們有辦法跨越的一呎高障礙，而不是因為我們已經擁有跨越七呎障礙的能力。」

這家公司的長期前途是否看好？

巴菲特把經濟世界分成兩塊：一個是少數表現優異的企業，他稱之為「特許公司」（franchises）；二是占大多數的一大群劣質企業，大部分都不值得買進。他把特許公司定義為：一家公司的產品或服務是：一、市場需要和渴求；二、沒有相近的替代品；三、不受政府政策法規限制。這三個優點讓公司可以維持價格，甚至偶爾還能提高價格，也不會擔心流失市場占有率或銷售額。價格彈性是偉大企業的明顯特徵，這種定價能力讓公司能賺到高於平均的資本報酬。

巴菲特說：「我們喜歡能賺到高報酬的投資回報，而且也很可能會繼續這樣賺下去。」他接著補充說：「我看的是長期的競爭優勢，以及這項優勢是否持久。」

這些偉大的公司不管是各自或整體上，都能打造出巴菲特所謂的「護城河」，它能讓公司擁有對抗其他公司的明確優勢，並保護公司不會被競爭者攻破。護城河愈大，愈能撐下去，他就愈喜歡。他解釋：「投資的關鍵在於判斷一家公司的競爭優勢，最重要的是，還要判斷這個優勢可以支撐多久。具備又大又撐得久的護城河的產品與服務，才能為投資人提供最佳的報酬。對我來說，最重要的就是算出公司周圍的護城河有多大。我最愛的當然是一座宏偉的城堡，加上一個裡面養著食人魚和鱷魚的巨大護城河。」

在巴菲特很多簡潔有力的智慧小語中有一則就是：「偉大公司的定義，就是這家公司可以持續偉大二十五到三十年。」

相反的，劣質公司的產品跟競爭者幾乎相同，也都是日用品。多年以前，日用品包括石油、天然氣、化學製品、棉花、木材、小麥與柳橙汁。今天，連電腦、汽車、飛機、銀行與保險，都已經變成日用品了。雖然企業可以投入龐大的廣告預算，但都很難做到明顯的產品差異。

一般來說，生產日用品的公司都是低報酬的公司，也是「發生獲利問題的主要公司」。因為他們的商品基本上和別人毫無差異，所以只能靠價格競爭，這樣一來獲利率就會直接減少。要讓日用品公司賺錢的最可靠方式，就是成為最低成本的公司。而另一個賺錢的時機，就是供不應求之際，但很難預測。巴菲特認為，決定一家日用品公司是否能長期獲利的關鍵，在於「供不應求時期相對於供過於求時期」的比例。但這個數字通常很小。所以他也透露：「我喜歡的公司是，在我理解的領域中擁有經濟優勢，而且這項經濟優勢歷久不衰。」

管理團隊守則

考慮新投資案或公司收購案時，巴菲特會嚴格檢視管理團隊的品質。他告訴我們，波克夏買的公司或股票，必須是由誠實又有能力的經理人經營，這些人要能贏得他的推崇或信任。他說：「不管公司的前景有多吸引人，我們都不希望與令人不敢恭維的經理人共事。因為我們不曾有過和壞人做出好交易的經驗。」

當巴菲特找到他欣賞的經營者，也不吝於讚美。每一年，在波克夏的年報主席的信中都可找到，巴菲特讚揚經營波克夏旗下不同公司的經營者。

巴菲特考慮買某家公司股票時，他也會全面評估該公司的經營狀況，但他會特別關注三個大特質：

一、管理團隊是否理性？

二、管理團隊是否對股東誠實？

三、管理團隊是否能拒絕制度性的從眾盲目？

巴菲特給經理人最高的讚美，就是他的行為與思考方式就像企業老闆。像企業老闆的經理人絕對不會忽視公司的主要目標——增加股東的價值，因此他們也會做出強化目標的理性決策。巴菲特也大力推崇能認真向股東誠實報告經營狀況的經理人，以及有勇氣獨排眾議、拒絕盲目追隨同業的經理人。

管理團隊是否理性

一家公司最重要的經營行為就是資金配置。最重要是因為，長期下來，資金配置會影響股東價值。在巴菲特心目中，決定公司盈餘要如何處理，不管是再投資，或是把錢還給股東，是一種邏輯與理性的行為。露米斯在《財富》雜誌寫道：「巴菲特認為，理性是他經營波克夏的風格，這也是他在其他公司看不到的特質。」

把公司盈餘配置在哪裡與公司所處的生命週期有關。公司處在不同的生命週期，就會有不同的成長率、銷售額、盈餘與現金流量。在發展階段，因為要開發產品與建立市場，公司就要花錢。在下一個階段，也就是快速成長期，公司開始賺錢，但同時也在快速成長，以至於無法負荷這個成長速度；公司通常不只無法保留盈餘，還要借錢或發行股權資助新一波的成長。到了第三階段，也就是成熟期，成長速度變慢，公司開始產生比開發與營運所需更多的現金。在最後一個階段的衰退期，公司的銷售與盈餘都會減少，但會繼續產生現金。這個現象會發生在第三與第四階段，特別是第三階段，這就出現一個問題：盈餘應該如何配置？

如果公司保留盈餘再投資，可以產生高於平均的股東權益報酬率，投資報酬率就會比資金成本高。公司就應該保留盈餘，並繼續再投資。這樣也是唯一的合理做法。但是，如果保留盈餘是為了低於平均資金成本的回報，就相當不理性了。但這在商界也相當普遍。

如果某家公司的投資報酬率平均或低於平均，卻多出營運用不到的現金，這時有三個選擇：一、忽略問題，繼續以低於平均報酬率的獲利，再繼續投資；二、花錢收購；三、把錢還給股東。巴菲特會密切注意經理人在這緊要關頭上的決策，因為這表示出經理人是理性還是不理性。

一般來說，不管低於平均的報酬率仍要再繼續投資，這表示經理人認為這只是暫時的現象。他們相信藉由經營實力可以改善公司的獲利率。而股東也會被經理人的改善預期給催眠了。如果公司持續忽略問題，現金就會變成閒置的資源，接著股價就會下跌。

一家公司如果經濟報酬率低、有過多的現金、股價又偏低，就會引來惡意收購的攻擊，而這也是現任經理人即將換人的開始。為了保護自己，高階主管通常會選擇第二條路，也就是藉由收購其他公司買到成長率。

公布收購計畫有激勵股東與遏阻惡意收購的雙重效果。但是，巴菲特也質疑必須要花錢買成長率的公司。原因之一是，這種收購通常會付出過高的價格。另一個原因是，收購必須整合與管理另一家新公司，這也很容易犯錯，造成股東重大損失。

在巴菲特看來，公司不斷創造出現金，但又不能以高於平均報酬率再投資時，公司唯一理性與負責任的作法，就是把錢還給股東。為了這樣做，可以有兩個方法：一是發放或提高股利；二是回購股票。

股東手上有了股利，就有機會在市場上找尋更高的投資標的。表面上看起來，似乎是一筆好交易，因此也有很多人把股利提高看成是公司經營良好的訊號。但是巴菲特認為，只有在投資人得到的現金，比公司保留盈餘並再投資所創造的現金更多，這句話才是正確的。

如果股利的真正價值有時候會被誤解，那麼第二個把盈餘歸還股東的機制——回購股票，就更常被誤解了。因為從很多方面來看，回購股票對股東的利益更不直接、更不具體，也更不能立刻享有。

巴菲特認為，經營者回購股票有雙重的報酬。如果股票賣得比內在價值低，那麼買股票就很有商業頭腦。如果一家公司的股票是五十美元，而公司的內在價值是一百美元，那麼經營者每一次買股票，就是以一美元買到二美元的內在價值。這種性質的交易對於股票持有人，可以帶來非常大的利潤。

此外，巴菲特說，高階主管積極把市場中的股票買回來時，就是顯示他們把股東的最佳利益放在心上，而不是魯莽地擴大公司結構。這種做法也在市場中釋出訊號，吸引其他尋找提高股東財富且經營良好的公司的投資人。通常股東也可以獲得兩次報酬，第一次是從在公開市場中買到的股票，再來是市場投資人有意追價時。

管理團隊是否對股東誠實？

巴菲特高度推崇能完整且誠實報告公司績效的經理人，他們承認錯誤，就像分享成功經驗一樣，而且在任何方面都對股東誠實以告。他特別尊敬那些不以「一般公認會計原則」（Generally Accepted Accounting Principles, GAAP）為藉口，坦白以告公司績效的人。

巴菲特主張：「必須向大家報告的是數據，不管是符合一般公認會計原則、非會計原則的數據，或是額外的會計原則數據，都能幫助看財報的人回答三個關鍵問題：一、公司的大約價值；二、公司未來償債能力；三、經理人一直以來做得如何？」

巴菲特也很欣賞有勇氣討論失敗經驗的經營者。每家公司都會犯錯，其中有重大的錯誤，也有不影響大局的小疏失。他認為，有太多經理人在報告時都過度樂觀，而不是誠實地說明狀況，事實上，這些人圖的是個人的短期利益，而不是公司的長期利益。

巴菲特說得很坦白，很多公司的年報根本就是一場騙局。這就是為什麼他在波克夏年報寫給股東的報告中，都能對波克夏的財務與經營表現開誠布公，好壞都談。這些年下來，他承認波克夏在紡織業與保險業遇到的困難，以及他自己在這些公司經營上的失敗。在一九八九年的波克夏年報上，他開始正式列出他的經營錯誤，並把它稱為「前二十五年的錯誤（濃縮版）」。兩年後，標題改為「今日錯誤」。巴菲特不只承認犯過的錯，還寫出因為他沒有採取適當行動而錯失的機會。

世人批評巴菲特公開承認自己的錯誤很虛偽，因為他擁有波克夏極大比例的股票，所以永遠不必擔心會被開除。這話倒是真的。但是，巴菲特默默地建立坦誠以告的經營報告新風格。巴菲特認為，經營者和股東一樣，都能在誠實上得到好處。他說：「公開誤導別人的執行長，最後也會誤導自己而出錯。」巴菲特稱讚蒙格，讓他理解到研究錯誤比只專注在成功上還更有價值。

管理團隊是否能拒絕制度性的從眾盲目？

如果經理人誠實面對錯誤就能從中得到智慧與可信度，為什麼這麼多公司的年報卻只大力宣傳成功的一面？如果資本配置是如此簡單又理性，為什麼大部分公司的資本配置做得那麼差？巴菲特已經找到答案，原因就在於一種看不見的力量，他把這種力量稱為「制度性強制力」（institutional imperative），也就是企業經理人會出現像旅鼠一樣的行為，不管別人的做法多愚蠢、多不理性，都會跟著模仿。

這是巴菲特做生意以來最令他意外的發現。在學校時，他學到經驗豐富的經理人是誠實又聰明的，而且會自動做出理性的商業決策。但真正進入商業真實世界之後，他發現，「當制度性強制力起作用時，理性就消失了。」

巴菲特認為，制度性強制力造成幾個非常普遍的嚴重狀況：一、公司會拒絕任何在現有的方向上改變；二、就像工作會占滿所有的空閒時間一樣，公司的計畫與收購案也會用光所有資金；三、不管有多愚蠢，任何有這類型領導人的公司，他的團隊很快就會提出支持的詳細報酬率與策略研究；四、其他同行，不管是在擴張、收購或設定高階主管薪酬等等任何行為，都會在不知不覺中引起跟風。

巴菲特很早就學到這一課。波克夏在一九六七年購併國家償金公司時，其經營者傑克・林瓦特（Jack Ringwalt）做了一個看似固執的舉動。當時大部分保險公司都在推出收益不足，甚至會賠錢的新保單，但林瓦特就是不想跟著市場走，並拒絕推出新的保單。巴菲特看出了林瓦特做這決策的智慧，並起而效法之。直到今天，波克夏所有的保險公司仍然堅守這個原則：即使大家都在做的事，那也不表示是對的。

制度性強制力背後到底是什麼力量，能讓這麼多企業盲目跟從？簡單說，就是人性。舉例來說，當同業其他公司仍然可以創造單季獲利時，大部分經營者都不願意自己單季虧損，因為會很不光彩，即使那些行為看起來就像旅鼠正在往海裡跳，照樣有很多人跟進。

做出違反常規或改變方向的決定，從來就不是一件容易的事。善於溝通的經理人，如果有個長期下來將會產生好成績的策略，就應該要說服其他人接受短期盈餘的損失，調整公司方向。巴菲特也發現到，無法抗拒制度性強制力通常和公司老闆無關，多半是因為經理人不願接受根本的改變。而且即使經理人願意接受大幅改變，大部分的經理人也很難執行計畫。因此，很多人抵擋不住直接收購新公司的誘惑，而非正面處理目前出問題的財務狀況。

為什麼他們會這樣做？巴菲特已經歸納出三個最重要因素：

一、大部分經理人無法控制找事做的欲望。這種欲望會表現在公司的收購上。

二、大部分經理人會不斷和同業或業外的公司比較銷售、盈餘，以及高階主管的薪資，這些比較無可避免的引來企業過度的活動。

三、大部分經理人會誇大自己的能力。

另一個常見的問題就是資本配置的技巧很拙劣。執行長們通常是因為在其他部門表現優異而被拔擢，這些部門包括行政管理、工程開發、行銷企畫或生產部門。因為他們在資本配置上的經驗很有限，只好求助於其他同仁、顧問或投資銀行，於是，制度性強制力就開始介入決策過程。巴菲特指出，如果某個執行長想找一個有一五%的投資報酬率的收購案，最奇妙的是，他的團隊還真的會回報該執行長這個收購案有一五．一%的報酬率。

制度性強制力的最後一個問題是不知不覺地模仿別人。D公司的執行長常會這樣對自己說：「如果A、B、C公司都在做同樣的事，我們跟著做也一定沒問題。」

巴菲特認為，他們之所以會失敗不是腐化或愚蠢，而是制度性強制力讓人很難抗拒這些注定要發生的行為。巴菲特曾經在聖母大學（Notre Dame）演講時，展示了一張有三十七家投資銀行公司名稱的清單。他說，即使成功機率對他們有利，但每一家都失敗了。他開始先提到有利因素：紐約股市上漲了十五倍、公司主管都是高智商又勤奮的人，而且所有人都渴望成功。巴菲特停頓了一下，接著眼光環視觀眾，堅定地說：「你們想想看，為什麼他們都會失敗？我可以告訴你為什麼，因為他們都盲目地模仿同儕。」

如何評估經營行為

巴菲特可能是第一個跳出來承認，評估經營者的理性、誠實與獨立思考，比評估財務績效更難，原因很簡單，因為人類本來就比數字複雜。

的確，許多分析師都認為，因為評估人的行為既含糊又不精確，重視管理讓人很沒信心，因此這樣做也沒有用。他們斬釘截鐵地認為，根本沒有什麼東西可以評估。也有另一派的觀點是，經營的價值會完全反映在公司的績效數字上，包括銷售、獲利率以及每股盈餘，至於其他衡量方式就未必需要了。

這兩種見解都有某些道理，但我認為，都沒有一開始的前提更有力。花時間評估管理行為的理由在於，它能提出財務績效的初期警訊。如果你仔細審視經營團隊的言行舉止，你就能提早在公司年報或日報的股票行情揭露之前，發現可以用來評估團隊工作價值的線索。當然，這樣就必須下點功夫，這可能就會嚇跑一堆心志不堅定或懶惰的人，但這是他們的損失，也是你的收穫。

至於要收集哪些必要的資訊，巴菲特提供了一些訣竅。回頭評估近幾年的年報，特別注意當時的經營者針對未來的策略說了哪些話。然後把這些計畫與今天的結果相比較，這些計畫的執行成果如何？另外，再比較幾年以前和現在的策略與想法，經營者的思考產生了什麼變化？巴菲特也建議，把你有興趣的公司年報，拿來和相同行業的類似公司年報相比，也會得到寶貴的資訊。雖然不容易找到完全一樣的比較，但是相關的績效比較也能看出端倪。

值得一提的是，只有管理本身，並不能完全引起巴菲特的興趣。不管經營得多出色，他都不會只為了人而投資，因為他知道，即使是最聰明、最能幹的經營者也救不起經營困難的企業。巴菲特有幸能與美國企業界最聰明的經營者共事過，包括首都／美國廣播公司的湯姆・墨菲與丹恩・柏克（Dan Burke）、可口可樂的羅伯特・葛蘇達（Roberto Goizueta）與唐納德・奇奧，以及富國銀行的卡爾・雷查德。但是他很快就指出：「如果你把這些人放到一家問題叢生的公司，也不會有什麼起色。」他補充說：「風評卓越的經營者，管理一家根本上財務表現很糟糕的公司，最後能保留風評的有哪家公司？」

財務守則

巴菲特評估經營卓越與經濟表現的財務法則，根據的都是典型的巴菲特原則。首先，他不會把每一年的結果看得太認真，他專注的是五年的平均表現。他冷靜地提醒大家注意，豐厚的利潤不一定和地球繞著太陽轉一圈的時間一致。年終時由會計花招堆出來看似很了不起，但根本沒有實際價值的數字，他也沒耐心理會。他只看以下四個原則：

一、聚焦在股東權益報酬率，而不是每股盈餘。
二、計算「業主盈餘」，以便得出反映真正價值的數字。
三、尋找高獲利率的公司。
四、每一美元的保留盈餘，至少可以創造一美元的市場價值。

股東權益報酬率（ROE）

分析師習慣上以每股盈餘來評估公司每一年的表現。每股盈餘是否比前一年高？公司表現是否超乎預期？盈餘是否夠高到可以拿來吹噓一番？

但是巴菲特把「每股盈餘」看成是一種煙霧彈。由於大部分公司都會保留部分比例的前一年盈餘，做為增加權益基礎的方法，所以根本沒有理由為每股盈餘增加而興奮。如果一家公司的每股盈餘增加一〇％，公司的盈餘基礎也同時增加一〇％，實在沒有必要大驚小怪。他解釋，那就像把錢放在存款帳戶，然後讓利息增加並賺取複利一樣。因此，要衡量一家公司的年度表現，巴菲特偏好用股東權益報酬率來看，也就是「營運收益」相對於「股東權益」的比例。

要應用這個比例，就必須做幾個調整。首先，因為整體的股市價值會大幅影響一家公司的股東權益報酬率，所以，所有可以交易的有價證券應該以成本估值，而不是以市場價值估值。舉例來說，如果股票市場在某一年漲勢驚人，公司淨值自然也會提高，未來要和大很多的分母相比時，就看不出真正卓越的經營表現了。反過來說，股價下跌會降低股東權益報酬率，這就表示即使平庸的營運表現，也會比真實的水準看起來更好。

第二，我們也必須控制不尋常項目對「分子」的影響。巴菲特排除所有資本損益，以及任何會增加或降低營運利益的特殊項目，想找出一家公司的特定年度績效。他特別想知道經營團隊完成任務的情形，在運用公司的資本下到底賺了多少比例的錢。他認為，這就是衡量經營團隊經濟表現的最好方式。

另外，巴菲特認為，公司應該以不舉債或以非常少的債務，賺到不錯的股東權益報酬率。巴菲特也知道，有些公司會以提高負債權益比，來提高股東權益報酬率，但巴菲特並不欣賞這種行為。巴菲特說：「好的生意或投資決策，不必靠財務槓桿就會創造令人滿意的結果。」另外，高度槓桿操作的公司，在經濟衰退時也會變得非常脆弱。巴菲特寧願在財務的品質上犯錯，也不願意拿波克夏的股東福利冒險，而增加與高負債有關的風險。

雖然巴菲特的態度相當保守，但他並不害怕舉債。事實上，巴菲特偏好在預期將來會用到時，就先借好錢，而不是在宣布需要錢時才去借錢。他提醒大家，如果收購公司的時機剛好與資金到位的時機一致，的確是很理想，但過往的經驗顯示，實際發生的情況剛好相反。資金取得便宜時，資產價格通常也會變高。銀根緊縮且利息更高時，雖會提高債務成本，但也通常會讓資產價格下跌。當收購公司的最好價格出現時，資金成本（更高的利息）剛好就可能降低這樁收購案的吸引力。基於這個理由，巴菲特說，公司應該獨立處理資產與負債的問題。

這種為了以後的商業機會而提前舉債的想法，會傷害到短期盈餘。因此，巴菲特只在對未來的報酬會抵消掉債務成本有合理的信心時，才會這樣做。這樣做還有另外一個考量，因為吸引人的商業機會很有限，所以巴菲特希望波克夏隨時做好準備。他的建言是：「如果你想射中罕見又快速移動的大象，就應該隨時帶把槍。」

一家公司的負債水平怎樣才算恰當，巴菲特並未提出任何建議。這也完全可以理解，因為根據不同公司的現金流量，不同公司可以應付不同的債務水準。巴菲特說的是，一家好公司不需要財務槓桿，也能賺到不錯的股東權益報酬率。靠著舉債才能賺到不錯的股東權益報酬率的公司，評估時必須檢視質疑。

業主盈餘（owner earnings）

巴菲特強調：「首先要了解的是，不是所有的盈餘都一樣重要。」他指出，資產獲利率高的公司，容易做假的盈餘數字。因為通貨膨脹會重創資產龐大的公司，所以這些公司的盈餘就像海市蜃樓一樣虛幻。因此，對分析師來說，只有現金流量達到公司預期時，計算盈餘才有用。

但是巴菲特也提醒，即使現金流量也不是評估價值的完美工具，事實上，現金流量經常會誤導投資人。對於一開始投資很大、之後花費很小的公司，像房地產開發、天然氣田與電纜公司，現金流量是一種很適當的衡量方式。但另一方面，一直需要資本投入的製造業，只用現金流量就無法正確評估公司價值。

現金流量的定義，習慣上是扣除稅金、折舊、耗損、攤提，以及其他非現金費用之後的淨收入。但是巴菲特認為這個定義的問題是，它漏了一個重要的經濟因素：資本支出。公司一年的盈餘有多少要用來更新設備、升級廠房，以及為了維持它的經濟地位與銷售量的其他改善計畫？巴菲特認為，絕大部分美國企業需要的資本支出，大致相當於公司的折舊率。他說，你當然可以延遲資本支出一年或二年，但如果長期下來，你不做必要的資本支出，公司一定會衰退。資本支出就像人事與水電費用。

在財務槓桿風行時期，現金流量的數字曾經被過度吹捧；甚至過高的企業收購價格也因為公司現金充足而被合理化。巴菲特認為，現金流量的數字「經常被企業與證券公司的行銷人員，用來合理化不理性的事，因此才能賣掉原本脫不手的東西。當盈餘看起來不足以支付垃圾債券的利息，或合理化過高的股價時，最方便的做法就是把焦點轉移到現金流量。」巴菲特提醒大家，除非你願意扣除必要的資本支出，否則就不要聚焦在現金流量。

與其用現金流量，巴菲特更喜歡用他所謂的「業主盈餘」，即公司的淨收入加上折舊、耗損與攤提，並扣除資本支出以及必要的額外營運資金。但他也承認，業主盈餘無法提供很多分析師需要的精確計算。因為計算未來的資本支出通常只是預估，但他還是引用凱因斯的話說：「我寧願是大約地正確了，也不要精準地錯了。」

獲利率

就像費雪一樣，巴菲特也知道，如果經營者無法把銷售轉為獲利，再偉大的企業也會做出糟糕的投資。獲利率沒什麼祕密可言，一切都和成本控制有關。在巴菲特的經驗裡，習慣高營運成本的經營者很容易找到繼續花過頭的方法，而習慣低營運成本的經營者卻會一直找出降低費用的方法。

巴菲特對於不斷提高成本的經營者通常不假辭色。這些經營者經常推出重組計畫以降低銷售成本。每次有公司宣布降低成本計畫時，他就知道，這家公司的經營者還沒搞清楚費用對股東的影響。巴菲特說：「真正好的經營者不會一早醒來說：『我今天要砍成本。』因為這就像他早上起來決定要練習呼吸一樣荒謬。」

巴菲特把他共事過的最優秀經營者列舉出來，包括富國銀行的卡爾・雷查德與保羅・哈森（Paul Hazen）、首都／美國廣播公司的湯姆・墨菲與丹恩・柏克，就是因為他們不停地刪除不必要的開支。他說這些經營者「厭惡人力過剩，而且在獲利數字創新高時仍然拚命砍成本，好像有人逼他們這樣做不可」。

巴菲特本人也對成本與不必要的開銷，有非常嚴格的標準。他了解每一家公司營運需要的人力規模，也認為每創造一美元的銷售額，就有一筆適當的銷售費用。總之，他非常在意波克夏的獲利率。

波克夏海瑟威是一家非常獨特的公司，它沒有法務部門，也沒有公共關係或投資人關係部門，也沒有策略規畫部門，裡頭坐滿MBA訓練出來的員工忙著找合併或收購標的。波克夏的稅後營運費用，還不到公司營運利益的一％。大部分像波克夏規模的公司，營運費用會高上十倍。

一美元的前提

廣義來說，股票市場可以回答一個根本的問題：某間公司到底值多少？巴菲特甚至認為，如果他已經選出一家長期經濟表現看好，而且經營團隊有能力又重視股東的公司，證據就會反映在該公司增加的市場價值。巴菲特解釋，保留盈餘也是同樣的道理。如果一家公司長期沒有好好運用保留盈餘，最後市場也會理性地降低公司股票的價格。相對的，一家公司如果一直能以增加的資本賺到高於平均的回報，價格也會反映這個成效而上漲。

但是我們也知道，雖然股市長期會合理反映公司的價值，但在一年裡頭，股價會因非價值因素而大幅震盪。因此巴菲特已經發展出一個快速的檢驗方法：一美元原則，不只能判斷一家公司的經濟吸引力，還能評估經營者創造股東價值的能力。增加的市值要至少等於公司的保留盈餘，也就是一美元換一美元。如果市值增加大於保留盈餘，則愈多愈好。總而言之，巴菲特說：「在這個龐大的拍賣市場上，我們的工作就是挑出能把一美元的保留盈餘轉變為至少一美元市值的公司。」

價值守則

目前提到的所有守則都會導致一個決定：要不要買某家公司的股票。投資人必須衡量兩個因素：這家公司有價值嗎？以及現在是不是進場的好時機，也就是說，價格好嗎？

價格由股市決定。但價值則是由分析師衡量所有已知的資訊，包括公司的業務、經營團隊與財務特質等，而決定出來的。價格與價值不一定相同。如果股市一直都很有效率，價格會即時對所有資訊進行調整。但我們都知道，實際的情形並不是這樣，至少不是每一次都這樣。股票價格會因為很多因素比公司的真正價值更高或更低，有時候並不是很理性。

理論上，投資人根據價格與價值之間的差價而做決定。如果公司的股價比它的每股價值更低，理性投資人就會買進這家公司的股票。相反的，如果價格比價值更高，投資人就不會買。由於公司會經歷不同的經濟價值生命週期，分析師就會定期重新評估公司的價值與市場價格的關係，然後決定是否進場、脫手或繼續持有。

因此，總的來說，理性的投資人會考慮兩件事：

一、這家公司的價值是多少？

二、是否能以遠低於該公司價值的價格買到？

計算公司的價值

多年來，財務分析師用許多公式來計算公司的價值。有些分析師偏好各種簡便的方法，例如低本益比、低股價淨值比（price-to-book values）、高股息等。但巴菲特認為，最好的評估方法是七十多年前，威廉斯在《投資價值理論》一書中提到的方法。巴菲特引用威廉斯的話說，公司價值的算法是，在整個生命週期中會產生的淨現金流量，再扣除適當的利息。他說：「基本上評估所有的公司，從馬鞭製造商到手機通訊商，都可以用一樣的方式計算。」

巴菲特說，這個數學算法和評估債券價值很像。每一檔債券都有定期的利息以及到期日的本金可以拿，這就決定了這檔債券未來的現金流量。把債券利息加總起來，然後除以債券到期日的利率，就能算出債券的價格。要計算一家公司的價值，分析師可以估計公司在未來一段時間內會產生的利息（業主盈餘的現金流量），然後把這些利息折算成現值。

對巴菲特來說，只要用了對的變數：現金流量與適當的貼現率，要評估公司的價值便很容易。巴菲特認為，一家公司未來現金流量的可預測性，應該要像債券的利息一樣確定。如果一家公司的業務簡單又可以理解，而且有持續獲利的營運能力，巴菲特就能非常肯定地算出未來的現金流量。如果他無法做到這一點，他就根本不會去評估那家公司的價值。這是巴菲特投資方法中最特殊的一點。

巴菲特算出一家公司的未來現金流量之後，就會應用他認為適當的貼現率（discount rate）。很多人如果知道巴菲特用的貼現率，竟然就是美國長期政府公債的利率時，可能會感到非常意外。這幾乎是每一個人都能承受的零風險利率。

但學術界認為，更好的貼現率是零風險利率（長期公債利率）「再加上」風險溢價，以反映公司未來現金流量的不確定性。但是巴菲特排除風險溢價的概念，是因為他認為這是資本資產定價模型（capital asset pricing model）做出來的加工品，換句話說，是以價格波動性做為風險的評估方法。簡單說就是價格波動性愈高，風險溢價就愈高。

但巴菲特認為，把價格波動性做為風險的評估方法，根本毫無意義。只要專心找到能持續獲利且有可以預測的盈餘的公司，風險即使不是完全消失，也會大幅降低。「我非常在乎確定性，如果能這樣做，風險因素對我來說沒有任何意義。風險來自於你不知道自己在做什麼。」當然，一家公司未來的現金流量，不可能像有契約保障利息支付的公債一樣可以預測。但是，巴菲特還是比較喜歡只用零風險率，而不喜歡只是因為某家公司的股價震盪比大盤劇烈，就要加上幾個百分點的風險溢價。而且，如果忽略風險溢價讓你覺得不安心，也可以在買進的股價上要求更高的安全邊際。

最後要說明的一點是，有時候長期利率會不正常地走低。在這段期間，巴菲特會更謹慎，而且很可能會在零風險率上，再增加幾個百分點，以反映較為正常的利率環境。

即使如此，批評家還是主張，預估未來的現金流量很不可靠，而且選定的適當貼現率在估值上會有很大的犯錯空間。事實上，這些批評家用的都是簡便型的估價方法。有些人用的是低本益比、低股價淨值比與高股息，我們也稱這些人為「價值型投資人」。他們會很認真地回測這些數值，並堅定地認為，找出並購買符合這些數值的公司，投資就會成功。其他人則選擇盈餘高於平均成長率的公司，我們習慣上稱這些人為「成長型投資人」。一般來說，高成長公司會有高本益比，但低股息，剛好與價值型投資人尋找的標的相反。

投資人經常在「價值型」與「成長型」方法中面臨抉擇。巴菲特自己也承認，幾年前，他自己也常常面臨這種智力拔河賽。但在今天，他認為這兩派想法之間的爭論完全沒有道理。他說，成長型與價值型投資根本就是連體嬰。價值就是公司未來現金流量的折現價值；而成長只是一種決定價值的計算方式。

銷售、盈餘與資產上的成長，可能會增加或降低公司價值。當投資資本的報酬率高於平均時，價值就會成長；因此可以假設，投資一美元到一家公司時，至少會創造出一美元的市場價值。但是，對於一家盈餘只能創造低資本回報率的公司來說，繼續成長對股東只有壞處沒有好處。航空公司就是這種例子，它的成長率高得驚人，卻無法賺到不錯的資本回報率，這些公司的大部分股東其實賺不到多少錢。

不管是高或低本益比、價格淨值比與股息，無論如何組合，所有的簡單方法最後都會功虧一簣。巴菲特為我們總結的經驗是，不管「投資人是真正為了價值而買，而且真的根據價值原則而行動……不論公司是否成長，公司盈餘是否呈現波動或平穩，或股價相對於目前盈餘與帳面價值偏高或偏低，以現金流量折現計算出來最便宜的投資標的，就是投資人應該買的標的」。

在合理價位買進

但是巴菲特也提醒，光是聚焦在好公司——那些可以理解的公司、有持續的獲利能力、心中有股東的經營團隊，還不足以保證投資一定會賺錢。首先，必須買到一個好價錢，而且公司表現必須符合他的商業預期。他指出，在投資上犯錯，不外乎三個原因：一、付錢買的價格不對；二、加入不對的經營團隊；三、公司未來的經濟表現不佳。他說，最常見的就是第三種情形。

因此，巴菲特不只要找出報酬率高於平均值的公司，還要以遠低於預估價值的價格買進。葛拉漢教給他最重要的一課就是，只買在價格與價值中間出現安全邊際的股票。

安全邊際原則在兩方面幫巴菲特很大的忙。第一，保護巴菲特不會因為股價下跌而損失。如果他計算了一家公司的市值，只比它的每股價格高一點點，他就不會買那家公司的股票；他的理由是，如果該公司的內在價值只是稍微低於他錯估的未來現金流量，股價最後也會下跌，而且可能會低於當初他買的價格。但是，如果價格與價值之間的安全邊際夠大，內在價值下跌的風險就會減低。如果巴菲特以公司內在價值的七五％買進一家公司，而公司價值後來下跌一〇％，原來的購買價格還是可以帶來不錯的報酬率。

安全邊際原則也會提供驚人的股票報酬率。如果巴菲特正確算出一家報酬率高於平均值的公司，當每股價格反映出公司盈餘時，股票價值長期下來也會穩定地往上漲。如果一家公司的股東權益不斷賺到一五％，它的每股價格當然會比股東權益賺一〇％的公司更好。另外，如果巴菲特利用安全邊際原則，能夠以遠比內在價值便宜的折扣價格買下經營卓越的公司，當市場修正該公司的股價時，波克夏也會大賺一筆。「市場就像上帝，會助自助者。」巴菲特說：「但市場也不像上帝，不會原諒那些不知道自己在做什麼的人。」

長期股價的剖析

我為了習慣以圖表消化資料的讀者，設計了圖3.1，圖中顯示了巴菲特投資方法的大部分關鍵元素。

一家偉大的公司（中間欄位），只要是在一個好價錢買下來（左邊欄位），而且經營決策（右邊欄位）能避免在市場中損失價值，並表現得比市場好，經過一段時間下來（x軸），一定會增加公司的價值，也會創造股東價值（y軸）。

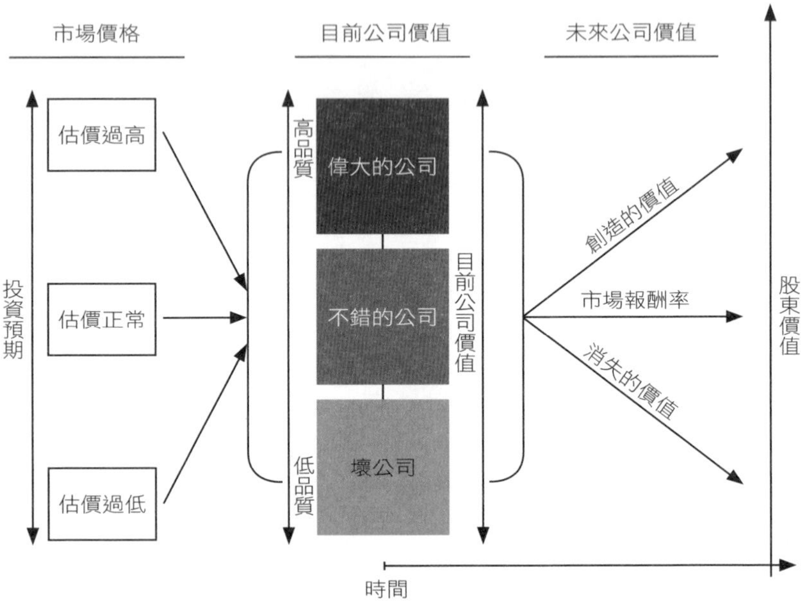

圖3.1　長期股價的剖析

想知道如何應用這些守則，可以參考第四章的研究案例。

智慧型投資人

巴菲特投資哲學最與眾不同的一點是，他清楚理解到，藉由擁有公司的股票，他就擁有了公司，而不只是一張紙。巴菲特表示，不了解公司的運作機能，包括公司的產品與服務、庫存、營運資金需求、資本投資需求（如廠房與設備）、原料費用與勞資關係，就去買這家公司股票的想法，一點也不理性。在《智慧型股票投資人》一書的總結中，葛拉漢指出：「用做生意的方式來投資，是最聰明的方法。」巴菲特經常說：「這是有關投資最重要的幾個字。」

投資人可以把自己當公司老闆來

思考與行動，也可以因為反正已經進場，或者為了各種非公司基本面的其他原因，就把時間花在交易上。

以為自己買股票只是擁有一張紙的股東，很少會去關心公司的財務報告。他們表現得像是市場不斷變化的股價，比公司的資產負債表與損益表，更能正確反映股票的價值。他們買賣股票就像玩牌。巴菲特把這種行為視為愚蠢的極致表現。他認為，擁有一家公司與擁有這家公司的一張股票並無不同，也應該採取相同的心態。巴菲特自己也坦白說：「我是個生意人，所以我能做好投資；我是個投資人，所以我能做好生意。」

巴菲特經常被問到，未來想買哪一種類型的公司。他說，首先，他會避免做日用品的公司，以及他沒有信心的經營團隊。他會買的公司類型是他能理解，或是經營數字表現很好，而且由值得信賴的經營者營運。巴菲特說：「好公司不一定是一筆好投資，但從好公司比較容易找到一筆好投資。」

第4章 波克夏持股的九個案例

從華盛頓郵報到IBM

經過這麼多年，巴菲特買普通股的經驗已經成為波克夏傳奇的一部分，而且每一次的投資背後，都是一個獨特的故事。一九七三年買華盛頓郵報公司，和一九八〇年買GEICO的考量截然不同。另外，巴菲特花五億美元投資首都廣播，並因此幫助墨菲買下美國廣播公司，情況也和他砸下數十億美元投資可口可樂完全不同。而且，巴菲特每一次買股票的經驗也和多年後投資富國銀行、通用電力、美國運通、IBM與亨氏公司（H.J.Heinz）大不相同。不過，對於希望通盤了解巴菲特投資思維的我們來說，所有這些買股案例都有一個非常重要的特徵：能讓我們觀察到巴菲特如何實際應用他的專業守則、管理團隊守則、財務守則與價值守則。

除了首都廣播之外，波克夏仍繼續持有這些公司，也很賺錢。其中只有華盛頓郵報公司與通用電力不在波克夏的主要持股名單中。

在這一章，我們檢視每一次買股的歷史背景，以便更能分析巴菲特當時的投資思維，因為這都與公司本身條件、產業、股票市場有關。

華盛頓郵報公司

一九三一年，《華盛頓郵報》是在華府地區經營日報事業的五家公司之一，但在兩年後，華盛頓郵報公司就付不出印刷費，而處於破產管理狀態。那年夏天，公司在拍賣會上被賣掉，以便償還積欠債權人的債務。金融家尤金．邁耶（Eugene Meyer）是個億萬富翁，以八十二萬五千美元買下了《華盛頓郵報》。接下來的二十年，他資助了這家報紙，直到轉虧為盈。後來公司的經營交接給女婿菲立普．葛蘭姆（Philip Graham），他是哈佛訓練出來的聰明律師，娶了邁耶的女兒凱瑟琳（Katharine）。一九五四年，菲立普說服邁耶買下競爭對手《時代先鋒報》（*Times-Herald*）；之後，在菲立普於一九六三年過世前，還買下《新聞週刊》（*Newsweek*）與兩家電視台。把《華盛頓郵報》從原本只是一家經營報紙的公司，轉型成一家媒體與傳播公司，菲立普．葛蘭姆厥功甚偉。

菲立普過世後，《華盛頓郵報》的控制權轉移到凱瑟琳身上，雖然她沒有管理大公司的經驗，但直接面對公司難題的態度，讓她迅速建立名聲。她的成功大部分歸因於她對《華盛頓郵報》的熱愛。凱瑟琳觀察過她父親與丈夫如何努力維持公司的生存，並理解到為了成功，公司需要的是一位決策者，而不是一個照顧者。她表示：「我很快就了解到，事情不會停滯不前，你必須做決定。」她做了兩個對公司有重大影響的決策，一個是雇用班恩．布萊德里（Ben Bradlee）擔任報紙的總編輯；另一個是邀請巴菲特成為公司的董事。布萊德里鼓吹凱瑟琳要刊登五角大廈的機密文件，並持續追蹤水門案的調查，這讓《華盛頓郵報》贏得了普立茲獎的榮譽。巴菲特則教導凱瑟琳如何經營一家成功的公司。

巴菲特第一次見到凱瑟琳是在一九七一年，當時他手上擁有《紐約客》（*New Yorker*）的股票。當他聽說這家雜誌可能要賣時，他問凱瑟琳《華盛頓郵報》是否有興趣接手。雖然這筆交易沒有談成，但巴菲特對《華盛頓郵報》發行人留下深刻的印象。

在那個時候，《華盛頓郵報》的財務結構即將面臨重大的改變。在尤金與阿葛妮絲·邁耶（Agnes Meyer）所建立的信託基金中規定，凱瑟琳與菲立普擁有郵報公司的所有表決權股票。因此，菲立普過世後，凱瑟琳就繼承了公司的控制權。但在那之前，尤金已經把他私人擁有的數千股郵報股票，贈送給數百名員工，以感謝他們對公司的忠誠與奉獻。他也用自己的私人股票做為公司分紅計畫的資金。

隨著公司業務蒸蒸日上，《華盛頓郵報》的價值從一九五〇年代的每股五十美元，到一九七一年，已經變成一千一百五十四美元。但是分紅計畫與員工個人持股，迫使公司必須為這些股票維持一個可以交易的市場，沒有妥善地使用公司現金。另外，葛蘭姆與邁耶家族也面臨無法逃漏的遺產稅。

一九七一年，凱瑟琳決定將《華盛頓郵報》公開上市，一來可以放下為自家股票維持一個交易市場的負擔，二來也能讓家族繼承人對資產做有利的規劃。華盛頓郵報公司把股票分成兩類，A類普通股可以選出董事會的大多數席位，B類普通股則選出少數席位。凱瑟琳擁有五〇%的A類股，因此能有效控制公司。一九七一年六月，華盛頓郵報公司發行一百三十五萬四千股的B類股。兩天之後，即使面對政府的威脅，凱瑟琳仍然同意布萊德里刊登五角大廈的機密文件。一九七二年，公司的股價持續穩定上漲，從一月的二四·七五美元，升到十二月的三十八美元。

但華爾街的氣氛轉為低迷。一九七三年初，道瓊工業指數開始下滑，在春天的時候，就下跌了一百多點，來到九二一點。華盛頓郵報公司的股價也跟著應聲下跌，到五月時已經跌到剩二十三美元。由於ＩＢＭ的股價下跌超過六十九點，價格跌破它的二百日移動平均線，華爾街經紀人因此發出警訊，這種崩盤現象對其他市場也是一種不好的預兆。就在同一個月，黃金價格跌破每盎司一百美元的關卡，聯準會也將貼現率提高到六％，道瓊工業平均指數繼續跌了十八點，這是它三年來的最大跌幅。到了六月，貼現率再次升高，道瓊工業平均指數又跌得更深，跌破九百點大關。

但就在這些負面消息不斷出現的時候，巴菲特悄悄買進《華盛頓郵報》的股票，到了六月，他已經以平均價格二二・七五美元，買進了四十六萬七千一百五十股，總價將近一千零六十二萬八千美元。

一開始，凱瑟琳非常緊張。一想到一個非家族成員的人擁有這麼多《華盛頓郵報》的股票，即使是沒有控制權的股票，仍然讓她不安。但巴菲特對凱瑟琳保證，波克夏買郵報的股票純粹是為了投資。為了讓凱瑟琳安心，巴菲特建議，讓凱瑟琳的兒子丹恩・葛蘭姆（Don Graham）代理波克夏股權的表決權。他的提議終於讓凱瑟琳定下心來。一九七四年，凱瑟琳邀請巴菲特加入華盛頓郵報公司的董事會，並很快地讓他成為財務委員會的主席。

巴菲特在《華盛頓郵報》扮演的角色廣為人知。在一九七〇年代的報紙罷工期間，他幫助凱瑟琳渡過難關；他也教授丹恩一些商業技巧，幫他了解經營者的角色，以及他對股東的責任。丹恩也是一個求知若渴的學生，認真聆聽巴菲特講的每一件事。在當記者多年之後，丹恩承諾要「繼續為了股東利益經營公司，尤其是長期持股的股東，讓他們的未來利益超越季報與年報的結果。」他也發誓要永遠「嚴格管理開銷」並「很有紀律地運用現金」。

事業守則：簡單易懂的事業

巴菲特的祖父曾經擁有並主編《克明郡民主黨報》（*Cuming County Democrat*），這是一份在內布拉斯加州西點市發行的周報。他的祖母也在報社裡頭幫忙，並在家裡的印刷廠做排字工作。他的父親在內布拉斯加州大學念書時，就已經編輯《內布拉斯加人日報》（*Daily Nebraskan*），就連巴菲特本人自己也曾經是《林肯日報》（*Lincoln Journal*）的發行主管。人們常說，如果巴菲特沒有進入商業投資這一行，他最可能從事的工作就是新聞業。

一九六九年，連同幾家周報，巴菲特買下他的第一份重要報紙《奧馬哈太陽報》（*Omaha Sun*）。雖然巴菲特很尊敬高品質的新聞事業，但他只要一想到報紙，就只是把它當成生意看待。對於當一個報社老闆的報酬，他想到的是利潤，而不是影響力。擁有《奧馬哈太陽報》，讓他掌握到一些報紙的商業動態。在開始買進公司的股票之前，他已經有四年親自經營報社的經驗。

事業守則：穩定的營運歷史

巴菲特告訴波克夏的股東，他第一次和華盛頓郵報公司有財務上的接觸是他十三歲的時候。當時他的父親在國會服務，他做送報生時就是送《華盛頓郵報》與《時代前鋒報》。巴菲特總是喜歡提醒別人，他在菲立普買下《時代前鋒報》之前，就已經把這兩份報紙併在一起送了。

很顯然地，巴菲特很了解這家報紙的豐富歷史，他也認為，《新聞週刊》是一家可以預期未來表現的公司。華盛頓郵報公司多年來一直提到廣播部門的亮麗表現，而且巴菲特也很快掌握到這家公司電視台的價值。巴菲特根據他自己的個人經驗，以及這家公司的成功歷史來判斷，相信這家公司有持續且可以信賴的表現。

事業守則：長期前途看好

巴菲特在一九八四年寫道：「一份具有主導地位的報紙，其經濟實力非常可觀，也是世界最強大的經濟實力。」值得注意的是，這些話是巴菲特在三十年前說的，整整比網際網路的潛力被發現前早了十年。

一九八〇年代初期，全美國有一千七百份報紙，其中大約有一千六百份報紙沒有直接競爭對手。巴菲特注意到，報紙的老闆以為他們每一年能賺到超乎預期的利潤，是因為他們的報紙擁有一定的新聞品質。但真相是：即使是一份三流報紙，只要它是該地區唯一的報紙，就能產生足夠的利潤。一份高品質的報紙可以達到更高的市場滲透率，這當然是真的；但他也解釋，即使是一份普通的報紙，由於它有廣告看板的吸引力，對於一個地區的社群仍然是不可或缺的媒介。這個地區的每一家公司、每一個賣房子的人，以及任何一個想把消息放送出去的人，都需要藉由四處發行的報紙達成目的。就像加拿大的媒體創業家湯姆森子爵（Lord Thomson）一樣，巴菲特認為，擁有一份報紙就像得到城裡每一家想刊登廣告的公司的獨家刊登權一樣。

報紙除了擁有某些特許的性質之外，也有很高的經濟商譽價值。就像巴菲特指出，報紙需要的資本很少，所以銷售金額很容易可以轉成利潤。即使報社添購昂貴的電腦輔助印刷機以及編輯部電子控稿系統，也很快能從降低固定的人事成本補回來。在一九七〇與八〇年代，報紙要提高售價也相對容易，因此可以賺到高於平均值的投入資本報酬率，並減少通貨膨脹帶來的傷害。

價值守則：判斷公司的價值

一九七三年，華盛頓郵報公司的整體市場價值是八千萬美元。但是巴菲特宣稱：「大多數證券分析師、媒體經紀人與媒體高階主管，會把華盛頓郵報公司的內在價值，預估在四億到五億美元之間。」巴菲特如何預估出來的？讓我們用巴菲特的推理方式瀏覽一些數字。

我們從當年的業主盈餘開始算起：淨收益（一千三百三十萬美元），加上折舊與攤提（三百七十萬美元），減掉資本支出（六百六十萬美元），得到一九七三年的業主盈餘為一千零四十萬美元。如果我們把這些盈餘，除以美國政府長期公債的殖利率（六．八一％），華盛頓郵報公司的價值會高達一億五千萬美元，幾乎是市價的兩倍，但是還遠遠不及巴菲特預估的數字。

巴菲特告訴我們，一份報紙的資本支出經過一段時間會等於折舊與攤提的費用，所以之後的淨收益就應該會接近業主盈餘。了解了這一點之後，我們就可以直接把淨收益除以無風險利率，接著得到一億九千六百萬美元的估值。

如果我們就此打住，就是假設業主盈餘的增加率與通貨膨脹率相當，但我們知道，報紙擁有超乎尋常的定價能力，因為大部分的報紙在該地區都具有壟斷特性，所以可以把售價調高，漲價幅度可以超過通貨膨脹率。如果我們做最後一個假設：《華盛頓郵報》有能力將實際價格提升三%，公司的價值就會接近三億五千萬美元。巴菲特也知道，一〇%的稅前毛利其實低於它過去平均一五%的稅前毛利，而且他知道，凱瑟琳決心再一次把《華盛頓郵報》的稅前毛利達到這個標準。如果稅前毛利增加到一五%，公司的現值會再增加一億三千五百萬美元，整個公司的內在價值將會達到四億八千五百萬美元。

價值守則：在合理價位買進

即使對這家公司的價值做最保守的估算也顯示，巴菲特至少以華盛頓郵報公司內在價值一半的價錢，買下該公司的股票。這是他堅持的一貫原則：必須在市場價格少於內在價值四分之一以上時，才會買進。無論如何，他很明顯都會在公司價格低於目前價值時買進。巴菲特謹遵恩師葛拉漢的買股前提，折價買進才能創造安全邊際。

財務守則：股東權益報酬率

巴菲特買《華盛頓郵報》的股票時，它的股東權益報酬率是一五．七%。對於大部分報社來說，這只是普通的報酬率，而且也只比標準普爾五百指數高一點點而已。但在五年內，《華盛頓郵報》的股東權益報酬率就增加一倍。當時是標準普爾五百指數的兩倍，也比一般報社高出五〇%。之後的十年，《華盛頓郵報》繼續維持它的優勢地位，在一九八八年，股東權益報酬率更達到三六%的高點。

當我們觀察到，這家公司已經在很長一段時間有意減少債務時，那麼這些高於平均值的報酬率就更了不起了。在一九七三年，長期負債對股東權益的比例是三七%，位居報業的第二高。但令人驚訝的是，到了一九七八年，凱瑟琳把公司債務減少了七成。一九八三年，長期債務對股東權益的比例降到只有二．七%，這是整個報業平均的十分之一；而且，《華盛頓郵報》創造出來的股東權益報酬率，還比同業平均高出一〇%。一九八六年，該公司在投資行動電話以及購買首都廣播的五十三個有線電視系統之後，債務高達三億三千六百萬美元，但在一年內，債務就降到一億五千五百萬美元。到了一九九二年，長期債務剩下五千一百萬美元，而且股東權益比有五．五%，而報業的平均值是四二．七%。

財務守則：獲利率

在華盛頓郵報公司公開上市六個月後，凱瑟琳與華爾街分析師見面並告訴他們，公司的第一個任務，就是要在現有的營運下創造最大獲利。電視台與《新聞週刊》的獲利持續成長，但報紙的獲利能力卻漸趨於平穩。凱瑟琳表示，主要是生產成本太高，也就是薪資太高。但在買下《時代前鋒報》之後，獲利就開始激增。每一次罷工時（一九四九年、一九五八年、一九六六年、一九六八年、一九六九年），因為不願意冒著報紙開天窗的危險，公司都會滿足員工要求。在這段期間，華府地區仍然只有三家報紙。在整個一九五〇年代和一九六〇年代，都因為提高薪資而壓低獲利空間，但凱瑟琳告訴分析師，這個問題一定會解決。

當工會合約在一九七〇年代要到期時，凱瑟琳收服了姿態強硬的工會代表。一九七四年，經由報紙同業公會的協助以及冗長的談判過程，平息了一場罷工行動，印刷工人接受了新合約。一九七五年，在印刷工人罷工期間，凱瑟琳立場堅定，最後終於解決了問題。這次的罷工行動激烈又暴力，而且在正式罷工之前就損毀印刷機房，外界也因此不再同情。管理高層自己操作印刷機，報業公會與印刷工會的人也跨過原有的界線，互相幫忙。四個月後，凱瑟琳宣布，公司正雇用非工會成員的印刷工人，資方贏得這次勝利。

一九七〇年代早期的金融報刊在報導中寫道：「對《華盛頓郵報》表現的最好說法是，它在獲利能力表現的評等上，應該是紳士型的C等級。」一九七三年的稅前毛利率是一〇・八％，遠低於一九六〇年代的一五％。在重新談判勞工合約之後，該公司的獲利能力就提高了。一九八八年，《華盛頓郵報》的稅前毛利率達到三一・八％的高點，遠高於報業的平均值一六・九％，更高於標準普爾五百指數的八・六％。

管理團隊守則：理性

《華盛頓郵報》為股東產生很可觀的現金流量。由於它賺到的現金比轉投資於本業所需要的資金多更多，經營團隊因此遇到兩個選擇：把盈餘退回給股東，或是把現金投資在新的商業機會。巴菲特偏好公司能把盈餘退回給股東。在凱瑟琳擔任董事長期間，華盛頓郵報公司是報業中第一家大量買回自家股票的公司。在一九七五年與一九九一年期間，公司竟然以令人難以置信的每股六十美元的價格，買回公司四三%的股票。

公司也能選擇以增加股利的方式，把錢退還給股東。一九九〇年，由於累積了大量的現金，華盛頓郵報公司投票決定，將每年給股東的股利從一．八四美元，提高到四美元，增加了一一七%。

一九九〇年代初期，巴菲特針對報業的變化做出的結論是，與美國一般產業相比，報紙仍會保持高於平均值的表現，但是報紙的價值會變得比他或其他分析師在幾年前所預測的更低，主要是因為報紙已經失去它的價格彈性。以前經濟發展趨緩，廣告商縮減預算時，報紙仍然能夠藉由提高廣告費率而維持獲利。但現在，報紙已經不再具有壟斷地位。因為，廣告商已經找到更便宜的方式接觸到顧客，包括有線電視、直接郵購、廣告夾頁，以及最重要的，網際網路的廣泛使用，這一切都把廣告金額從報紙抽走。

到了一九九一年，巴菲特開始相信，報紙獲利能力的改變，代表的不只是長期永久的商業環境改變，也與暫時性的景氣循環有關。他承認：「事實是報紙、電視與雜誌在獲利表現上已經開始像一般企業，而不像擁有特許獨占地位的公司了。」景氣循環會傷害短期盈餘，但不會降低公司的內在價值。長期永久的改變不只會降低盈餘，也會降低公司的內在價值。不過巴菲特表示，和其他媒體公司比起來，華盛頓郵報公司內在價值的改變仍屬適當。原因有兩個：第一，《華盛頓郵報》的長期負債只有五千萬美元，但它的現金有四億美元，要償還負債實在綽綽有餘；第二，在公開上市的報紙中，《華盛頓郵報》是唯一一家沒有負債的報社。因此，巴菲特指出：「該公司的資產價值並沒有因為債務而巨幅下跌。」

財務守則：一美元的前提

巴菲特的目標是，選擇能將每一美元的保留盈餘都轉化成至少一美元市場價值的公司。這個方法可以很快找出，經營者長期以來一直把資本做出最佳投資的公司。如果把保留盈餘都投資在公司本身，而且能產生高於平均值的報酬，那麼公司的市場價值也會成比例地大幅上漲。

從一九七三到一九九二年，華盛頓郵報公司賺了十七億五千五百萬美元盈餘，其中，公司撥了二億九千九百萬美元給股東，並保留十四億五千六百萬美元盈餘繼續投資在公司。一九七三年，華盛頓郵報公司的市場總值是八千萬美元，到了一九九二年，公司市場總值已經成長為二十六億三千萬美元。經過這二十年下來，公司每一美元的保留盈餘，為股東創造出來的市值是一・八一美元。

另外，還有一個方法可以證明，華盛頓郵報公司在凱瑟琳的領導下是多麼成功。威廉・桑代克（William Thorndike）在見解獨到的《局外人》（*The Outsiders*）一書中，幫我們找到分辨一家公司與其執行長表現好壞的方法。「這家公司從一九七一年首度公開上市開始，直到一九九三年凱瑟琳接手擔任主席，為股東創造的複合年度報酬率是二二．三％，這是一個非常驚人的數字，標準普爾五百指數（七．四％）與她的同業表現（一二．四％），根本無法與她相提並論。在首度公開上市時投資的一美元，到她退休時已經價值八十九美元，相對於標準普爾五百指數只有五美元，而她的同業表現也只有十四美元。凱瑟琳的表現是標準普爾五百指數的十八倍，是同業的六倍多。在她二十二年的領導期間，一直遙遙領先，簡直就是美國新聞業的最佳執行長。」

GEICO公司

GEICO是在一九三六年，由利奧．葛德溫（Leo Goodwin）所創立，他原本是一名保險會計師創業時的想法是，成立一家只賣優良駕駛保險的保險公司，而且直接以郵寄方式往來。因為他發現，整體來說，政府員工族群比一般駕駛發生的事故更少；直接賣給駕駛，就可以少掉經紀人相關費用，這項支出一般占保費的一〇％到一五％。葛德溫思考，如果他小心地挑出安全駕駛人，並且經由儲金直接發行保單，他就有機會成功。

葛德溫邀請德州沃斯堡的銀行業者克里夫．瑞亞（Cleaves Rhea）合夥。葛德溫投資了二萬五千美元，擁有二五％的股票；瑞亞投資七萬五千美元，擁有七五％的股票。一九四八年，公司從德州搬到華盛頓特區。同一年，瑞亞家族決定賣掉他們的股份，瑞亞請來巴爾的摩一位債券交易員洛瑞默．大衛森（Lorimer Davidson），幫他處理銷售事宜。大衛森接著找到華府地區的律師大衛・克里傑（David Kreeger）幫他找買家，克里傑因此找上了葛拉漢紐曼公司。葛拉漢決定以七十二萬美元買下瑞亞的一半股票，另一半股票就被克里傑與大衛森的巴爾的摩機構（Baltimore associates）收購。由於葛拉漢紐曼公司是一家投資基金公司，證券交易委員會限制它對GEICO的持股最多只能到一〇%，所以葛拉漢必須把GEICO的股票分配給基金的合夥人。幾年後，GEICO變成一家價值十億美元的公司時，葛拉漢的個人持股也達到數百萬美元。

後來，葛德溫邀請大衛森加入GEICO的經營團隊。一九五八年，大衛森成為董事會主席，並領導公司直到一九七〇年。在這段期間，董事會擴大了汽車保險人的資格，納入專業、管理、技術與行政人員。GEICO的車險市場占有率也從原來的一五%，成長到五〇%。新策略顯然奏效。由於新加入的駕駛族群開車和政府員工一樣小心，承保利潤也大幅激增。

這段期間是GEICO的黃金年代，在一九六〇到一九七〇年代之間，政府保險主管機關也受到GEICO的表現催眠，股東們則開心地看著股價上揚。GEICO公司的保費淨值比（**premium-to-surplus ratio**）❾竟然超過五：一。這個數字可以衡量一家保險公司承擔

❾ 保費淨值比：衡量產物保險公司財務穩健度的指標，指保險公司的淨簽單保險費（扣除再保險費支出）除以保險公司淨值的比值。淨值是指資本額加上可以自由運用之公積。比值較低表示財務能力較強，或隱含過度保守的核保政策。

的風險，顯示的是公司收到的保費相對於公司淨值。由於主管機關認為GEICO的表現非常好，特別准許GEICO的比例超過保險業三：一的平均比例。

一九六〇年代末，GEICO的運氣開始轉壞。一九六九年，公司宣布當年的準備金低估了一千萬美元，因此雖然賺了二百五十萬美元，實際上仍然虧損。下一個年度，公司調整了收入金額後，卻又再一次低估了準備金，這一次竟然少了二千五百萬美元，所以一九七〇年不但沒有承保利潤，反而出現嚴重虧損。

保險公司從投保人收到的錢，稱為「保費收入」。從這些保費中，保險公司承諾要提供汽車駕駛人這一年度的保障。保險公司的成本包括保險損失，也就是駕駛人的理賠費用，以及損失費用和處理理賠的行政費用。這些總成本不只必須反應該年度的費用，還要加上尚未理賠的金額預估。因此，預估金額有兩大類，也就是理賠成本與費用支出，這是公司預計在該年度要支付的金額；而調整準備金則要另外編列，用來彌補前幾年短缺的準備金。由於有些保險理賠案件會進入法律訴訟程序，好幾年都無法解決，因此通常會帶來龐大的法律與醫療費用。GEICO的問題在於，不只簽的保單不夠，必須認列損失；而且前幾年的準備金預估也不正確。

一九七〇年，大衛森退休，由華府律師克里傑接任。經營公司的責任則由諾曼·吉登（Norman Gidden）接手，他身兼董事長與執行長。接下來發生的事顯示，GEICO很努力要從一九六九年與七〇年的準備金不足的亂象中走出來。一九七〇到七四年之間，新的汽車保單數量以年增率一一％的速度成長，相較於一九六五到七〇年期間，這個數字只有七％。另外，在一九七二年，GEICO開始進行一項花費龐大又極具企圖心的分權計畫，這個計畫需要在房地產、電腦設備與人事費用上，投入非常龐大的資金。

一九七三年，公司面臨激烈的市場競爭，只好降低承保標準以擴大市場占有率。如今是GEICO有史以來的第一次，投保人開始包括藍領工人以及二十一歲以下的駕駛人，這兩個族群的駕駛紀錄都非常不穩定。GEICO在同時執行兩個策略性的變革時包括公司擴充計畫與增加汽車駕駛人投保人數計畫，美國剛好也在一九七三年取消價格的控制，因此，不久之後，汽車修理與醫療照顧費用跟著暴增。

一九七四年第四季，GEICO開始出現承保虧損，這一年，公司宣布六百萬美元的承保損失，這是該公司二十八年以來的頭一遭。令人驚訝的是，那一年的保費淨值比仍然維持在五：一。公司繼續在追求成長，到了一九七五年第二季，公司宣布的虧損更嚴重，並宣布要減少公司的股利〇．八美元。

吉登聘請米利曼暨羅伯森（Milliman & Robertson）顧問公司，提供GEICO如何逆轉勝的建言。但是研究的結果並不樂觀。顧問公司指出，GEICO的準備金不足三千五百萬美元到七千萬美元，因此需要資金挹注，才能生存下去。董事會接受顧問公司的研究結論，並向股東報告研究結果。另外，董事會預期一九七五年的承保損失將接近驚人的一億四千萬美元（最後的實際結果是一億二千六百萬美元），讓股東與保險主管機關大為震驚。

至於股價方面，在一九七二年，GEICO的股價達到高點的六十一美元，但在一九七三年，股價攔腰跌掉一半，接著在一九七四年，又繼續跌到剩十美元。一九七五年，當董事會宣布預期的損失金額時，股價也應聲下跌到七美元。幾位股東以集體訴訟方式控告公司詐欺。主管高層則認為，一切都是通貨膨脹，以及法律與醫療費用大幅增加所致。但所有的保險公司都面臨同樣的問題。GEICO的問題在於，業務方向已經偏離傳統成功的經驗，也就是只接受小心駕駛的人投保。另外，公司一直都沒有核對內部的費用支出。當公司擴大業務時，對初期的損失假設也嚴重失當，以至於無法涵蓋新增且更頻繁的理賠費用。當一家保險公司低估保險損失時，就勢必會同時增加固定費用。

一九七六年三月，在GEICO的年度會議上，吉登坦承，別的董事長應該可以把公司的問題處理得更好。他也宣布，公司董事會已經指派一個專責委員會，要物色出新的公司掌舵者。但GEICO的股價仍持續走跌，這時候只剩五美元，而且還在下跌中。❿

一九七六年年會之後，GEICO宣布，旅行者公司（Travelers Corporation）四十三歲的行銷主管約翰．伯恩（John J. Byrne），將成為新任董事長。伯恩被任命後不久，公司宣布出售七千六百萬美元的特別股，以增加資本。但是股東已經不抱希望，因此股價繼續探底到每股只剩二美元。

就在這時，巴菲特不動聲色堅定地買進GEICO的股票，還在公司面臨破產之際，加碼投資四百一十萬美元，以平均三．一八美元的價格，買進一百二十九萬四千三百零八股。

事業守則：簡單易懂的事業

巴菲特一九五〇年到哥倫比亞大學上課時，他的老師葛拉漢就是ＧＥＩＣＯ的董事。受到好奇心的驅使，巴菲特在某個週末特地前往華盛頓特區拜訪這家公司。就在當時的星期六，他敲了敲公司的門，公司守衛讓他進去，並帶他去見當天唯一在公司的主管大衛森。巴菲特提出許多問題，大衛森也花了五個小時告訴巴菲特ＧＥＩＣＯ的獨特之處。如果費雪在場，也一定會印象深刻。

後來，巴菲特回到奧馬哈他父親的經紀公司時，還推薦公司客戶購買ＧＥＩＣＯ的股票。他自己也投資了一萬美元，那大約是他全部財產的三分之二。很多投資人拒絕他的建議，甚至奧馬哈市的保險經紀人還向老巴菲特抱怨，他兒子竟然在推銷一家「沒有經紀人」的保險公司。巴菲特非常氣餒，因此在一年後賣掉ＧＥＩＣＯ的股票，但他賺到五〇％的利潤，然後直到一九七六年，都沒有再買ＧＥＩＣＯ的股票。

不過，巴菲特不怕繼續向客戶推薦其他保險公司的股票，並以堪城人壽（Kansas City Life）盈餘的三倍價格，買進該公司股票；他也在波克夏海薩威的有價證券投資組合中，持有麻州產物與人壽保險公司（Massachusetts Indemnity & Life Insurance Company）；接著在

---

❿ 雖然一九七三到一九七四年的空頭市場，可能是ＧＥＩＣＯ初期失敗的部分原因。但一九七五與一九七六年的下跌，完全是公司自己的錯誤。一九七五年年初，標準普爾五百指數是七〇．二三，到年底時是九〇．九。隔年的股票市場表現依然強勁。一九七六年，股票市場呈上揚走勢，而且利率也下跌。因此，ＧＥＩＣＯ股價下跌與金融市場完全無關。

一九六七年，他還買了國家償金公司的控制權。接下來的十年，國家償金公司執行長林瓦特教巴菲特經營保險公司運作機制。在其他地方都得不到這個經驗，也幫巴菲特了解到保險公司究竟如何賺錢。因此，即使GEICO的財務狀況搖搖欲墜，他還是很有信心地買下這家公司。

除了波克夏花了四百一十萬美元投資GEICO的普通股；另外，為了幫GEICO籌到額外的資金，GEICO也發行了可轉換優先股，巴菲特針對這部分又投資了一千九百四十萬美元。兩年之後，波克夏把這些優先股轉成普通股，到了一九八〇年，巴菲特又用波克夏資金額外投資一千九百萬美元。全部算起來，從一九七六年到一九八〇年，波克夏總共投資了四千七百萬美元，以平均每股六．六七美元的價格，買了七百二十萬股GEICO的股票。截至一九八〇年，這些投資增值了一二三%，價值一億零五百萬美元，而且已經變成巴菲特最大的持股。

事業守則：有穩定的營運歷史

看了巴菲特的做法，我們的第一個反應可能是，巴菲特違反了自己「有穩定的營運歷史」的法則。因為GEICO在一九七五年與一九七六年的營運狀況，明顯很不穩定。當伯恩成為GEICO董事長時，他的工作就是要把公司起死回生，但巴菲特也常說，要讓公司起死回生，通常很少成功。所以我們要如何解釋波克夏買進GEICO的行為？

就某方面來看，GEICO剛好就是一個例外。伯恩確實順利將公司起死回生，讓它有能力重新回到保險業的競爭市場。但更重要的是，巴菲特認為，GEICO只是受創而已，死期未到。它在提供低價、無經紀人的保單服務上，仍然保有獨一無二的特許地位。而且，在市場上仍有其他開車很小心的駕駛，公司仍有賺取利潤的空間。就價格來看，GEICO一定可以打敗競爭者。數十年來，GEICO一直都能利用它的競爭優勢，為股東創造可觀的獲利。巴菲特認為，公司依然保有這些優勢。GEICO在一九七〇年代發生的問題，和降低業務特殊性無關，而是公司因為營運與財務問題而走錯方向。即使公司沒有淨值，GEICO還是值很多錢，只因為它仍擁有業務上的特許地位。

事業守則：長期前途看好

雖然汽車保險是一種日用品，但巴菲特說過，如果公司有可以支撐下去而且很大的價格優勢，這種販售日用品的公司就能賺錢。這個描述非常符合GEICO的情形。我們也知道，經營團隊在日用品公司是個關鍵變數，自從波克夏買進後，GEICO的經營團隊也證實，該公司的確有其競爭優勢。

管理團隊守則：誠實

伯恩在一九七六年接手GEICO的經營時，說服保險業的主管機關與競爭者，如果GEICO破產將會對整個產業造成傷害。他拯救公司的計畫包括幫公司找錢、把公司的部分業務取得其他公司的再保險合約，並大幅削減成本。伯恩把這個作戰計畫稱為「自力更生」，目的是要讓公司轉虧為盈。

在他上任的第一年，伯恩裁撤了一百個營業處，把員工人數從七千降到四千，並修改公司的營業證照，以便在紐澤西州與麻州賣保險。伯恩告訴紐澤西州的主管機關，他不會更新該州的二十五萬份保單，因為這些保單一年要花公司三千萬美元。接著，他也把電腦化系統撤掉，這套系統的作用是，讓保險人不必提供更新的資料就可以更新保單。伯恩在取得公司最新資訊時，發現公司更新保單的訂價低了九％。當GEICO對這些保單重新訂價時，有四十萬名保戶決定中止保險。伯恩的行動讓公司保戶從二百七十萬人，減低到剩一百五十萬人；公司的排名也從一九七五年全國第十八大保險業者，隔年變成三十一名。儘管失去了這些保戶與名次，使得一九七六年虧損了一億二千六百萬美元之後，一九七七年，也就是伯恩負責經營的第一個完整年度，公司就從年度營收四億六千三百萬美元中，賺到五千八百六十萬美元的盈餘，表現非常出色。

很明顯地，GEICO能大幅恢復元氣是伯恩努力的成果，而他對公司支出的堅定紀律，也讓GEICO連續幾年改善營運狀況。

伯恩告訴股東，公司必須回到初創的原則，也就是提供低價的保單。他的報告詳細說明，公司如何持續降低成本。即使是在一九八一年，GEICO是全美第七大汽車保險承保業者的時候，伯恩仍與其他兩位高階主管共用一位祕書。他也大力宣傳，公司如何從幾年前每名員工只能負責二百五十份保單，進步到能處理三百七十八張保單。在他推動公司由虧轉盈期間，他一直是偉大的激勵者。巴菲特說：「伯恩就像養雞場的雞農，把一顆鴕鳥蛋滾入雞舍中，然後告訴母雞：『女士們，這就是競爭對手生出來的蛋。』」

這些年以來，伯恩很高興地向股東報告公司的順利進展；但他對壞消息也一樣毫不保留。一九八五年，公司因為承保損失而暫時步調不穩，在第一季給股東的季報中，他寫道：「公司遇到困境就像飛行員告訴乘客所說的話：『壞消息是我們迷航了，但好消息是，我們正快速返回中。』」公司很快地站穩腳跟，並在隔年呈現獲利的承保結果。但同樣重要的是，公司也因為對股東誠實以告，而贏得好評。

管理團隊守則：理性

這些年下來，伯恩展示了經營GEICO資產的合理性。在他接手經營之後，就為公司重新定位，以追求穩定成長為目標，結果反而變得更賺錢。伯恩想的是，寧願公司成長得慢一點，但因此得以謹慎地監控損失與費用，而不要追求兩倍的成長，卻在財務上失控。即使如此保守，這樣謹慎的成長控制也為GEICO創造超額的利潤，而觀察公司如何處置這些現金，正好能顯示經營合理性的地方。

從一九八三年開始，GEICO就無法再將現金拿去做更賺錢的投資，於是決定把錢退回給股東。從一九八三年到一九九二年，GEICO買回了三千萬股的股票，一共減少公司流通在外的三〇％普通股。除了買回股票，GEICO也大方增加發放給股東的股利。在一九八〇年，公司每股配的股利是〇．〇九美元；而在一九九二年，則是配〇．六美元，等於每年增加二一％。

財務守則：股東權益報酬率

一九八〇年，GEICO的股東權益報酬率是三〇・八%，幾乎是同業的兩倍。一九八〇年代晚期，股東權益報酬率開始下降，但原因不是出在公司業務下滑，而是股東權益增加的速度比盈餘快。因此，增加股利並買回股票的部分原因，是為了減少資本，以維持合理的股東權益報酬率。

財務守則：獲利率

投資人可以在幾個方面比較保險公司的獲利率，但稅前毛利率是最好的指標。從一九八三到一九九二十年中，這十年當中GEICO的稅前毛利率在同業中是最穩定的，標準差[11]也是最低的。

GEICO總是一絲不苟地注意所有的費用支出，並密切追蹤處理理賠的相關開銷。在這段期間，公司的費用平均占保費收入的一五%，是同業平均值的一半。這麼低的比例部分也反應出GEICO不必支付保險經紀人成本。

GEICO的企業支出與承保損失的合計比率，也明顯優於同業的平均值。從一九七七年到一九九二年，業界平均表現只有在一九七七年曾優於GEICO。從那之後，GEICO的綜合成本率一直維持在平均九七・一%，比業界平均值好一〇%。至於承保損失，在這段期間，GEICO只有在一九八五年與一九九二年出現兩次承保損失。而一九九二年的損失是因為，那一年發生了異常頻繁的天然災害。如果沒有安德魯颶風與其他嚴重的暴風雨，GEICO的綜合成本率會是九三．八%的低點。

價值守則：判斷公司的價值

巴菲特開始為波克夏買進GEICO股票時，這家公司正瀕臨破產邊緣。但是他說，即使GEICO的淨值是負的，也仍然非常值錢，因為這家公司有保險市場的特許地位（意指有能力提供差異化商品）。一九七六年，由於公司沒有盈餘，便拒絕用威廉斯的估值方法計算其本身價值。威廉斯的估值方法是：以未來的現金流量，根據適當的貼現率折算成現值。雖然GEICO的未來現金流量仍不明朗，但巴菲特還是肯定，這家公司會熬過去，並在未來可以賺錢。但能賺多少，或什麼時候開始賺，則是另一個討論的重點了。

一九八〇年，波克夏擁有三分之一的GEICO，投資的成本是四千七百萬美元。那一年，GEICO的市值是二億九千六百萬美元，即使在當時，巴菲特也預估到這家公司有很大的安全邊際。在一九八〇年，公司從七億零五百萬美元的營收中，賺到六千萬美元的盈餘。波克夏則從GEICO的股票上賺到二千萬美元。巴菲特說：「要在一家擁有一流經濟條件與光明前景的公司中，賺到類似的二千萬美元盈餘，成本至少要花上二億美元。」如果買的是公司的控制權，成本會更高。

⓫ 標準差：統計上的一個指標，反映一組數據圍繞著平均值的分散程度。數據越分散，標準差越大。在金融領域，標準差常用來反映資產報酬率的波動程度，據以推估未來的波動性。

即使如此，在威廉斯的估值理論下，巴菲特的二億美元假設也很接近實際狀況。假設GEICO可以在不投入任何其他資本的幫助下，繼續維持六千萬美元的盈餘，再以當年度美國政府三十年公債殖利率一二%做為貼現率，GEICO公司的現值就會是五億美元，幾乎是GEICO在一九八〇年市值的兩倍。如果公司的獲利能力可以實質成長二%，或在通貨膨脹發生前增加到一五%，公司現值就會增加到六億美元，而波克夏的股票就相當於二億美元。換句話說，GEICO的股票在一九八〇年的市值，不到其獲利能力折現的一半。

價值守則：一美元的前提

一九八〇年到一九九二年之間，GEICO的市場價值從二億九千六百萬美元，增加到四十六億美元，增加的價值是四十三億美元。在這十三年間，GEICO賺了十七億美元的盈餘。它以支付普通股股利的方式，分給股東二億八千萬美元，然後保留十四億美元做為轉投資之用。因此，每一美元的保留盈餘，GEICO都為股東創造了三・一二美元的市值。這個財務上的成就顯示了，GEICO不只有優秀的經營團隊與利基市場，也顯示了GEICO能用股東的錢創造出最佳的報酬率。

證明GEICO真的很優秀的證據是：一九八〇年投資於GEICO的一美元，扣除股利之後，到一九九二年爆增為二七・八九美元。每年平均複利報酬率是二九・二%，這是一個非常驚人的數字，遠高於業界的平均值以及標準普爾五百指數，這兩個指標在同一段期間，只增加了八・九%。

首都／美國廣播公司

首都公司（Cap Cities）一開始從事的是新聞業，一九五四年，知名新聞記者洛威爾・湯瑪斯（Lowell Thomas）和他的業務經理法蘭克・史密斯（Frank Smith），以及一群合夥人，共同買下哈德遜谷廣播公司（Hudson Valley Broadcasting Company），這家公司擁有紐約州首府奧爾巴尼市的電視台與AM調幅廣播電台。當時，湯姆・墨菲還在利華兄弟（Lever Brothers）當產品經理。史密斯和墨菲父親是高爾夫球球友，就聘用墨菲經營公司的電視台。一九五七年，哈德遜谷廣播公司買下萊理杜倫（Raleigh-Durham）電視台，並將公司改名為首都廣播公司（Capital Cities Broadcasting），因為奧爾巴尼市與萊理市分別是紐約州與北卡羅萊納州的首府。

一九六〇年，墨菲聘請丹恩・柏克經營奧爾巴尼電台。柏克是墨菲哈佛同學吉姆・柏克（Jim Burke）的兄弟，吉姆・柏克後來成為嬌生公司（Johnson & Johnson）董事長。一九六四年，墨菲被首都公司任命為董事長而回到紐約州，而柏克這個土生土長的奧爾巴尼市人，也被留下來負責電視台的營運。從此，兩人就展開了美國商業史上最成功的工作夥伴關係。接下來的三十年，墨菲與柏克一起經營首都公司，並聯手進行超過三十家廣播與出版公司的併購案，其中最引人注目的就是一九八五年收購美國廣播公司（ＡＢＣ）。

巴菲特第一次見到墨菲，是在一九六〇年代末，在紐約州舉行的一個正式午餐會上。那次餐會的主辦人是墨菲的同學。結果墨菲對巴菲特印象很好，還邀請他加入首都的董事會。巴菲特婉拒了，但巴菲特從此便和墨菲成為好朋友，這些年來一直保持聯繫。巴菲特在一九七七年開始投資首都公司股票，但在隔年沒理由地賣出所有持股，不過他已賺了一筆。

一九八四年十二月，墨菲開始接觸美國廣播公司的董事長李納德．葛登森（Leonard Goldenson），因為他想讓這兩家公司合併。雖然一開始被回絕，但墨菲在一九八五年一月再次與葛登森聯繫。同一年，聯邦通訊委員會（Federal Communications Commission, FCC）放寬了電視台與廣播電台的數量限制，一家公司可以擁有的電台與電視台從七台增加到十二台，並在四月生效。因此這一次，葛登森同意了墨菲的提議。當時葛登森已經七十九歲了，他最關心的是誰將接掌美國廣播公司。雖然美國廣播公司內部有幾位潛在候選人，但他認為這些人都還沒有領導公司的實力。而墨菲與柏克則被公認是媒體與傳播業的最佳經理人。在同意與首都公司合併時，葛登森也確認了美國廣播公司會維持強勢的經營團隊。美國廣播公司談判代表帶著鐘點費收費高的投資銀行家，而一向單打獨鬥的墨菲則帶著他信任的朋友巴菲特，一起進行協商會議。雙方聯手打造了美國當時有史以來第一次的電視網銷售案，也是最大的媒體購併案。

首都公司提給美國廣播公司的條件是，以每股一百二十一美元買下其股票（其中一百一十八美元付現，另外搭配首都公司十分之一股票的認股權證，相當於每股三美元）。首都公司所出的價錢，是合併消息公布前一天，美國廣播公司在股票市場交易價格的兩倍。為了要籌出這筆交易所需的三十五億美元，首都公司向銀行集團貸了二十一億美元，並賣掉價值大約九億美元重疊的電視台與電台，再賣掉電視台不得擁有的財產，包括後來賣給華盛頓郵報公司的有線電視事業。最後剩下的五億美元，則由巴菲特出資。在巴菲特的同意下，波克夏海瑟威以每股一七二．五美元的價格，買下首都公司新發行的三百萬股。墨菲再一次邀請巴菲特加入首都公司的董事會，巴菲特這一次終於答應了。

事業守則：簡單易懂的事業

在華盛頓郵報公司董事會服務超過十年，巴菲特充分了解電視廣播與雜誌出版的業務。隨著波克夏在一九七八年與一九八四年購買了美國廣播公司的股票，巴菲特也加深了對電視網的理解。

事業守則：穩定的營運歷史

首都公司與美國廣播公司都有三十年以上的營運歷史和賺錢紀錄。從一九七五年到一九八四年，美國廣播公司的股東權益報酬率平均是一七％；而負債權益比（debt to equty）平均是二一％。至於首都公司在提出購併美國廣播公司之前的十年期間，股東權益報酬率平均是一九％；而負債資本比（debt to capital）平均是二〇％。

事業守則：長期前途看好

廣播公司與廣播網是受到眷顧的行業，都擁有高於平均值的經濟表現。就像報紙一樣，基於差不多類似的理由，它們能產生良好的經濟商譽。廣播電台一旦成立，需要再投入的資金與營運資金就很少，而且完全沒有存貨問題。電影與節目的購置費用，可以在廣告收入進帳之後再支付。因此，一般來說，廣播公司的投資報酬率都會高於業界平均值，而且賺到的現金也會超過公司的營運所需。

廣播業者面對的風險包括政府法規、日新月異的科技，以及不斷改變的廣告費用。政府可以否決更新廣播執照的申請，不過這種情形很少發生。一九八五年，有線電視節目對廣播還不至於構成威脅。雖然有些人已經改看有線電視的節目，但絕大多數的電視觀眾仍然喜歡看無線電視的節目。另外，在一九八〇年代，非必要支出的消費品廣告費用大幅成長，成長幅度超越美國的國內生產毛額。為了接觸到大眾視聽對象，廣告商仍然必須依賴無線廣播網。在巴菲特心目中，廣播網與廣播公司、出版公司的基本經濟表現，均優於一般業界，而在一九八五年，這些事業的長期前途也被他高度看好。

價值守則：判斷公司的價值

波克夏以五億一千七百萬美元投資首都公司時，是巴菲特當時對單一公司做過的最大投資。巴菲特如何判斷首都公司與美國廣播公司的綜合價值，仍然沒有定論。雖然墨菲同意以每股一七二．五美元的價格，賣給巴菲特三百萬股首都／美國廣播公司的股票，但我們都明白，價格與價值通常是兩回事。我們已經知道，巴菲特的一貫做法是，只有當一家公司的內在價值與它的購買價格之間，存在著相當的安全邊際時他才會出手。不過，關於購買首都／美國廣播公司的股票，他後來承認，他並未完全堅持這個原則。

如果我們把巴菲特以每股一七二．五美元的條件，以一〇％（大約一九八五年美國三十年期的政府公債殖利率）的貼現率折現，再乘以一千六百萬股（首都公司在外流通的股票有一千三百萬股，加上巴菲特擁有的三百萬股），算出這家公司的現值，相當於公司必須賺到二億七千六百萬美元的盈餘。首都公司在一九八四年扣除折舊與資本支出後，淨利是一億二千二百萬美元；美國廣播公司則是三億二千萬美元，兩家公司的盈餘加起來是四億四千二百萬美元。但合併後的公司會有很可觀的債務，墨菲預計借貸的二十一億美元，一年的利息就要二億二千萬美元，所以合併後的公司淨利大約是二億美元。

此外，還有其他的考量因素。外界傳言，墨菲買下一家公司後，為了提高買進來的這家公司的現金流量會直接降低費用支出，但這僅只是傳聞。首都公司的營運毛利率是二八％，美國廣播公司的是一一％。如果墨菲能把美國廣播公司的營運毛利率提高三分之一，達到一五％，那麼公司每年就能創造出額外的一億二千五百萬美元盈餘，而合併公司的每年獲利就相當於二億二千五百萬美元。對於一家每年賺三億二千五百萬美元，而且有一千六百萬股流通在外的股份，以一〇％的貼現率折現之後，公司的每股現值應該是二百零三美元，和巴菲特買的一七二．五美元價位相比，安全邊際還有一五％。巴菲特提到葛拉漢來調侃自己說：「我擔心葛拉漢會從棺材裡爬出來為我這筆投資鼓掌。」

如果我們再做幾個假設，那麼巴菲特買進首都／美國廣播公司股票的安全邊際可能會更大。巴菲特指出，根據一般傳統的想法推論，報紙、雜誌或電視台不需要增加額外資金投入，每年永遠能保持六％的盈餘成長率。他解釋其中的原因在於，資本支出會與折舊率相當，而營運成本的需求也會很少。因此，收益就能被視為可以自由分配的盈餘。這意味著，一家媒體公司的股東就像擁有一筆永續的年金，在可預見的未來不需要任何其他資本投入，就能維持每年六%的成長。巴菲特建議，把這樣的公司拿來與只靠再投資才能成長的公司相比較。如果你擁有一家媒體公司，每年能賺一百萬美元，而且你預期每年成長六%，巴菲特說，那麼用二千五百萬美元買這家公司，是很合理的（零風險利率為一〇%，減去六%的年成長率，再用一百萬來除）。另一家也賺一百萬美元的公司，但如果不再投資就無法再成長，那麼它就只值一千萬美元（一百萬除以一〇%）。

如果我們把這樣的財務計算觀念應用到首都公司，首都公司的價值就會從每股二百零三美元，增加到每股五百零七美元，或者換個角度來看，巴菲特付的一七二·五美元價格，就有六六%的安全邊際。但這些假設裡面，有太多的「如果」。墨菲能將首都與美國廣播公司合併後的部分資產，賣到九億美元嗎？（實際上他賣了十二億美元）他能改善美國廣播公司的營業利潤嗎？他能繼續依賴廣告費用的成長嗎？

巴菲特在首都公司中能取得相當程度的安全邊際，但因為許多因素而變得複雜。第一，首都公司的股票價格多年來持續上漲。因為墨菲與柏克兩人把公司經營得非常出色，這已經在公司股價上反應出來了。所以，巴菲特買首都時並不像買ＧＥＩＣＯ，可以趁公司下跌的機會進場。而且，當時的股市走勢也一再走揚，並沒有低價買進的時機。另外，由於這是二次發行[12]的股票，巴菲特必須接受這個接近交易價值的價格。

如果巴菲特對這些股票的發行價格不太滿意，也會因為股票價格快速上漲而感到欣慰。

一九八五年三月十五日星期五，首都公司的股票價格是一百七十六美元。接下來的星期一下午，三月十八日，首都公司宣布將購併美國廣播公司。隔天，當交易市場收盤時，首都公司的股價就飆到二〇二．七五美元。短短四天就上漲了二十六點，漲幅是一五％。巴菲特在四天內就賺到九千萬美元，而且漲勢一直持續到一九八六年一月。

其實，巴菲特買首都公司的安全邊際，遠低於他以前買的股票。那他為什麼要進行這筆交易？答案就是墨菲。巴菲特承認，如果不是為了墨菲，他不會投資這家公司。墨菲就是巴菲特的安全邊際。首都／美國廣播公司是一家很出色的公司，也是吸引巴菲特的那種類型。但巴菲特對墨菲有股特別的感覺。伯恩說：「巴菲特很喜歡墨菲這個人，光是能成為他的合夥人就很吸引巴菲特了。」

首都公司的經營哲學就是分權。墨菲與柏克盡可能聘請最優秀的人才，然後放手讓他們做事。所有的決策都由基層決定。柏克與墨菲合作的早期階段，就已經發現到這一點。當時負責經營奧爾巴尼電視台的柏克，每週會寄最新工作報告給墨菲，但墨菲從來沒有回信過。柏克最後終於得到墨菲的回應是：「除非你邀請我或是我必須開除你，否則我是絕對不會到奧爾巴尼的。」墨菲與柏克為公司設定年度預算，並檢討每一季的業績。除了這兩件事之外，他們期望公司的各級主管能把公司當成自己的企業一樣來經營。墨菲寫道：「我們對管

⓬ 二次發行：有兩種，第一種是已上市公司公開發行新股，以增加公司的資本。第二種是由較大股東出售股份，是一種增加市值的方法，但也會稀釋首次公開發行股票的股東地位。

理階層有很高的期待。」

在這些期待中，管理階層一定要做到的事就是控制成本。只要管理階層沒有把這件事做好，墨菲就會毫不遲疑地插手處理。當首都購併美國廣播公司時，公司亟需墨菲削減成本的才能。電視網傾向用成長率來思考，而不是獲利。電視網的人想的是，只要為了成長的需要，什麼花費都是應該的，根本不會做成本評估。當墨菲接管公司之後，馬上改變這種觀念。經由審慎挑選的美國廣播公司委員會成員的協助，墨菲著手大幅刪減薪資成本、額外津貼與開銷。以優渥的遣散費裁員一千五百人；也關閉了美國廣播公司內部的主管用餐室與專屬電梯；洛杉磯市的ＡＢＣ娛樂公司（ABC Entertainment）為墨菲第一次視察公司時採購的豪華轎車，也一併裁撤了，之後墨菲就改搭計程車。

在首都，這種成本意識就是一種生活方式。公司旗下的費城電視台ＷＰＶＩ，是費城裡頭最大的電視台，但它的新聞部門員工只有一百人，而鄰鎮的哥倫比亞廣播公司（ＣＢＳ）則有一百五十人。在墨菲到美國廣播公司工作之前，公司雇用了六十人管理五家電視台。在首都公司購併之後，很快就變成六個人管理八家電視台；紐約市的ＷＡＢＣ電視台以前雇用六百名員工，稅前毛利率是三〇％，在墨菲動手整頓之後，雇用人數減為四百人，稅前毛利率則增加到五〇％。一旦解決成本危機之後，墨菲就靠柏克做營運決策，他只專注於收購業務與股東資產。

管理團隊守則：拒絕制度性的從眾盲目

廣播與電視網的基本經濟特性，可以保證首都公司能產生充足的現金流量。這個特性加上墨菲的控制成本喜好，意味著首都公司將有非常龐大的現金流量。從一九八八年到一九九二年，首都公司就累積了二十三億美元的未支配現金。有了這些財源，某些經營者可能抗拒不了花錢的誘惑，而繼續買公司或擴大公司的營業領域。墨菲也是如此，他因此買下幾家公司。一九九〇年，他花了六千一百萬美元買了幾家小公司。當時他也表示，大部分媒體的市場價格都太高了。

在一路的發展與成長上，收購一直是首都公司很重要的做法。墨菲一直在留意媒體產業，但他也堅守自己的原則，絕不以過高的價格買公司。首都公司以它龐大的現金流量，絕對可以很輕易吞併其他媒體公司，但《商業週刊》（*Business Week*）報導：「墨菲有時候會等上好幾年，直到發現對的公司才出手；他絕對不會只因為手上資金雄厚就進行交易。」墨菲與柏克也理解到，媒體產業有其週期性，如果在收購時以大幅舉債來籌措資金，股東的風險將會大到令人無法接受。柏克說：「只要我們兩人其中一人認為，某筆交易可能會讓公司受到致命的傷害，墨菲就會放棄。」

如果一家公司創造的現金，多到能拿來投資自己並產生利潤時，那麼這家公司可以把錢用來買公司以增加成長率、減少公司負債，或把錢還給股東。由於墨菲不願意支付媒體公司過高的開價，於是他選擇的做法是減少負債並買回股票。一九八六年，在購併美國廣播公司之後，首都的長期負債總額是十八億美元，負債資本比是四八．六％。一九八六年底，公司的現金與約當現金（cash acquisition）⑬是一千六百萬美元。到了一九九二年，首都公司的長期負債降低為九億六千四百萬美元，負債資本比也降到二〇％。另外，現金與約當現金也提高到十二億美元，因此公司基本上沒有任何負債壓力。

墨菲大力強化首都公司的資產負債表，也大幅降低風險。而他接下來做的事，更是大幅增加了公司價值。

財務守則：一美元的前提

從一九八五年到一九九二年，首都／美國廣播公司的市場價值從二十九億美元成長到八十三億美元。在這段期間，公司的保留盈餘是二十七億美元，其中再投資的每一美元，就為公司創造了二．〇一美元的市值。這項成就特別值得一提，因為一九九〇年至一九九一年期間，公司熬過週期性的盈餘衰退；以及因廣播網產業產生永久變化，公司的內在價值也因而下跌。即使如此，波克夏在首都／美國廣播公司的投資也從五億一千七百萬美元，增加到十五億美元，每年的複合報酬率達到一四．五％，表現得比哥倫比亞廣播公司和標準普爾五百指數傑出。

管理團隊守則：理性

一九八八年，首都公司宣布要買回兩百萬股的股票，相當於公司流通在外股票的一一%。一九八九年，公司花了二億三千三百萬美元，買回五十二萬三千股的股票，平均價格是四百四十五美元，這個價格是公司營運現金流量的七．三倍，而其他媒體公司的開價則是其營運現金流量的十倍到十二倍；隔年，公司再度以平均價格四百七十七美元，買回九十二萬六千股，這筆錢是營運現金流量的七．六倍；一九九二年，公司繼續買回股票，共買回二十七萬股，平均價格是四百三十四美元，是營運現金流量的八．二倍。墨菲也再次重申，這些價格都比他和柏克認為有吸引力的媒體公司便宜。從一九八八年到一九九二年，首都公司共買回一百九十五萬三千股，投資了八億六千六百萬美元。

一九九三年十一月，公司宣布要舉行標購，想以五百九十到六百三十美元的價格，買回多達二百萬股的股票。波克夏參與了這次標購，在持有的三百萬股中，要賣出一百萬股。這件事引起外界很多揣測。首都公司是否找不到收購對象，反而要把自己拍賣掉？巴菲特賣掉手上的三分之一持股，是不是意味著他要放棄首都公司？首都公司一一否認了這些傳聞。一般的看法也認為，如果公司真的要拍賣，巴菲特就不會提供股票，因為這些股票一定可以賣到更高的價格。首都／美國廣播公司最後買了一百一十萬股的股票，其中一百萬股來自波克夏，每股平均價格是六百三十美元。因為這次標購，巴菲特得以重新調度六億三千萬美元，卻不會影響到首都公司股票的市場行情，巴菲特同時仍是最大的股東，持有一三%流通在外

⓭約當現金：指的是短期而且具有高度流動特質的短期投資，因具有方便變現、交易成本低廉的特性，因此可等同視作現金，故稱之為「約當現金」。

的股票。

多年以來，巴菲特已經觀察過數不清的公司的營運與經營模式。根據他的看法，首都公司是美國營運最好的公開上市公司。為了證明他的觀點，巴菲特在投資首都公司的時候，就將未來十一年的所有股東表決權都轉交給墨菲與柏克，只要他們兩人其中一人仍在經營公司，他就會持續這個做法。如果這樣，還無法讓你相信巴菲特非常推崇這兩號人物，那麼聽聽巴菲特自己的說法：「墨菲與柏克不只是偉大的經營者，也是那種你希望把女兒嫁給他的男人。」

可口可樂公司

一九八八年的秋天，可口可樂董事長唐納德．奇奧不得不注意到，有一個人正在大量買進他們公司的股票。一九八七年，股市崩盤一年後，可口可樂的股票交易價格仍然比崩跌前的高點少了二五％。但股價最後終於止跌，因為「有個神祕的投資人正在接收市場上釋出的股票」。當奇奧了解到，處理這些的交易員，服務的是來自中西部的買家，他馬上想到他的朋友巴菲特，於是決定打電話給他。

「嗨，華倫啊，最近在忙些什麼？」奇奧先打個招呼，然後接著說：「你不會正好在買可口可樂的股票吧？」巴菲特愣了一下，然後說：「是啊。但在我揭露持股前，如果你能保持沉默的話，我會很感激的。」因為若巴菲特收購可口可樂股票的消息一傳出，就會有一大堆人搶著買，最後也會把股價推得更高，但他還沒買足波克夏想持有的部位。

一九八九年的春天，波克夏海瑟威的股東終於得知，巴菲特總共花了十億零二百萬美元買可口可樂的股票。他拿出波克夏投資組合的三分之一賭在可口可樂上，而且現在擁有可口可樂七%的股票。這是巴菲特到此刻為止，為波克夏公司進行的最大一筆投資，也讓華爾街大感不解。為了一家超過一百年賣蘇打水的公司，巴菲特竟然付出帳面價值的五倍、超出盈餘十五倍的市場溢價去買股票。到底這位奧馬哈先知看到什麼別人沒看到的線索？

可口可樂是全世界最大的飲料公司，在超過兩百個國家，販售超過五百種不同的氣泡與提神飲料。在這五百種飲料中，有十五個超過十億美元的品牌，包括可口可樂、健怡可樂、芬達、雪碧、維他命水（Vitaminwater）、動樂（Powerade）、美粒果（Minute Maid）、新普利檸檬水（Simply）、喬亞即飲咖啡（Georgia）與Del Valle碳酸飲料。

巴菲特與可口可樂的關係，可以追溯到他的童年時期。五歲時，他喝到人生中的第一瓶可口可樂，接著，他很快就展開我們在第一章看到的創業旅程，他以二十五美分買進六瓶可口可樂，之後再以每瓶五美分賣出去。接下來的五十年裡，他觀察到可口可樂的驚人成長，但他買的卻是紡織公司、百貨公司與農具製造商。甚至在一九八六年，巴菲特正式宣布櫻桃可口可樂成為波克夏年度股東大會的指定飲料時，也還沒買進任何一張可口可樂的股票。直到兩年後，也就是一九八八年的夏天，巴菲特才開始購買可口可樂的股票。

事業守則：簡單易懂的事業

可口可樂的業務非常簡單。公司買進一些日用品類原料混合後做成濃縮品，再賣給裝瓶工廠，裝瓶工廠再混合其他原料，最後把成品銷售給零售商，包括小型商店、超市與自動販賣機業者。他們也提供不含酒精的飲料糖漿給餐廳與速食零售商，讓他們用杯子與玻璃瓶裝飲料，再賣給消費者。

事業守則：穩定的營運歷史

沒有其他公司能和可口可樂穩定的營運歷史相提並論。可口可樂於一八八六年成立時，只販售一種產品。今天，在經過約一百三十年後，可口可樂仍在販售同一種飲料，再加上其他幾種。唯一的重大差別是公司規模與銷售範圍。

進入二十世紀之後，公司雇用十個推銷員負責旅行全美推銷業務。當時，公司一年賣十一萬六千四百九十二加侖的糖漿，每年的銷售金額是十四萬八千美元。在創業五十年之後，公司每年賣出二億零七百萬箱無酒精飲料（已經把銷售單位從「加侖」改為「箱」）。巴菲特指出：「很難找出能與可口可樂相提並論的公司，而且能像可口可樂一樣，可以把一成不變的商品販售到十年之久。」今天，可口可樂每天銷售十七億箱，已經成為全世界最大的飲料、即飲咖啡、果汁與果汁飲料供應商。

事業守則：長期前途看好

一九八九年，在波克夏宣布擁有可口可樂公司六．三%股票後不久，巴菲特接受《亞特蘭大憲法報》（*Atlanta Constitution*）財經記者瑪莉莎．透納（Melissa Turner）的採訪。她問了巴菲特一個經常被問到的問題：為什麼他沒有更早就買可口可樂公司的股票？巴菲特談了當時讓他做成最後決定的想法以資回答。

他說：「假設你現在即將遠行，要離開十年，而你只能做一筆投資，並且你所知道的就是你目前已經掌握的一切資訊，然後在離開期間，你也不能做什麼改變。這時候，你會怎麼思考？」當然，這家公司必須是簡單且易懂，也必須在過去幾年有穩定的營運歷史，而且長期前途一定要看好。巴菲特說：「如果我對所有的事都很有把握，我知道市場一定會繼續成長，我知道領導者未來也還會是領導者——而且是世界級領導者，未來還會有大幅度成長，那麼我所知道的，就只有可口可樂了。我可以相當肯定的是，當我回來的時候，他們將會做比現在更多的生意。」

但為何在此時買股票？巴菲特指出，可口可樂的商業模式已經存在幾十年了，然而引起他特別注意的是，一九八〇年代期間，在主席與執行長葛蘇達和董事長奇奧聯手領導之下做的一些變革。

當時的變革非常關鍵，但時機其實有點晚。一九七〇年代是可口可樂的黑暗期，這十年發生了很多讓公司受創的事，包括與瓶裝工廠的紛爭、美粒果果園被控虐待移民工，還有環保人士抗議，可口可樂使用無法回收再利用的容器，造成國家日益嚴重的汙染問題。聯邦貿易委員會指控可口可樂的獨家經銷制度，違反了謝爾曼反托拉斯法（*Sherman Antitrust Act*）。就連可口可樂的國際市場也搖搖欲墜。由於可口可樂讓一家以色列公司擁有獨家經銷權，引起阿拉伯國家群起抵制，只好撤回多年的投資。至於公司盈餘成長最快的日本市場卻出了一些重大錯誤，二十六盎司的家庭號可樂瓶在貨架上爆炸，另外，日本消費者也憤而指責可口可樂在芬達葡萄汽水中，添加人工焦糖做為色素。當可口可樂開發真的葡萄皮產品時，沒想到整批瓶裝葡萄汽水全都發酵了，只好全倒進東京灣。

一九七〇年代，可口可樂像是一家內部四分五裂，而且只會頭痛醫頭、腳痛醫腳的公司，而不是能在飲料產業有自己步調的創新公司。儘管有這麼多問題，但可口可樂仍然持續創造數百萬美元的盈餘。從一九六二年以來就擔任董事長的保羅・奧斯汀（Paul Austin），在一九七一年被任命為董事會主席，他不想繼續投資可口可樂的飲料市場，轉而決定多角化經營。即使水與養蝦場利潤微薄，他仍然執意投資。他還買了一家葡萄酒釀造廠。股東堅持可口可樂不應該涉足酒品市場，因此非常反對這項措施。為了轉移批評聲浪，奧斯汀竟然投入史無前例的大筆金錢在廣告活動上。

當時可口可樂的股東權益報酬率是二〇%，但稅前毛利率卻在下跌。一九七四年空頭市場結束時，公司的市值是三十一億美元。六年後，公司的價值成長為四十一億美元。換句話說，從一九七四年到一九八〇年，公司的市值每年平均增加五・六%，遠低於標準普爾五百指數。在這六年間，公司的每一美元保留盈餘，只能創造出一・〇二美元的市值。

奧斯汀的領導帶有威脅作風，人也不易親近，更加深了可口可樂公司的經營困境。更糟的是，他的妻子吉妮（Jeane）也對公司產生不良影響。她不管公司原有的諾曼・洛克威爾（Norman Rockwell）古典畫作，硬要以現代藝術重新裝修總公司，甚至搭乘公司噴射機到處購買藝術品。最後是她的離譜命令事件導致她丈夫下台。

一九八〇年五月，奧斯汀太太下令，員工不得在公司的公園裡用餐。因為她抱怨，員工的食物掉在修整好的草地上會吸引鴿子，這個不得人心的命令，讓員工士氣大為低落。九十一歲的公司創辦人羅伯特·伍德洛夫（Robert Woodruff），曾在一九二三至五五年之間領導公司，當時仍是公司財務委員會的主席，當他聽到這個新命令後覺得忍無可忍，於是要求奧斯汀辭職，並讓葛蘇達接替這個職位。

葛蘇達在古巴長大，是可口可樂公司第一位外籍執行長。他是個樂觀外向的人，而奧斯汀則是沉默謹慎的人。他一上任就召集公司五十個最重要的高層主管到加州棕櫚泉開會。他問大家：「請各位告訴我，我們做錯了哪些事。我想要知道一切而且立刻解決這些問題，我要求大家百分之百忠誠。如果有任何人不滿意，我們會好好補償你，然後恭送你離開。」在這個會議中，可口可樂公司討論出了「一九八〇年代的發展策略」，這是一本九百字的小冊子，裡面列出可口可樂的公司目標。

葛蘇達鼓勵主管們要有承擔智慧的風險。他希望可口可樂主動出擊，而不是被動回應。他也開始削減成本，並要求可口可樂擁有的任何業務，必須創造最大資產報酬率。這些行動很快就產生效果，並表現在逐漸增加的獲利上。

財務守則：高獲利率

一九八〇年，可口可樂的稅前純利率低到只有一二·九%，連續五年都在下跌，而且也遠低於一九七三年的一八%。葛蘇達上任後的第一年，稅前純利微幅提升到一三．七%；一九八八年，也就是巴菲特開始買進可口可樂股票時，稅前純利已經爬升到一九%的新紀錄。

財務守則：股東權益報酬率

在該公司「一九八〇年代的發展策略」中，葛蘇達指出，只要任何一項事業的股東權益報酬率不再令人滿意，公司就會把這項事業裁撤掉。任何一項有創業性質的新事業，必須有足夠的實際成長潛力，公司才會進行投資。可口可樂已經沒興趣再為市場不景氣的股票奮鬥。葛蘇達主張：「提高每股盈餘以及股東權益報酬率，仍然是公司的目標。」公司也隨即採取行動，將可口可樂的葡萄酒事業在一九八三年賣給施格蘭公司（Seagram）。

在一九七〇年代期間，雖然公司的股東權益報酬率達到很不錯的二〇%，但葛蘇達還不滿意。他要求更高的回報，而公司也達成了。到了一九八八年，可口可樂的股東權益報酬率已經成長為三一%。

不管從任何衡量指標來看，葛蘇達經營的可口可樂，財務成就都是奧斯汀期間的二倍到三倍。這個成果也可以從公司的市價看出來。一九八〇年，公司市值是四十一億美元，到了一九八七年底，即使股市在十月崩盤，公司市值仍然增加到一百四十一億美元。就在七年內，可口可樂的市值以平均一九．三%的年增率成長。在這段期間每保留一美元盈餘，都為公司創造四．六六美元的市值。

管理團隊守則：誠實

針對公司在一九八〇年代的策略，葛蘇達特別把股東包含在內。他寫道：「在接下來的十年，我們將繼續全心全意承諾股東，要保護並增加他們的投資收益。為了讓股東投資能高於平均報酬率，我們必須選擇報酬率能超越通膨速度的事業。」

葛蘇達不只必須投入資本讓公司得以繼續成長，還要增加股東的價值。為了達到這個目的，可口可樂必須提高獲利率與股東權益報酬率，才能在支付股利時，同時降低股利支出的比例。一九八〇年代給股東的股利，每年增加一〇%；但股利支出比例則從六五%下降到四〇%。這樣的財務能力讓可口可樂可以用更高的盈餘比例再投資，以維持公司的成長率，但同時又不會損害股東利益。

在葛蘇達的領導下，可口可樂的任務宣言變得非常清楚，管理階層的主要目標，就是要讓股東價值隨著時間成長達到最大化。為了做到這一點，可口可樂聚焦於高報酬率的非酒精飲料市場。如果成功了，現金流量的成長率就會增加，連帶提高股東權益報酬率，最後便會反應在股東的總報酬率。

管理團隊守則：理性

現金流量的成長，不只讓可口可樂增加發給股東的股利，也讓公司能夠發動有史以來第一次的股票回購計畫。一九八四年，葛蘇達宣布，公司要在公開市場買回六百萬股的股票。只有當公司的內在價值高於市場價格時，買回股票才算理性。由葛蘇達發起的變革策略，特別強調要增加股東權益報酬率，這也啟發了巴菲特可口可樂已經到達引爆點。

財務守則：業主盈餘

一九七三年，可口可樂的業主盈餘（純益加上折舊，再減掉資本支出）是一億五千二百萬美元。到了一九八〇年，業主盈餘成長為二億六千二百萬美元，年複合成長率是八％。從一九八一到八八年，業主盈餘又從二億六千二百萬美元增加到八億二千八百萬美元，平均年複合成長率是一七．八％。

業主盈餘的成長也反應在可口可樂的股價上。如果從這十年期間來看，又特別明顯。自一九七三到八二年的這十年，可口可樂的總報酬率是以每年平均六．三％成長。接下來的一九八三到九二年，這十年間當葛蘇達的經營策略明顯達到效果之後，股票的年平均報酬率就變成三一．一％。

管體團隊守則：拒絕制度性的從眾盲目

葛蘇達接手可口可樂時，他的第一波行動中就包括裁撤奧斯汀開發出來的無相關的業務，並把公司歸回它原來的核心事業：銷售糖漿。這件事清楚顯示出，可口可樂有能力拒絕制度性的盲目從眾。

不可否認地，把公司業務降低到只做單一產品，其實是很大膽的行動，因為當時有幾家飲料業大廠都把公司獲利投資在不相關的業務上。啤酒公司安海斯布希公司（Anheuser-

Busch）把從啤酒業務的獲利，拿去投資主題樂園；紅酒與烈酒生產與經銷商百富門公司（Brown Forman），把獲利投資在瓷器、水晶、銀器與行李箱業務上，但所有這些業務的報酬率都比本業低。經營全球烈酒與紅酒業務的施格蘭公司竟然買下環球影業（Universal Studios）。可口可樂的主要競爭對手百事公司（Pepsi）則買下點心事業菲多利（Frito-Lay）與幾家餐廳，包括塔可鐘（Taco Bell）、肯德基（Kentucky Fried Chicken）與必勝客（Pizza Hut）。當同業中的其他人正在做相反的事時，他還願意採取不同的行動，更顯示出葛蘇達策略的不凡之處。

更值得一提的是，葛蘇達的行動不只是將公司的注意力聚焦在最大、最重要的產品上，他也將公司的資源重新配置在最有利潤的業務上。由於銷售糖漿的報酬率，遠超過其他業務，可口可樂當時就把獲利繼續投資在這個高報酬率的項目上。

價值守則：判斷公司的價值

當巴菲特在一九八八年第一次買進可口可樂時，大家的問題是：「可口可樂公司的價值有多少？」公司的股票價格是盈餘的十五倍，現金流量的十二倍，比市場平均高出三〇到五〇%的溢價。當時的長期公債殖利率是九%，巴菲特卻為了一家收益率⓮只有六．六%的公司，付出帳面價值的五倍資金。巴菲特之所以願意這樣做，是因為可口可樂擁有高乎尋常的

⓮收益率：每股淨利除以股票市價。

經濟商譽。而且公司在配置相對很少的資本投資時，還能做到三一%的股東權益報酬率。巴菲特已經解釋過，價格與價值完全是兩碼子事，從價格是看不出公司價值的。就像其他公司一樣，決定可口可樂價值的因素，是在整個公司生命中預期會產生的所有業主盈餘，再用適當的利率折現。

一九八八年，可口可樂的業主盈餘相當於八億二千八百萬美元。當時交易的三十年期公債（零風險率）殖利率將近九%。可口可樂一九八八年的業主盈餘，以九%的貼現率來計算，得出的內在價值就是九十二億美元。巴菲特買可口可樂時，可口可樂的市價是一百四十八億美元。乍看之下，巴菲特可能買貴了。但要記住，九十二億美元代表的是可口可樂當時盈餘的折現價值。如果有一個買家願意支付比九十二億美元高六成的價錢買可口可樂，那就表示，他認為部分價值會來自未來的成長機會。

分析一下可口可樂就能發現，從一九八一到一九八八年的業主盈餘年增率是一七．八%，比零風險報酬率還要高。在這種情形下，分析師會用兩階段貼現模型（two-stage discount model）來計算。如果一家公司在短短幾年內成長率特別高，但接下來又以較低的成長率成長時，這個模型就能讓分析師計算公司未來的盈餘。

我們可以用這個兩階段模型，計算公司未來的現金流量在一九八八年的現值。一九八八年，可口可樂公司的業主盈餘是八億二千八百萬美元，如果我們假設，接下來十年可口可樂的業主盈餘能以每年一五%的速率成長（這是合理的假設，因為這個成長率比公司過去七年的平均成長率低），到第十年，業主盈餘相當於三十三億四千九百萬美元。再進一步假設，從十一年開始，成長率趨緩，降到每年平均五%。以九%做為貼現率（當時的長期公債利率），就可以反算出可口可樂在一九八八年的內在價值為四百八十三億七千七百萬美元。

我們可以用不同的成長率假設，重複演算一下。假設可口可樂的業主盈餘，在接下來十年的年增率是一二%，之後的年增率是五%，以九%為貼現率，那麼公司的現值就會是三百八十一億六千三百萬美元。如果未來十年的年增率是一〇%，之後降低為五%，現值就會是三百二十四億九千七百萬美元。如果假設可口可樂從頭到尾只能以穩定的五%成長，公司的價值也至少有二百零七億美元。

價值守則：在合理價位買進

一九八八年六月，可口可樂的股價約每股十美元（經股權分割調整後的價格）。接下來的十個月，巴菲特買了九千三百四十萬股，總投資額為十億二千三百萬美元，平均每股成本是一〇．九六美元。一九八九年底，可口可樂占了波克夏普通股投資組合的三五%。

從葛蘇達在一九八〇年接掌可口可樂之後，該公司的股價每年都在漲。在巴菲特開始買之前的五年，可口可樂股價每年平均上漲一八%。這家公司的運勢實在太好，讓巴菲特無法以便宜價格買到任何股票。但他依然以市價買進，因為他認為價格和價值是兩回事，價格並不代表價值。

在一九八八年與一九八九年，巴菲特持續買進可口可樂股票期間，可口可樂的股票市值平均是一百五十一億美元。但根據巴菲特估算，公司的內在價值介於二百零七億美元（假設業主盈餘的成長率是五％）與三百二十四億美元（假設一〇％）之間，或三百八十一億美元（假設一二％），或四百八十三億美元（假設一五％）。那麼巴菲特的安全邊際，也就是內在價值的折現，最低可能有二七％，最高可能到達七〇％。

巴菲特說，他想持有的最好公司，就是能在很長的時間裡，以相當高的報酬率，使用愈來愈多的資本總額。在巴菲特心目中，這正好是對可口可樂的完美描述。在巴菲特開始投資可口可樂十年後，公司市值也從二百五十八億美元，成長為一千四百三十億美元。在這段期間，公司的獲利是二百六十九億美元，付給股東的股利是一百零五億美元，保留盈餘以備再投資之用的錢是一百六十四億美元。公司每保留一美元盈餘，就創造出七・二美元的市值。一九九九年底，波克夏一開始在可口可樂投資的十億二千三百萬美元，如今價值已經飆到一百一十六億美元。相同的金額如果投資在標準普爾五百指數，只有價值三十億美元。

通用動力公司

一九九〇年，通用動力公司是美國第二大國防承包商，僅次於麥道公司（McDonnell Douglas Corporation）。通用動力為美國軍方提供飛彈系統（戰斧、麻雀、刺針與其他先進的巡弋飛彈），以及防空系統、太空發射器與F–16戰鬥機。一九九〇年，這家公司的合併銷售金額超過一百億美元。一九九三年，銷售額掉到剩下三十五億美元。但即使如此，在這段期間的股東價值仍然成長了七倍。

一九九〇年，柏林圍牆倒塌，象徵著漫長又昂貴的冷戰時期結束。隔年，共產主義也在蘇聯垮台。從第一次世界大戰到越戰，藉著每一次艱難的勝利，美國都必須重新整備龐大的國防資源。現在冷戰結束了，美國的軍事工業綜合體也處於另一次的重整之中。

一九九一年一月，通用動力公司任用威廉・安德斯（William Anders）為執行長。當時，公司的股價是十年來的低點十九美元。一開始，安德斯努力讓華爾街相信，即使美國國防預算縮水，公司也值得更高的價值。安德斯希望移除不確定的財務因素，以免讓分析師存有偏見，於是開始重組公司。他先是砍了資本支出與研發費用十億美元，資遣數千名員工，並推出以公司股價為基礎的主管薪酬計畫。

不久，安德斯就了解到，國防工業已經面臨根本的變化，事實擺在眼前，那就是沒有足夠的國防業務可以做了。因此為了成功，通用動力必須採取更激烈的手段，而不只是節省幾塊錢的零頭而已。由於國家的國防預算變少，相關公司都必須縮編，並採取多元化經營，開始非國防領域的業務，或是占領小型的國防業務。

管理團隊守則：拒絕制度性的從眾盲目

一九九一年十月，安德斯委託顧問公司對國防產業進行研究。結論非常發人深省：當國防背景的公司從事非國防業務時，出錯比例高達八〇%；只要國防產業有產能過剩的問題，沒有一家公司能達到高績效。安德斯的結論是，為了成功，通用動力必須理性地經營業務。於是他決定，通用動力只保留部分業務，包括一、保留有市場獨占性的商品，或是市場接受度良好的業務；二、產品要能符合規模經濟，也就是能夠平衡研發與生產效能，以產生具有經濟規模與財務實力的業務。安德斯說，如果不能達到這個規模，該業務就會被賣掉。

一開始，安德斯認為通用動力會聚焦在四個核心業務上：潛水艇、坦克車、飛機與太空系統。這些業務在市場都是領導者，因此安德斯認為，即使國防市場正在縮小，這些業務也能繼續做下去，但是通用動力的其他業務就必須賣掉。因此，一九九一年十一月，通用動力把它旗下的數據系統公司（Data Systems），以二億美元賣給電腦科學公司（Computer Sciences）。隔年，繼續把賽斯納飛機公司（Cessna Aircraft），以六億美元賣給德事隆公司（Textron）；並把飛彈業務部門，以四億五千萬美元賣給休斯飛機公司（Hughes Aircraft）。不到六個月，公司藉由銷售非核心事業，籌到十二億五千萬美元。

安德斯的行動終於喚醒了華爾街，通用動力的股價在一九九一年上揚了一一二％。但安德斯接下來的行動，則吸引了巴菲特的注意。

由於手上擁有龐大現金，安德斯宣布，公司第一步要滿足公司的現金流動性需求，接著要減少債務，以確保財務實力。在降低債務之後，通用動力仍然持續產生現金，並超出公司的營運需求。由於安德斯知道，在國防預算縮水的環境下，投入更多產能並不合理，而在非國防業務的領域多角化經營，也通常會失敗，所以安德斯決定，要把多餘的現金用來嘉惠股東。一九九二年七月，通用動力以標購的方式，以六五·三七美元到七二·二五美元之間的價位，買回一千三百二十萬股的自家股票，在外流通的股票因此減少了三〇％。

一九九二年七月二十二日，巴菲特打電話告訴安德斯，波克夏已經買了通用動力四百三十萬股的股票。巴菲特告訴安德斯，他對通用動力的表現印象深刻，他買股票的目的是為了投資。九月，巴菲特提出條件，只要安德斯繼續當執行長，就允許通用動力董事會代理波克夏的投票權。

管理團隊守則：理性

在波克夏所有購買普通股的公司中，沒有一個公司像通用動力引起這麼多人的困惑。通用動力沒有任何巴菲特之前買股票的特點。這家公司的業務並不簡單，也不容易理解，更不是一家有穩定表現的公司，長期前途還不被看好。這家公司所在的產業不只受到政府的控制（九〇%的業務來自政府合約），這個行業也在縮小規模。通用動力的獲利率少得可憐，股東權益報酬率也低於一般平均值。另外，它未來的現金流量也不得而知，所以巴菲特要如何判斷這家公司的價值呢？答案是，巴菲特買通用動力的股票時，並未把它當成長期持有的股票。他是為了套利機會才買，所以並未適用一般公司與財務要求。

巴菲特當年寫道：「買到通用動力的股票是很幸運的。我一直到去年夏天，當他們宣布，公司要以標購方式買回三〇%的自家股票，才稍微注意到這家公司。我看到這是個套利機會，所以我開始為波克夏買進通用動力的股票，預計只要賺到一點獲利，就將波克夏的持股在標購時賣出。」

但他改變了主意。原始的計畫是要在標購時賣出波克夏持股，「但是後來，我開始研究這家公司，以及安德斯成為執行長後在短時間內達成的成就，」巴菲特說：「我看到的事讓我眼睛一亮。他有一套井然有序的理性策略，並且一直很專注還急迫地想把公司拉起來，而成果也確實非常了不起。」巴菲特放棄原本只是想用通用動力股票套利的想法，改變心意決定要成為通用動力的長期股東。

巴菲特對通用動力的投資，顯然是安德斯有能力抵抗制度性強制力的證明。雖然批評者也認為，安德斯把一家偉大的公司解體了，但安德斯說，他只是把公司未實現的價值轉換成現金而已。當他在一九九一年接掌公司時，通用動力股票交易價格是帳面價值的六〇%。在之前的十年，通用動力給股東的年複合報酬率是九%，而其他十家國防公司是一七%，標準普爾五百指數的報酬率是一七．六%。巴菲特看到的是一家交易價格低於公司帳面價值的公司，而且這家公司還可以產生現金，並著手分拆出售的計畫。另外，也是最重要的是，經營者心中是以股東利益為考量。

雖然通用動力之前認為，飛機與太空系統部門仍然會是公司的核心業務，但安德斯後來還是決定賣掉。飛機業務賣給洛克希德公司（Lockheed）。在那時候，通用動力、洛克希德與波音公司（Boeing）是下一代戰略戰鬥機F–22的三家合夥公司，各占三分之一的股權。洛克希德買了通用動力的飛機部門之後，不只取得已經成熟的F–16的業務，在F–22計畫上，也成為擁有三分之二股權的合夥人。另外，通用動力把太空系統業務賣給泰坦火箭系列的製造商馬丁瑪麗埃塔公司（Martin Marietta）。賣掉這兩項業務加起來，為通用動力提供十七億二千萬美元的資金。

由於公司又有了充分的現金，便再次把錢還給股東。一九九三年四月，公司發出每股二十美元的特別股利給股東。七月，公司再發出每股十八美元特別股利；十月，又發了每股十二美元特別股利給股東。一九九三年，公司發給股東的特別股利累計達五十美元，而且每季股利也從每股〇．四美元，提高為每股〇．六美元。從一九九二年七月到一九九三年底，波克夏從每股七十二美元的投資，賺到二．六美元的普通股利，以及五十美元的特別股利，而且股價也漲到一百零三美元。相當於在十八個月內，投資報酬率高達一一六％。在這段期間，通用動力不只表現超越同業，還穩穩地打敗標準普爾五百指數，也就不令人意外了。

富國銀行

如果通用動力是巴菲特最令人困惑的投資案，那麼富國銀行肯定是引起最多討論的投資案。一九九〇年十月，巴菲特宣布，波克夏已買進五百萬股富國銀行股票，平均每股五七．八八美元，共投資富國銀行二億八千九百萬美元。當時，波克夏成為富國銀行最大的股東，擁有富國銀行流通在外的一〇％股票。

那年稍早，富國銀行的股票交易價還在八十六美元的高檔，但後來投資人開始拋售加州地區的銀行與互助儲蓄銀行。他們害怕重創西海岸的不景氣，很快就會造成商業區與住宅區不動產市場的大規模貸款損失。由於富國銀行在加州銀行業中擁有最多商用不動產，因此投資人也趕著賣掉富國銀行的股票，加上充斥著賣空的人，更加深下跌走勢。到了十月，富國銀行的空單餘額（short interest）比例⓯竟然高達七七％。但也就是在此時，巴菲特開始買

⓯空單餘額：這是投資人的信心指標，計算方式是以個股的空單餘額，除以該股日均成交量。空單餘額比率愈高，意味著投資人對股價走勢愈悲觀。

進富國銀行的股票。

在波克夏宣布成為富國銀行大股東[16]之後的幾個月，富國銀行的股票開始上演開一場多空交戰的重頭戲。一方面，巴菲特主張多頭，也投了二億八千九百萬美元賭富國銀行的價值會增加；另一方面，做空的人則看空，賭在那一年已經下跌四九％的富國銀行，股價注定會繼續下探。美國最大的做空主力費西巴哈（Feshbach）兄弟就與巴菲特持相反立場。為費西巴哈兄弟操盤的一個達拉斯財務主管湯姆．巴頓（Tom Barton）表示：「富國銀行是死定了，我想，說他們就要破產了，可能不太正確，但也差不多了。」巴頓認為富國銀行的股價會跌到剩十幾塊的價格。保德信證券公司（Prudential Securities）分析師喬治．沙勒姆（George Salem）則說：「巴菲特是出了名很會找便宜貨的人，也是偏好做長期持有的投資人，但是加州很可能會變成另一個德州。」沙勒姆指的是，在能源價格崩盤時期許多德州銀行破產的事。另外，知名財經媒體《巴隆周刊》的約翰．利西歐（John Liscio）也說：「如果巴菲特繼續在銀行股裡挑墊底的股票……那麼對於誰在揮霍他的運氣，也就不必擔心得太久了。」

巴菲特對銀行業務非常熟悉。一九六九年，波克夏就買了伊利諾州國家銀行暨信託公司（Illinois National Bank and Trust Company）九八％的股權。在一九七九年銀行控股公司法》要求巴菲特賣掉所有銀行股權之前，巴菲特每一年都會在波克夏年報中向股東報告這家銀行的業務狀況與盈餘。在波克夏的其他控股公司之外，銀行也占有一席之地。

就像瓦華特教導巴菲特了解保險業的錯綜複雜之處，伊利諾州國家銀行主席吉恩．艾比吉（Gene Abegg）也教導巴菲特銀行業務的相關知識。他學到的是，只要銀行放款謹慎，並懂得削減成本，銀行就是很賺錢的事業。巴菲特指出：「我們的經驗是：一個習慣用高成本經營事業的經營者，總有不尋常的能力花更多的成本；但習慣以有限資金經營公司的人，即使比起競爭者，他們的成本已經低很多了，還是會持續找到削減成本的方法。而說到削減成本的能力，沒有一個人能做得比艾比吉更好了。」

事業守則：長期前途看好

巴菲特說，富國銀行當然不是可口可樂，在大多數的情況下，也很難想像可口可樂會有失敗的一天。但銀行不一樣，銀行會倒閉，而且也已經發生過很多次了。巴菲特指出，銀行會破產，大都是因為管理上的錯誤，通常就是愚昧地放款，但這是理性的銀行業者不會考慮的事。在銀行業，資產通常是股東權益的二十倍，任何管理上的疏失，即使只是涉及到很小部分的資產，也會影響到銀行的股東權益。

然而，巴菲特說，銀行要成為一個良好的投資標的，並非不可能，如果經營者把自己的工作做好，就能創造二〇％的股東權益報酬率。儘管這個數字比可口可樂小很多，但已高過大部分行業的報酬率了。巴菲特還解釋，在銀行業，不必做到業界第一。重要的是如何管理資產、負債與成本。就像保險業一樣，銀行業也算是日用品事業。而我們也知道，在類似日

⓰大股東：即持股一〇％以上，但未擔任董監事職務之股東。

用品的行業裡，經營者作為通常是公司成敗最明顯的特徵。從這個角度來看，巴菲特也選出了銀行業最棒的經營團隊。他說：「在富國銀行，我認為我們擁有這一行最優秀的經理人，也就是卡爾．雷查德和保羅．哈森。從很多方面來看，雷查德和哈森的組合，讓我想起另外兩個人，首都／美國廣播公司的墨菲與柏克。這兩組搭檔都勝過公司其他人的總和。」

管理團隊守則：理性

雷查德在一九八三年成為富國銀行的主席之後，他就開始整頓這家表現低落的銀行，最後也成功變成一家賺錢的公司。從一九八三年到一九九〇年，富國銀行的平均資產報酬率是一．三％，平均股東權益報酬率是一五．二％。到了一九九〇年，富國銀行的資產價值五百六十億美元，成為全美第十大銀行。就像很多巴菲特推崇的經營者一樣，雷查德也很理性。雖然他沒有推出嘉惠股東的股票回購計畫與特別股利，但他確實是以股東利益優先的態度在經營富國銀行。就像首都／美國廣播公司的墨菲，他在控制成本上也成為傳奇。一旦成本受到控制，雷查德就不會讓成本再增加。他也會持續尋找提高獲利能力的方法。

有個衡量銀行業營業效率的指標，就是營運支出（非利息支出）與淨利息收入的比例。富國銀行的營業效率是二〇％到三〇％，比第一州際銀行（First Interstate）與美國銀行更好。雷查德以企業家的心態經營富國銀行。他說：「我們把這家公司當成一筆生意經營，二加二等於四，不會是七或八。」

一九九〇年巴菲特正在買進富國銀行時，那一年年底，它是美國所有主要銀行中，對商用不動產放款最高的一家。富國銀行在商用不動產的放款金額高達一百四十五億美元，是股東權益的五倍。由於加州地區的不景氣持續惡化，分析師推測，這家銀行的商業貸款中有很大部分的比例會變成呆帳。也就是這個原因，富國銀行的股價在一九九〇年與一九九一年持續走跌。

在聯邦儲蓄貸款保險公司（Federal Savings and Loan Insurance Corporation）營運崩盤之後，金融檢查機關嚴格評估富國銀行的貸款投資組合。他們也對銀行施壓，要它提撥十三億美元做為一九九一年的呆帳準備金，並在下一個年度再提撥十二億美元。由於銀行的做法是每季提列準備金，投資人開始對每一季的提列金額感到神經緊繃。也因為銀行並不是一次提列足額的放款損失準備金，而是在兩年內慢慢提列。投資人不免開始懷疑，銀行是否能撐到呆帳問題解決。

在波克夏宣布持有富國銀行的股票之後，股價曾經短暫攀升，在一九九一年初到達九十八美元，並帶給波克夏二億美元的獲利。但到了一九九一年六月，銀行公布提列另一筆準備金，股價又在兩天內跌掉十三點，剩下每股七十四美元。雖然在一九九一年第四季時，股價稍微回穩，但很明顯的是，富國銀行還是必須提列另一筆放款損失準備金，這自然會影響到盈餘。那年年底，股價以每股五十八美元收盤。在經歷一段上上下下的股價波動之後，波克夏對富國銀行的投資只能說是損益平衡。巴菲特後來也承認：「我低估了加州的不景氣，以及富國銀行的不動產問題。」

價值守則：判斷公司的價值

一九九〇年，富國銀行賺到七億一千一百萬美元，比一九八九年成長了一八%。隔年，因為提列貸款損失準備金，銀行只賺二千一百萬美元。一年後，盈餘微幅成長到二億八千三百萬美元，還是不到兩年前盈餘的一半。銀行盈餘與放款損失彼此有消長關係，一點也不足為奇，但如果你把富國銀行的放款損失金額，從公司的損益表中移開不看，就會發現，這家公司的獲利能力其實不差。從一九八三年開始，富國銀行的淨利息收入就以一一・三%的漲幅成長，非利息收入（投資費用、信託收入、存款管理費用）也有一五・三%的漲幅。如果不考慮一九九一年與一九九二年提列的貸款損失準備金，富國銀行約有十億美元的盈餘。

一家銀行的價值，是看它的淨值加上預期的盈餘。當波克夏海薩威在一九九〇年開始買進富國銀行股票時，該公司在上一年度已經賺到六億美元。一九九〇年，美國三十年期政府公債的平均殖利率大約是八・五%。保守一點看，我們可以將富國銀行在一九八九年賺到的六億美元盈餘，用九%的貼現率來折現，得到的銀行價值約六十六億美元。如果在接下來的三十年，富國銀行的年度盈餘都不會再賺超過六億美元，那麼它也至少價值六十六億美元。當巴菲特在一九九〇年買進富國銀行股票時，他每股付了五十八美元。以五千二百萬股流通在外的股票計算，這相當於花了三十億美元買進這家公司，卻只付了它實質價值的五五%。

當然，關於富國銀行的爭論，集中在考量所有的貸款問題後，這家公司是否還有獲利能力。做空方認為，沒有；但巴菲特認為有。他知道，持有富國銀行的股票並不是毫無風險，他說：「加州銀行業面對的特殊風險是地震，地震可能會對貸款人造成重創，連帶影響到放款給他們的銀行業者……第二個風險是環境風險，可能因為業務萎縮或發生金融恐慌，最後危及到每一個靠高負債經營的組織，不管經營者有多精明都會受到波及。」但巴菲特判斷，這兩個風險同時發生的可能性很低。此外，還有一個重要的風險，他說：「現在市場的主要恐懼在於，西岸的房地產價值會因為過度興建而下跌，而且會造成融資銀行重大損失。由於富國銀行是主要的不動產放款業者，所以外界認為富國銀行會特別脆弱。」

巴菲特知道，富國銀行每年平均支付三億美元的貸款損失費用之後，仍然賺進十億美元的稅前盈餘。他推算，假定富國銀行在四百八十億美元的放款中（不只商用不動產的貸款，包含所有銀行貸款），有一〇%是一九九一年的問題貸款，並會產生損失，包括利息損失，則平均為放款本金的三〇%，這樣富國銀行會達到損益兩平。但他認為，這也不太可能發生。即使富國銀行一年都沒賺到錢，也不致令人沮喪。巴菲特說：「在波克夏，一整年都沒有盈餘，但預期未來股東權益報酬率可能會成長為二〇%的公司或投資方案，這也是我們很樂意收購或投資的標的。」當巴菲特能以富國銀行價值的五折買進其股票時，富國銀行對巴菲特的吸引力又更大了。

巴菲特指出：「銀行業未必會經營不善，但它的確經常這樣；銀行家也不一定要做蠢事，但他們就是經常這樣做。」他描述愚蠢銀行家做的高風險放款就是一個例子。巴菲特買富國銀行的時候，他賭的是雷查德並非這樣愚蠢的銀行家。蒙格說：「我們賭的是經營團隊，我們認為，他們可以把問題解決得比其他人更快、更好。」一九九三年底，富國銀行的每股價格已經攀升到一百三十七美元。波克夏的賭注終於得到了回報。

美國運通公司

巴菲特說：「我發現長時間熟悉一家公司與產品，在評估它的價值時很有用。」除了一瓶可口可樂賣五美分、挨家挨戶送《華盛頓郵報》並建議父親的客戶買進GEICO之外，在波克夏持有的其他公司中，巴菲特與美國運通公司的關係是最久遠的。你可能還記得，在一九六〇年代中期，發生沙拉油醜聞事件之後，美國運通公司股票大跌，巴菲特有限合夥公司拿出四〇%的資產，投資了美國運通公司。三十年之後，波克夏累積的股份已經達到美國運通公司的一〇%，總成本大約是十四億美元。

事業守則：穩定的營運歷史

雖然美國運通公司歷經了不少變化，但本質上一直和巴菲特在合夥公司期間初次買進它的時候沒有兩樣。美國運通公司有三個部門，一個是旅行相關業務（Travel Related Services, TRS），負責發行美國運通卡與美國運通旅行支票，占全公司七二%的營業額；一個是美國運通財務顧問（American Express Financial Advisors，前身為IDS財務服務），負責財務規劃、保險與投資商品，占公司營業額的二二%；而美國運通銀行則貢獻五%的營業額，美國運通銀行長期以來一直是美國運通卡的地方代表，在全世界三十七個國家，共有八十七個辦事處。

它的旅行相關業務部門會持續產生利潤，總是可以產生大量的業主盈餘，並資助公司成長。而當一家公司可以產生比營運所需更多的現金時，就是測試經營者是否有盡責的配置資本的好時機。有些經營者只會投資必要的資金，然後以增加股利或股票回購的方式，把多餘的錢退回給股東，這些人算是通過了測試。但有些經營者就抵抗不了制度性強制力，會不斷地找方法花錢以擴大公司版圖。很不幸地，這就是美國運通在詹姆斯・羅賓森（James Robinson）領導的那幾年所面臨的命運。

羅賓森的計畫是用旅行相關業務的多餘現金收購相關公司，讓美國運通成為金融服務的超級勢力。但羅賓森收購西爾森雷曼（Shearson-Lehman）時，卻很令人失望。西爾森在財務上無法獨立運作，為了維持營運，需要旅行相關業務資助的錢愈來愈多。幾年下來，羅賓森在西爾森總共投資了四十億美元。正是因為這個財務漏洞，促使羅賓森跟巴菲特接洽。波克夏因此買了三億美元的特別股。雖然當時巴菲特願意以特別股的方式投資美國運通公司，但直到這家公司展現出理性的經營態度時，他才有信心成為美國運通公司普通股的股東。

管理團隊守則：理性

這家公司最寶貴的就是出名的美國運通卡，但是美國運通公司的管理階層似乎未能看出這項優點，並且妥善經營這項業務。還好，當羅賓森在一九九二年非正式辭職，由哈維・葛洛柏（Harvey Golub）擔任執行長時，他們終於開始注意到了。葛洛柏和巴菲特口徑一致，提到美國運通卡的時候，開始用「特許地位」與「品牌價值」的字眼。葛洛柏的立即任務是強化旅行相關業務的品牌意識，並重整西爾森的財務結構以便脫手。

接下來的兩年，葛洛柏開始清算美國運通表現不佳的資產，恢復該公司的獲利能力與股東權益的高報酬率。一九九二年，葛洛柏公開出售第一數據企業（First Data Corporation，這是該公司的資訊數據服務部門），美國運通淨賺十億美元以上。次年，美國運通又把它的財務管理部門波士頓公司（The Boston Company），以十五億美元賣給梅隆銀行（Mellon Bank）。不久之後，西爾森雷曼也分割成兩個部分，公司賣掉席西爾森的零售業務帳戶，但雷曼兄弟的部分在葛洛柏投入十億美元之後，才得以免稅分配給美國運通的股東。

一九九四年，美國運通開始顯露出它原有的賺錢本質。公司的資源如今都在旅行相關業務部門。經營階層的目標是，要把美國運通卡打造成「全世界最受敬重的服務品牌」。該公司極力強調「美國運通」這個名字的獨特價值。甚至IDS財務服務部門也改名為美國運通財務顧問。

現在，一切到位之後，葛洛柏為公司設下的財務目標是：每股盈餘每年要成長一二％到一五％；股東權益報酬率也要達到一八％到二〇％。一九九四年九月，美國運通公司發表了一項聲明，充分顯示出理性的經營模式：為了因應市場狀況，董事會授權經營團隊買回二千萬股的普通股。這對巴菲特來說，真是天大的好消息。

在一九九四年的夏天期間，巴菲特把波克夏的特別股全部轉換成普通股。而且不久之後，他又開始買進更多普通股。那一年年底，波克夏總共持有二千七百萬股，平均每股價格是二十五美元。一九九四年的秋天，美國運通公司完成了股票回購計畫，接下來的那個春天，美國運通又宣布要另外再買回四千萬股的股票，相當於流通在外股票總數的八％。

很顯然的，美國運通已經和幾年前截然不同。在解決西爾森雷曼的沉重財務負擔之後，美國運通開始有能力產生大量的多餘現金。這是美國運通第一次不再短缺資金與股票。因為非常肯定美國運通正在進行的改革，巴菲特大幅增加波克夏在該公司的持股部位。一九九五年三月，巴菲特又買進了另外二千萬股，波克夏對美國運通的持股將近一〇%。

價值守則：判斷公司的價值

從一九九〇年起，美國運通公司的非現金支出、折舊與攤提，大約相當於該公司收購的土地、建築物與設備。當折舊與攤提費用接近資本支出時，業主盈餘就會等於淨收入。但由於這家公司並沒有穩定的經營史，很難確認業主盈餘的成長率。因此，必須很保守地估計。

美國運通公司在一九九三年賣掉子公司後，到一九九四年底，公司的業主盈餘將近十四億美元。但葛洛柏的目標是業主盈餘要以每年一二%到一五%的幅度成長。如果接下來十年的業主盈餘成長率為一〇%，之後的成長率是五%（已經低於管理階層的預估），並以一〇%做為貼現率（這算是相當保守的貼現率，因為三十年期的美國政府公債殖利率是八%），算出來的美國通運內在價值就是四百三十四億美元，或每股八十七美元。如果美國運通的盈餘真的能以一二%成長，公司的內在價值就會接近五百億美元，每股將近一百美元。以比較保守的估算來看，巴菲特是以美國運通內在價值打了七折的價格買到該公司的股票，安全邊際非常大。

ＩＢＭ

二〇一一年十月，巴菲特在接受ＣＮＢＣ頻道（Consumer News and Business Channel, CNBC）採訪時宣布，波克夏一直在買ＩＢＭ的股票，我相信很多波克夏的股東都會一頭霧水。畢竟，這個人一再聲明，他沒有興趣買科技公司的股票。他還曾說過：「我明年可以把所有時間都拿來思考科技業，但也不可能在分析這些公司的人之中，成為全國第一百、一千或一萬個最聰明的人。」

巴菲特不買科技公司的原因，並不是他對這些公司不了解；他其實非常了解科技業。一直困擾他的是，很難預測科技公司未來的現金流量。這個行業天生就不斷顛覆與創新，每項技術在市場上所能擁有特許地位的時間都非常短暫。巴菲特可以看見可口可樂、富國銀行、美國運通、嬌生、寶鹼（Procter & Gamble）、卡夫食品和沃爾瑪（Wal-Mart）的未來，而且非常有信心。但是，微軟、思科（Cisco）、甲骨文（Oracle）、英特爾（Intel），以及我們以為的ＩＢＭ的未來非常難以預測。

但在二〇一一年底，波克夏海薩威竟然買了ＩＢＭ六千三百九十萬股的股票，大約是該公司五・四%的股權。波克夏付出了大膽的一百零八億美元，也是有史以來巴菲特對單一公司的最大筆投資。

管理團隊守則：理性

當巴菲特在二〇一一年的公司年報中，向股東說明買進ＩＢＭ時，很多人可能會以為，巴菲特會對他們惡補一下ＩＢＭ先進的資訊處理技術的競爭優勢。但他們聽到的卻是買到這家公司普通股的價值，以及如何聰明地思考這家公司的長期策略。

巴菲特一開始是這樣說的：「所有的商業觀察家都知道，兩位執行長路．葛斯納（Lou Gerstner）和山姆．帕米沙諾（Sam Palmisano）把ＩＢＭ從二十年前瀕臨破產邊緣，轉變成現在如此卓越的公司。他們的營運成果真是不同凡響。」很難想像，二十年前，已經有一百年歷史的ＩＢＭ，曾經接近倒閉狀態。但沒錯，在一九九二年，公司虧損了五十億美元，這是所有美國企業單一年度最大的損失金額。次年，葛斯納被請進公司，希望他能扭轉公司的命運。在他寫的《誰說大象不會跳舞？》（*Who Says Elephants Can't Dance?*）一書中，葛斯納提出他的策略，包括賣出利潤偏低的硬體資產，並朝軟體與服務業務轉型。之後，帕米沙諾在二〇〇二年成為執行長，他進一步賣掉個人電腦事業，藉由把業務聚焦在服務、網路與軟體，讓ＩＢＭ在未來十年得以持續成長。

巴菲特繼續提到：「他們的財務管理非常精明。我想不出哪一家大公司有更好的財務管理能力。這個能力已經增加了公司的實質獲利，ＩＢＭ股東們也都很高興。這家公司也非常明智地運用債務，而且只用現金收購能加值的事業，並積極買回自家股票。」

一九九三年，ＩＢＭ流通在外的股票有二十三億股，十年後，當葛斯納退休並由帕米沙諾接任執行長時，流通在外的股票是十七億股，葛斯納買回二六％的股票，並提高股利一三六％。在帕米沙諾擔任執行長的十年間，也繼續維持這種經營風格，ＩＢＭ把流通在外的股票從十七億股減少到十一億股，減少幅度是三六％。葛斯納與帕米沙諾兩人聯手，買回公司超過一半流通在外的股票。好像這樣做還不夠好，帕米沙諾在掌權的那十年，還把股利從○．五九美元，增加為三．三美元，漲幅高達四六○％。

在ＩＢＭ、微軟、英特爾與思科這四家主要的科技公司中，只有一家公司最近的股價超越一九九九年科技泡沫顛峰時期的高點，這家公司就是ＩＢＭ。一九九九年底，ＩＢＭ的每股交易價格是一百一十二美元，二○一二年底，交易價格上漲為一百九十一美元。思科則是從五十四美元跌到十九美元；英特爾是四十二美元到二十美元；而微軟是五十二美元到二十七美元。並不是因為ＩＢＭ的公司成長得比其他公司快，而是因為每股價值成長得更快，所以股價才會上揚。這些年來，微軟減少了一九％在外流通的股票，英特爾與思科都減少了二三％，但ＩＢＭ則是減少了三六％。

記住巴菲特的想法：當他開始買一家公司的股票時，他最喜歡股票市場還沒反應過來，這樣他才有機會廉價買進更多該公司的股票。一家公司在進行回購計畫時，這個道理也一樣適用。「當波克夏相中一家正在回購股票的公司時，我們有兩個希望：第一，當然是很正常地希望，公司盈餘在很長一段時間內都能成長得很快；第二，我們也希望這支股票在股市中長期表現差勁。」如同巴菲特解釋的，ＩＢＭ很可能會在接下來五年，花五百億回購股票。巴菲特接著問道：「那麼一個長期持有的股東，例如波克夏在那段期間怎麼樣才會高興呢？我們應該希望ＩＢＭ的股價在這五年期間都疲弱不振。」

在一個陶醉於短期績效的世界中，希望一支股票長期表現低於大盤，聽起來實在令人匪夷所思。但如果是真正的長期投資人，這樣的思維實際上是相當理性的。巴菲特帶著我們計算一下所有的算式：「如果ＩＢＭ的平均股價是二百美元，那麼五百億美元會買到二億五千萬股的股票。最後流通在外的股票是九億一千萬股，而我們會持有該公司七％的股權。如果在這五年期間，回購價格是三百美元，ＩＢＭ只會買到一億六千七百萬股。五年之後流通在外的股票，就會是九億九千萬股，而我們的股權就會是六．五％。」對波克夏來說，這兩種結果就有很大的差異。股價較低時，波克夏會增加它的股票盈餘達一億美元，這個數字在五年之後可能意味著：價值增加十五億美元。

事業守則：長期前途看好

巴菲特承認，他實在太晚加入ＩＢＭ俱樂部。就像一九八八年的可口可樂，以及二〇〇六年的伯靈頓北方聖達菲鐵路公司，在頓悟之前，他五十年來其實一直在讀ＩＢＭ公司的年報。他說，二〇一一年三月的一個星期六，他終於想通了。巴菲特引述美國哲學家梭羅（Thoreau）的話說：「最重要的不是你在看什麼，而是你從中看到了什麼。」巴菲特在受訪時對ＣＮＢＣ說，他一直對ＩＢＭ在尋找與留住客戶的競爭優勢感到印象深刻。

在科技領域中，資訊科技服務業是一個充滿活力且全球性的產業，而且在這一行裡面，沒有一家公司比ＩＢＭ還更大。資訊科技是一個超過八千億美元的市場，涵蓋的服務範圍很廣，可以分為四個不同的領域：諮詢、系統整合、ＩＴ外包，以及商業程序外包。前兩項加起來，為ＩＢＭ貢獻了五二％的營收，ＩＴ外包貢獻了三二％，而商業程序外包則是一六%。在諮詢與系統整合領域，IBM是全世界最大的廠商，市占率比第二家競爭對手埃森哲（Accenture）足足多了三八%。在IT外包領域，IBM也是全球最大的供應商，甚至比第二家競爭對手惠普（HP）多了七八%。另外，在商業程序外包方面，IBM則是全球第七大，落後於法國的互聯企信（Teleperformance）、西班牙的阿田多（Atento）、甘凡基司（Convergys）、西托（Sitel）、印度的安吉斯（Aegis）、印度的簡伯特（Genpact）等公司。

在科技業中，資訊服務業被認為是具有成長防禦性的行業。科技業中的硬體與半導體業者，本質上較容易受景氣週期影響，但服務業者則因相對穩定的成長前景而得利。由於IT產業的營收屬於經常性收入，而且與大型企業與政府機關的固定預算有關，所以有更強的復原力。另外非常重要的一點是，IT服務業如諮詢、系統整合與IT外包，都被認為有「護城河」特質。晨星公司（Morningstar）[17]科技部門副總監格雷迪．伯克特（Grady Burkett）指出，在諮詢與系統整合業，如商譽、過去的紀錄與客戶關係等無形資產，是建立護城河的本錢。至於在IT外包領域，轉換成本與規模優勢就能形成自己的護城河，因此IBM只要找到一個新客戶，這個客戶很可能在未來好幾年都會是它的忠實客戶。只有在相對較小的商業程序外包領域，不受無形資產與轉換成本的保護。

根據全世界最大資訊科技與研究顧問公司高德納諮詢公司（Gartner）的預測，IT服務業全部市場的每年複合年增率是四．六%，估計會從二〇一一年的八千四百四十億美元，到二〇一六年成長為一兆零五百億美元。

財務守則：獲利率、股東權益報酬率、一美元的前提

ＩＢＭ從硬體科技轉到諮詢與軟體業務的計畫，一開始是由葛斯納發動，繼任者帕米沙諾則接著加速進行，這個行動讓ＩＢＭ從低毛利又有日用品性質的科技業，轉型成為高毛利且有護城河保護的諮詢、系統整合與ＩＴ外包行業。葛斯納在一九九四年為大船導正方向時，ＩＢＭ的股東權益報酬率是一四％。當他在二〇〇二年退休時，股東權益報酬率提高到三五％。帕米沙諾則再接再厲，股東權益報酬率也持續增加，當他二〇一二年退休時，已經高達六二％。

股東權益報酬率增加的部分原因，可以歸因於大幅減少流通在外的股票。但更重要的原因是，公司決定要拋棄低利潤的業務，同時大幅增加高利潤的諮詢與外包業務。二〇〇二年，ＩＢＭ的淨利率是八．五％。十年後，淨利率幾乎翻倍，達到一五．六％。

經過十年（二〇〇二到一一年），ＩＢＭ為股東創造的淨利是一千零八十億美元。公司以股利方式發給股東二百億美元，留下八百八十億美元做為公司營運之用，其中包括資本再投資、收購與股票回購計畫。同一時間，市場上將ＩＢＭ股票變現的金額，就可以賺到八百億美元。這並不是巴菲特喜歡看到的一美元保留盈餘就要創造一美元市場價值的公司，但考慮到過去十年，這家大型股的驚人表現，這樣的績效仍然令人敬佩。

---

⑰ 晨星公司是全球資本市場獨立的投資研究和基金評級權威機構。

價值守則：判斷公司的價值

二〇一〇年，IBM為股東創造一百四十八億美元的淨利，那一年，公司也花了四十二億美元在資本支出項目，四十八億美元在折舊與攤提費用。最後的業主盈餘是一百五十四億美元。一家一年能產生一百五十四億美元現金的公司，到底值多少錢？根據威廉斯（與巴菲特）的見解，公司未來的現金流量折算為現值，就是公司的價值。未來的現金流量可以用公司的成長率算出來，而巴菲特用的貼現率就是長期美國政府公債的殖利率，他認為這是一個零風險的比率。記住，巴菲特在計算中並未用到股權風險溢價。他調適風險的方法是他願意支付的買價所提供的安全邊際。

應用這個理論，我們可以自己來計算IBM的價值。運用兩階段股利折現模型，假設IBM未來十年的現金盈餘成長率是七％，之後是五％，然後把這些現金流量以一〇％折現，這個貼現率比美國政府十年公債的二％高很多。更高的貼現率就能建立更高的安全邊際。根據這個算法，IBM的價值是每股三百二十六美元，比巴菲特付的每股平均一百六十九美元更高。如果我們把未來的成長率調降為五％，更接近葛斯納預估的IT服務業的成長率，每股就值二百七十九美元，也比巴菲特付的價格高一百美元。

另外一個估值的方法是問：每股一百六十九美元的股價，內含的成長率是多少？如果每股要值一百六十九美元，IBM的業主盈餘必須永遠以二％的成長率成長下去。讀者也許會爭論，到底是每股三百二十六美元還是二百七十九美元，才是IBM的合理價值。我猜，很多人會主張，IBM未來十年的成長率一定會比二％更高。但我確定，合理的價值應該介於這兩個估值之間，這也再一次提醒我們巴菲特最喜歡的一句名言：「我寧願大約地正確了，也不要精準地錯了。」

巴菲特買進ＩＢＭ的情形，在很多方面都讓我想起巴菲特買進可口可樂的情況。當時很多批評者都感到非常困惑，因為巴菲特買可口可樂時，幾乎買在它有史以來的最高點（就像ＩＢＭ一樣），很多人認為，可口可樂是一家成長緩慢的無聊公司，最輝煌的日子已經不再（就像ＩＢＭ一樣）。巴菲特買進可口可樂時，公司的股票價格是盈餘的十五倍、現金流量的十二倍，比市場平均溢價三〇％與五〇％。當我們用不同的成長率以股利折現模型來計算業主盈餘時，我們就能發現，雖然本益比與市現率（price-to-cash-flow ratio）⑱偏高，但公司的售價相對於合理價格仍然是很大的折扣。假設可口可樂的成長率是令人難以置信的低，只有五％，那麼以股利折現模型來計算，可口可樂應該也值二百零七億美元，遠高於目前的市值一百五十一億美元。

接下來的十年，可口可樂的股票價格成長了十倍，而標準普爾五百指數只成長了三倍。提醒一下：我當然不是說ＩＢＭ未來十年會有一〇％的成長率，我只是說，華爾街只看會計比率來判斷的話，也許可以掌握到此時的價值，但要計算長期持續的成長率，卻一點也派不上用場。或者，換個方式說，長期持續的成長率通常會被市場錯誤定價。

但不要搞錯，對ＩＢＭ的前途影響最大的就是公司的未來盈餘。盛博公司（Sanford C.

---

⑱市現率：股價與現金流量比。

Bernstein）的科技分析師托尼・薩克納吉（Toni Sacconaghi）就把ＩＢＭ稱為「ＩＢＭ要塞，它的獲利表現看起來幾乎不受產業循環的影響」。薩克納吉甚至稱ＩＢＭ是企業與政府最大的資訊科技全球供應商，「因為可以預測而令人覺得無聊」。他們在一九八九年也說可口可樂因為可以預測而令人覺得無聊。這些可以預測而令人覺得無聊的公司，剛好是巴菲特最喜歡的股票類型。

我們也已經學到，在衡量公司的成就時，財務管理是第二個非常重要的因素。葛斯納與帕米沙諾留下來的遺風，無疑會對ＩＢＭ現任執行長吉尼・羅曼堤（Ginni Rometty）產生很大的影響。事實上也已經造成影響了，ＩＢＭ的財務模型與商業展望（五年計畫）中，就包含五百億美元要做為未來回購股票的費用。根據ＩＢＭ目前回購股票的比率，到了二〇三〇年，公司流通在外的股票數量可能會少於一億股。當然，沒有人可以肯定地說，ＩＢＭ會維持目前的股票回購比率。但這一點也不影響巴菲特的想像。他告訴股東：「只要ＩＢＭ在外流通的股票降到六千三百九十萬股，我就會不管我那出名的節儉風評，讓波克夏員工去放有薪假。」

亨氏公司

二〇一三年二月十四日，波克夏與巴西的３Ｇ資本公司（3G Capital）聯手，以二百三十億美元買進亨氏公司。每股七二・五美元與亨氏前一天的股價相比，溢價二〇％。

我們很容易就可以看到，亨氏非常符合波克夏海薩威的選股模式。這是全世界最知名的食品公司，它的全球知名度接近可口可樂與ＩＢＭ。亨氏的深紅色番茄醬瓶子出現在無數的家庭餐桌上看到，可能就在Ore-Ida薯條與李派林烏斯特醬（Lea & Perrins Worcestershire sauce）旁邊。

二〇一二年，公司財務報告中的營收是一百一十六億美元，大部分的營業額來自歐洲與快速成長的新興市場。巴菲特說：「這就是我們要的公司類型。」

事業守則：穩定的營運歷史

在藥劑師約翰・潘伯頓（John Pemberton）發明可口可樂配方的十八年前，亨利亨氏公司（Henry J. Heinz）就在賓州的夏普斯堡包裝食材了。一八六九年，這家公司一開始是在賣辣根醬，但在一八七六年改賣番茄醬。一八八八年，亨利買下另外兩位合夥人的股權之後，便把公司改名為亨氏公司。一八九六年，這家公司推出了有名的口號：「五十七種變化」（57 varieties）。據說，亨利有一天在紐約市搭乘高架火車時，看到一家鞋店宣稱它有「二十一種款式」。亨利隨機選了「五十七」，但特別選「七」的原因是它給人正向的心理影響力。

巴菲特提到，亨氏在一八六九年成立，巴菲特的曾祖父席尼（Sidney）也在同一年開了一家雜貨店。

事業守則：長期前途看好

亨氏公司是全球番茄醬第一品牌，其他醬汁第二品牌。亨氏公司的未來靠的不只是維持市場占有率的領導地位，也要在快速成長的新興市場中占有一席之地。亨氏公司把這件事做得一級棒。二〇一〇年，亨氏公司在中國買了新加坡的福達食品公司（Foodstar），並在二〇一一年收購巴西番茄醬製造商Coniexpress SA Industrias Alimeticias八〇%的股權。現在，在亨氏公司十大市場中，新興市場就占了七個。而且中國福達公司的市值也翻了一倍。

新興市場對亨氏公司有多重要？過去這五年來，這些快速興起的市場占全公司營業額成長的八〇%以上。在二〇一二年的會計年度，營收的二一%就是來自新興市場，預估二〇一三年的會計年度會接近二五%。執行長威廉·強森（William Johnson）指出，亨氏公司在新興市場的有機成長率（organic growth rate）⑲在同業中表現最佳。

價值守則：判斷公司的價值

二〇一二年，亨氏公司報告的淨收入是九億二千三百萬美元，折舊與攤提費用是三億四千二百萬美元，資本支出是四億一千八百萬美元，剩下的業主盈餘為八億四千七百萬美元。但在公司年報中，我們可以注意到，有關遣散、降低資產帳面價值（asset write-downs）與其他執行成本，稅後費用是一億六千三百萬美元。把這些非營運支出的金額加回來，可以估算出亨氏公司產生的業主盈餘大約十億美元。

應用兩階段股利折現模型，我們預估亨氏公司的十億業主盈餘會在未來十年以七%的成長率成長，之後的成長率就減緩為五%，把這些現金流量以九%（這是波克夏在這樁交易上貢獻的特別股成本）來折現，算出來的每股價值是九六．四美元。如果永遠以較低的成長率五%來計算，公司的股價就是八二．一美元。如果考慮到該公司在過去五年，每股盈餘以每年複合成長率八．四%成長，而且我們也已知道，未來五年在新興市場的盈餘會占有更大的比例，我會認為，目前的估算其實非常保守。

價值守則：在合理價位買進

如果亨氏公司可以七%的成長率成長十年，之後成長率變五%，那麼巴菲特買的價錢，就比這家公司的內在價值便宜了二五%。如果以非常保守的成長率五%來估算，他買到的價錢就便宜了一二%。坦白說，這並非我們經常在巴菲特買股中看到的安全邊際折扣。但亨氏公司的吸引力，已經超出了一般的折扣公式。

波克夏海薩威與巴西股權私募公司3G資本，各以四十億美元擁有亨氏公司一半的股權。為了這個目的，波克夏投資了八十億美元買收益率為九%的可贖回特別股。這個特別股對波克夏來說，還有另外兩個具吸引力的特色，第一，在未來的某個時間點，公司也會以非常高的溢價買回這些特別股。第二，這些特別股附帶認股權證，讓波克夏能以票面上的金額買進亨氏公司五%的股票。整體來說，經由這些投資，波克夏海薩威每年可以賺到六%的報

⑲有機成長率：指公司本身透過現有資產與業務達成的營收成長；而不是靠對外收購而增加的營收成長率。

酬率，還不包括認股權證的價值、特別股的轉換溢價，以及公司內在價值在未來的成長率。即使亨氏公司做到虧損，波克夏海薩威的特別股也會收到錢。萬一亨氏公司面臨可能性非常低的破產局面，波克夏持有的部位也比其他債權人優先得到保障，而且在重整過之後，更新、更便宜的亨氏公司中，也會有非常有利的地位。

管理團隊守則：理性

我們很容易就可以看出，亨氏公司為什麼符合巴菲特喜歡購買的股票類型。這家公司簡單且容易理解；也有穩定的營運歷史，而且亨氏公司已把自己定位為能從新興市場的成長中得利，這家公司的長期前途也相當看好。公司的可投資資本（包含負債）報酬率是一七％；股東權益報酬率是三五％。

但在亨氏公司交易案中，有兩個警訊，讓這次的買股經驗顯得更特別。第一，股權中的每一美元，都有六美元的負債。付給波克夏海薩威的九％特別股股利所產生的債務利息，就會用掉公司大部分的業主盈餘。總之，這家公司的負債非常高。第二，這家公司會被由巴西最富有的人豪爾赫．保羅．雷曼（Jorge Paulo Lemann）所領導的3G資本公司，由一群新的領導階層接手經營。

在過去，巴菲特買公司時都偏好讓原有的經營團隊繼續負責公司的營運。但在這一次，新的經營團隊會負責亨氏公司的未來。

巴菲特第一次遇見雷曼，是在一九九〇年代的吉列公司董事會上。雖然雷曼與3G資本公司在美國並不出名，但這個團隊已經在速食餐廳、銀行與啤酒製造領域，有相當多的成功經驗。二〇〇四年，雷曼進行了一次被認為是生涯轉捩點的交易案，他把比較小的啤酒公司英博（AmBev），和比利時規模大很多、生產時代啤酒（Stella Artois）與貝克（Beck's）啤酒的英特布魯公司（Interbrew）合併。雖然英博比較小，但後來卻是雷曼的同事在合併的公司中擔任高階職位。之後在二〇〇八年，這家合併不久的公司又花了五百二十億美元買了安海斯布希啤酒公司，成為有史以來最大的啤酒公司。

二〇一〇年，3G資本公司以三十三億美元買下漢堡王（Burger King），幾個星期內，公司開除了漢堡王在邁阿密總公司六百名員工其中一半，廉價出清了行政部門，從此以後，還要求員工必須取得許可才能列印彩色文件。自收購以來，3G資本公司已砍了三成營運成本。同時，每一家餐廳也推出新產品，包括冰沙與點心包，並策畫了由老闆付錢的改頭換面宣傳活動。在該公司二〇一二年第四季報告中，漢堡王的獲利翻倍，現金流量也增加了。

在研究3G資本公司的經營團隊，以及每一次交易後所達成的成就，讓我想起另一個巴菲特認為全世界最優秀的經營者湯姆．墨菲。策動墨菲大幅刪減不必要的成本，並提升首都／美國廣播公司生產力的熱情，也在3G資本公司經營團隊身上明顯展現了。

有人認為，3G資本公司是一家股權私募公司，遲早會賣掉亨氏公司。但雷曼堅稱，3G資本公司會長期持有亨氏公司，就像長期持有安海斯布希英博公司（Anheuser-Busch InBev N.V.）的方式一樣。英博是整合啤酒事業與未來成長的平台，亨氏公司也一樣，可以成為整合食品業與未來成長的初期平台。

但不管3G資本公司是否留下來，巴菲特都很高興成為長期投資人。巴菲特說：「亨氏公司將會是3G資本公司的寶貝……如果3G集團的任何成員之後想賣掉，我們就會提高持股。」

共同的主題

在這些個案研究中，你可能會注意到克制行動的態度：即使巴菲特買的股票表現很好，他也不會急著賣掉股票。他對短期的增值不感興趣。費雪教他的一件事就是：你持有的投資要嘛比現金好，要嘛比現金差。巴菲特指出：「只要公司的股東權益報酬率令人滿意、經營者能幹又誠實，而且市場並未過度高估這家公司，我就會很滿足於無限期持有任何有價證券。」（有沒有在這段話中看到他的投資法則？）

在看到這一段值得牢記的聲明的同時，巴菲特也帶我們見識到事情的另一面：在做出買哪支股票的理性決策後，應該如何思考與管理投資組合？這將是下一章的主題。

第5章

打造理想投資組合

投資的數學理論

目前我們已經研究了巴菲特買公司或選股的方法（當然，他認為這是同一件事）。他根據的是四大歷久不衰的滾雪球投資法。我們也看到這些法則如何應用在波克夏的實際買股案例中，其中包括最廣為人知的可口可樂經典案例，以及最近的ＩＢＭ。我們也花了一些時間了解，別人的獨特見解如何影響巴菲特的投資哲學。

但就像很多投資人都知道的，選擇買哪些股票只是了解故事的一半。故事的另一半是投資組合的管理，這件事包括投資組合的架構與持續不斷的管理。

一般人想到管理投資組合，通常以為就是一連串決定要買、要賣與持有什麼股票的簡單過程。其中的決策要素就是「安全邊際」，也就是公司內在價值與目前股價的位置。在股價遠低於內在價值時，要趕緊買進；在股價比內在價值稍微低一點的時候，要抱得住；在股價比內在價值高相當多的時候，就可以脫手。

然而，儘管安全邊際是非常關鍵的條件，卻還不構成充分條件。我們也必須考量由巴菲特潛心研究出來，三個重要的投資組合管理架構：

一、建立能夠長期持續成長的投資組合方法。
二、判斷投資組合進展的衡量方法。
三、在管理投資組合時，調適情緒起伏的技巧（管理巴菲特的投資組合所承受的心理挑戰，將在第六章完整討論）。

好萊塢電影已經給了投資經理人的刻板印象，那就是同時在兩條電話線上講話，焦急地抄寫重點，並努力盯著好幾台電腦螢幕，這些電腦螢幕上不斷閃著瞬息萬變的金融走勢，只要其中一台電腦閃出某支個股股價稍微下跌，他就一臉痛苦地扭曲著。

巴菲特一點也沒有這些急躁慌亂的舉動，他冷靜而自信。他不必同時盯著十二台電腦看，也對市場上分分秒秒在變化的訊息不感興趣。他考慮的不是幾秒鐘、幾分鐘、幾個月或幾季的事，而是幾年的事。他也不必追蹤好幾百家公司，因為他只投資少數幾家公司。他稱自己為「集中型投資人」（focus investor），「我們只聚焦在幾家表現優異的公司。」這個方法稱為「集中投資」（focus investing），可以大幅簡化投資組合的管理工作。

集中投資是一個非常簡單的觀念，但就像大部分的簡單觀念，必須靠一些互相關聯的概念做為基礎。在這一章，我們要更仔細看看集中投資產生的效果。目標是讓你對投資組合管理有一個新的思考方式。我要先警告一下：這個新的思考方式可能與你所有投資股市的已知觀念相反。

目前流行的投資組合管理方式中，以下兩種策略的支持度不相上下：一、積極型投資組合（active portfolio management）；二、指數型投資（index investing）。

積極型投資組合經理人會不斷買進賣出龐大數量的股票。他們的工作就是滿足客戶，否則就有客戶流失或最後丟掉飯碗的風險。為了掌握狀況，積極型經理人試著預測未來幾個月發生的事，因此每一季結束時，他管理的投資組合就有不錯的獲利表現，客戶也會很開心。

相反的，指數型投資是一種買進長抱的方法。這個方法彙集並持有廣泛而多元的股票組合，主要是意圖模仿特定標竿指數（Benchmark Index）走勢，例如標準普爾五百指數。

積極型經理人主張，由於他們有超凡的選股技巧，所以他們可以打敗任何指數。而指數型操盤手則得到歷史肯定，從一九八〇年到二〇一一年期間的每一年，只有四一％的大型共同基金的表現超越標準普爾五百指數。

從投資人的角度來看，這兩個策略主要的吸引力其實都一樣，都是透過分散投資降低風險。手中持有各式各樣產業與市場的大量股票，投資人希望可以打造出安全的防護作用，以免把所有的錢放在同領域，萬一發生了大災難，就可能導致可怕的虧損。所以根據這種思維，在一般正常情況下分散的投資組合中，有些股票會下跌，有些會上漲，所以我們最好求老天保佑，上漲股票的獲利可以彌補下跌股票的虧損。

積極型經理人會在投資組合內放進很多股票，以便達成這種保護作用。他們認為，投資組合裡包含的股票愈多，機會就愈大。十支股票比一支股票好，一百支股票又比十支股票好。在定義上，如果指數型基金本身也是分散取向，便能做到這種分散投資的效果。傳統的股票型共同基金也是一樣，持有的股票甚至會多達一百種。

但這樣做就會出現一個問題：由於我們相信分散投資的真言太久了，所以對這樣做的必然結果：表現平平，已經麻木了。積極型與指數型基金都在分散投資，但基本上，這兩種策略沒有一種能帶來驚人報酬率。

巴菲特怎麼看這個爭論不休的問題呢？在指數型與積極型這兩個特定的選項中，他會毫不遲疑地選擇指數型。對於風險忍受度很低的投資人，以及對一家公司的財務狀況不是很了解，但是仍想投資股票賺取長期利益的人，也會選指數型。巴菲特以他獨特的說話風格指出：「對股市一無所知的投資人，只要定期投資一檔指數型基金，也能打敗大部分的投資專業人士。」

然而巴菲特很快地指出，還有第三種投資方式，這是一種非常特殊的積極投資組合策略，還可以大幅提高超越指數的機會。這個第三種方法就是集中投資。從本質上來講，集中投資就是：只選出幾支報酬率可能長期產生高於平均值的股票，而且集中在這幾支股票上，並在短期的市場震盪期間，仍然堅忍地緊抱不放。

如果嚴守巴菲特的投資法則，就會選出幾家好公司來做集中型投資組合。選出來的公司將會有長期的優秀表現與穩定的經營團隊，以及穩定朝向未來的高獲利能力，就像他們過去一樣。這就是集中投資的核心：把投資集中在高於平均值的最高獲利能力的公司（集中投資的合理性與數學概念中的機率理論〔Probability theory〕有關。我們在這一章稍後會學到更多機率理論）。

還記得巴菲特對「一無所知」的投資人採用指數型基金的建言嗎？更有趣的部分是他接下來說的話：「如果你對股票略有所知，也有能力理解公司的財務數字，還能把資金配置在五到十支擁有長期競爭優勢且股價合理的公司股票，那麼傳統的分散投資法，對你根本就毫無意義。」

傳統的分散投資到底有什麼問題？理由無他，只因它會大幅增加你買到不夠了解的公司的機率。應用巴菲特投資法則的「略有所知」的投資人，更能把注意力集中在少數幾家公司：巴菲特的建議是五到十家。對於一般投資人，投資十到二十家，也還算合理。

在第二章中曾提到，巴菲特的思考方式深受費雪影響，我們也可以在投資組合領域裡清楚看到費雪的手法。費雪最為人所熟知的是「集中型投資組合」，他總是說，他寧願買少數他理解得非常透徹的公司，而不願意買數量很多但他其實不太了解的普通公司。我們也已經看見，費雪通常會把投資組合裡的股票限制在十支以下，其中的三到四支會占到總投資金額的七五％。

在巴菲特身上還可以看到費雪的另一個影響，就是他相信，當你遇到一個很好的機會，唯一合理的作法就是砸下大筆的資金投資。現在，巴菲特的做法也呼應了費雪的思維：「你應該對你的每個投資都懷抱勇氣與信心，並至少投入手中資金的十分之一到該股票上。」

如果每支股票會占到資金的十分之一，你就可以了解為什麼巴菲特說，理想的投資組合不要超過十支股票。但是集中投資法並不是找出十支好股票，然後把資金平均分配給這十支股票這麼簡單。即使在集中型投資組合中的每一支股票都有很高的獲利能力，但有些股票的獲利能力一定比其他股票高，因此也應該占到更大的資金比例。

二十一點的玩家天生就了解這個策略；當機率對他們非常有利時，他們就會下大注。投資人與賭徒都可以從數學中得到啟發。除了機率理論之外，數學也提供集中投資另一個理由：「凱利最佳模型」（Kelly optimization model），這一章稍後會做更詳細說明。凱利最佳模型利用獲利能力計算最佳結果，以集中投資來看，就是在投資組合中應該做到的「最佳規模賭注」（the optimal size bet）。

集中投資與分散且周轉率高的方法正好相反。雖然集中投資絕對有更大的贏面，但在所有長期下來能打敗指數型報酬率的積極型投資法中，它需要投資人在其他策略績效領先時，更有耐心地沉住氣，抱緊持股。短期來看，我們都能理解，利率的改變、通貨膨脹，或對一家公司盈餘的短期預期，都會影響公司的股價。但如果把時間拉長，公司的經濟趨勢對股價的影響一定愈來愈大。

理想的持有時間是多久？其實並沒有嚴格的規定，但巴菲特很可能會說五年，因為這是他為波克夏海薩威投資時專注的期間。但要提醒的是，集中投資的目標並不是完全不要汰換，這和高周轉率一樣愚蠢，因為這會讓你在機會出現時，無法利用更好的賭注。根據經驗法則，我的建議是，我們應該考慮的周轉率是一○%到二○%之間。一○%的周轉率是指，投資人持股的時間是十年，而二○%則是持股五年。

集中投資法追求的是高於平均值的投資成果，而且，根據學術研究與實際的歷史經驗，也已經有很多證據顯示，小心地應用集中投資法會得到非常豐碩的成果。但毫無疑問地，這條路並非一路平順，因為價格波動愈來愈高，是集中投資法必然的副產品。但集中型投資人可以忍受這些不平順，因為他們知道，長期下來，這些公司的財務表現絕對能大大彌補短期的價格波動。

巴菲特是對不平順視而不見的大師，他的合夥人蒙格也是一樣，只是他對集中投資的基本概念有點不同。他解釋：「在一九六〇年代，我的確拿了一張複合利率表，而且也做了很多假設：在一般股票的操作上，我可能有哪些優勢。」蒙格模擬了好幾種情況，以決定在他合夥投資公司的投資組合中，他需要的股票檔數以及他可以預期的波動性。

蒙格說：「我是打撲克牌的人，有很大的贏面時就要勇敢下大注。」他接著說，只要他能應付價格的波動性，那麼持有三支股票就綽綽有餘了。「我知道我在心理上對股價震盪能應付自如，因為我就是被這樣的人養大的。」

也許你還能想到很多對股價震盪可以應付自如的人。但即使你不是一出生就幸運地擁有這種人格特質，還是可以學到他們的一些優點。你必須有意識地去改變自己的想法與做法。培養新的習慣與思考模式雖非一蹴可幾，但可以慢慢自我教育，在面對難以預測的市場時，告訴自己不要恐慌，也不要倉促行事。

集中投資的數學

如果把股市說成是一個充滿無數可能性的巨大倉庫，是有點過度簡化，但並不算誇張。

因為在這個倉庫中，加總起來有數千種力量在決定價格，而且所有的力量都處在持續不斷的變化中，每一種力量都有強大的影響力，而且沒有一個是可以百分百預測的。因此，投資人的任務是認出並移除最未知的因素，並聚焦在最有把握的因素，以後把不確定性降到最低。這就是機率的實際演練。

我們在不確定的狀況下，但是仍想表達意見時，通常會在想說的話前面先加上：「可能……」、「也許」或「也許不太可能，但是……」，如果我們更進一步，試著量化這些表達時，我們就是在處理機率的問題。機率就是風險的數學語言。

貓生出鳥的機率有多高？零。明天太陽會升起的機率呢？這件事被認為是肯定會發生的，那麼機率就是一。所有的事不是完全確定，就是完全不可能，因此機率會在一與○之間，可以用分數來表達。判斷這個數值是多少，就是機率理論的內涵。

一六五四年，巴萊斯．帕斯卡（Blaise Pascal）與皮耶．德．費馬（Pierre de Fermat）互相通信了一段時間，並形成了機率理論的基礎。帕斯卡是個神童，在數學與哲學方面有很高的天分，他一直受到哲學家同時也是賭徒的法國貴族雪弗萊．德．默勒（Chevalier de Mere）的挑戰，要他解決難倒很多數學家的謎題。如果兩個撲克牌玩家必須在遊戲結束之前離開，要怎麼分賭金？帕斯卡把這個問題拿去請教費馬，費馬本身也是數學天才。

彼得．伯恩斯坦（Peter Bernstein）在他有關風險的精采著作《與天為敵》（*Against the Gods*）中寫道：「帕斯卡與費馬在一六五四年針對這個主題通信的內容，在數學與機率理論歷史中有著非常重大的意義。」雖然兩人處理這個問題的方法不一樣（費馬用代數，帕斯卡用幾何學），但兩人卻能建構出一套對幾個可能結果判斷出機率的系統。事實上，帕斯卡的三角形數（triangle of numbers）[20]概念解決了很多問題，包括最愛的棒球隊在一開始輸了幾場球賽之後，贏得世界大賽的機率有多少。

帕斯卡與費馬的成就促成決策理論的發展。決策理論（decision theory）是：當你不確定會發生什麼事的情況下，決定要做什麼的過程。伯恩斯坦寫道：「在任何風險管理的行為中，做決定是最關鍵的第一步。」

雖然帕斯卡與費馬對機率理論的發展有功，但卻是另一個數學家托馬斯・貝葉斯（Thomas Bayes）為機率理論的實用性奠定基礎。

貝葉斯於一七〇一年出生於英國，比費馬晚了正好一百年，比帕斯卡晚了七十八年，並且過了非常不平凡的一生。他雖然是皇家學會（Royal Society）的成員，但在他的人生中，並未寫過數學方面的著作。直到死後，才出現了一篇他的文章，標題是〈一個機率問題的解法〉。當時，沒有人對這篇文章有太多想法。但是伯恩斯坦認為，這篇文章是「極具原創性的曠世鉅作，令人震驚，讓貝葉斯的地位得以在統計學家、經濟學家與其他社會科學家中不

---

[20] 三角形數：一定數目的點或圓在等距離的排列下可以形成一個等邊三角形，這樣的數被稱為三角形數。比如十個點可以組成一個等邊三角形，因此十是一個三角形數。

朽」。因為他為投資人提供一個應用數學機率理論的方法。

貝氏分析（Bayesian analysis）是一個面對各種情形都可能發生，但只有一個會確實發生的邏輯思考方法。在理論上，這是一個很簡單的程序。一開始，我們要基於已知的證據，對每個結果先指定一個機率。如果得到另外的新證據，原來訂的機率就要修正，以反應新的資訊。貝氏定理（Bayes's theorem）提供一個數學程序，讓人可以即時更新原始的想法，從而改變相關的機率。

那麼，實際上到底要怎麼運用呢？想像一下，你和朋友已經玩了一個下午你們最喜歡的桌遊，在遊戲結束的時候，你們聊東聊西。你朋友隨意說了一些話，讓你想和朋友打個賭：擲骰子時，一出手就出現六。這是六分之一的機率，大約是一六%。然後假設你朋友擲了骰子，然後快速地把手蓋住，並偷瞄了一下，他說：「我可以告訴你，這是個偶數。」現在你有了新資訊，你的機率就會大幅改變成三分之一，也就是三三%。當你在考慮是否要改變賭注時，你朋友又笑笑地說：「而且不是四。」根據這個新資訊，你的機率又變了，現在是二分之一了，五〇%的機率。

在這個非常簡單的例子中，你已經做了一次貝氏分析。每次出現新資訊，就會影響最初的機率，這就是貝氏推論。

貝氏分析嘗試把所有已知的資訊，在自然的基本狀態中，整合進一個推論或決策的過程。大專院校也用貝氏定理幫助學生學習決策理論。在課堂上，大家更喜歡把貝氏定理稱為「決策樹理論」（decision tree theory）。每一個分支代表新的資訊，也會因此改變做決定的機率。蒙格解釋說：「在哈佛商學院，跟定量有關、能讓一年級學生打成一片的就是「決策樹理論」。他們一直把高中代數應用到實際生活問題中。學生們愛死了。當他們發現高中代數竟然可以應用在生活中，都覺得非常驚訝。」

就像蒙格說的，基本代數在計算機率時很管用。但要把機率理論實際應用在投資上，就必須更深入，要先知道這些數字如何被計算出來，而且必須特別注意「頻率」這個概念。

當我們在說擲出一枚硬幣的人頭那面的機率是二分之一，究竟是什麼意思？或者說，擲一顆骰子，擲出奇數的機率是二分之一，又是什麼意思？如果一個盒子裡裝了七十顆紅色彈珠，三十顆藍色彈珠，拿到藍色彈珠的機率是十分之三，又是什麼意思？在這三個例子中，這些事情的機率就被稱為「頻率解釋」(frequency interpretation)，它根據的基礎是「平均律」(the law of averages)。

如果一件不確定的事不斷重複，這件事發生的頻率就會反應在機率中。舉例來說，如果擲一枚硬幣十萬次，預期會丟出人頭的次數就是五萬次。注意，我並不是說它會相當於五萬。大數法則（The law of large numbers）的意思是，只有在重複無數次之後，相對頻率與機率才會相等。我們知道，理論上丟一枚正常的硬幣時，出現人頭的機率是二分之一，但除非已經丟了無數次，否則不能說機會是相等的。

在任何處理不確定性的事件當中，很明顯地永遠不能說得斬釘截鐵。但是如果問題的定義非常明確，應該就有辦法列出所有可能的結果。如果一個不確定的事件被重複得夠多次，各種結果的頻率應該就會反應出不同結果的機率。但是如果考慮的事只發生一次，就會出現問題。

要如何預估明天科學考試及格的機率，或是綠灣包裝工人隊（Green Bay Packers）打贏世界盃足球賽的機率？其中的問題在於，每一個都是獨一無二的事件。可以查看所有綠灣包裝工人隊過去球賽的統計數字，但是球員一樣、環境一樣的相同賽局，重複的次數也不夠多。我們可以回想一下之前考過的科學測驗，知道自己考得如何，但每回的測驗內容都不一樣，而且知識也不是一成不變。

無法重複夠多次以得到頻率分配（frequency distribution）的資訊，要如何計算機率？沒有辦法計算。事實上，必須靠主觀的機率解釋。而且我們經常都在這樣做。我們可能會說包裝工人隊贏得隆巴迪獎杯（Lombardi trophy）的勝算（odds）是二分之一，或通過那個很難的科學考試的可能性是十分之一。這就是有關機率的說法，描述了我們對那個事件相信的程度。當某個事件不可能重複足夠的次數，以便得到基於頻率的機率解釋時，就必須依賴自己的判斷力。

只要根據自己的判斷力，你馬上就可以看到，有關這兩件事的很多主觀解釋可能會出錯。在應用主觀機率（subjective probability）時，你的責任是必須分析自己的假設。你要靜下心來，把這些假設想得很透徹。你假設科學考試會考得很好的機率是十分之一，這是因為內容更難，而且你還沒準備好；還是因為假謙虛？你一輩子都對包裝工人隊很死忠，才會覺得他們一定比其他隊伍更優秀？

根據貝氏分析的教科書，如果你認為假設合乎理性，你對某件事的主觀機率相等於頻率機率，是「完全可以接受的」。你要做的就是排除不合乎理性與邏輯的事，並保留合理的事。把主觀機率想成是延伸頻率方法，會很有幫助。事實上，在很多情況下，主觀機率可以增加價值，因為這個方法能讓你考慮操作性的問題，而不是依賴長期統計規律性。

機率理論與股票市場

不管投資人是否已經察覺到，他們做的所有決策實際上都在做機率練習。為了投資成功，最關鍵的一點是，他們的機率描述要結合歷史紀錄與最近的已知數據。這樣就可以應用貝氏分析了。

巴菲特說：「從獲利機率乘以可能獲利的金額，減掉虧損機率乘以可能損失的金額。這就是我們正在試著做的事。這方法不完美，但的確是關鍵。」

要釐清投資與機率理論的關聯，「風險套利」的做法就是很有用的例子。純粹套利行為就是利用有價證券在兩個不同市場中的報價，以賺取其中的差價。例如，日用品與貨幣，在全世界不同市場的報價都不一樣。如果有兩個市場對某個相同商品的報價不同，你就可以在其中一個市場買進，然後到另一個市場賣出，其中的差價就能進到你的荷包了。

現在更常見到的風險套利模式，就是已經宣布的企業合併或收購案。有些人做的風險套利行為，是未公開宣布的企業事件，但這是巴菲特避而遠之的地帶，所以我們也不碰。巴菲特在史丹佛大學演講時，說到他對風險套利的看法：「我的工作是評估已經公開宣布的企業合併事件發生的機率，以及獲利與虧損比。」

巴菲特接下來為史丹佛學生解釋了一個情境。假設亞培製藥（Abbott Company）早上的交易價格是每股十八美元。然後在十點左右，有人宣布今年在某個時機，大約是六個月後，亞培會以每股三十美元賣給柯斯泰洛（Costello Company），於是，亞培的股價馬上在盤中升到二十七美元，並停留在這個價位一陣子，之後的交易價格就在這價位上下波動。

巴菲特也注意到這個合併消息，而且覺得一定要做個決定。首先，他會先試著評估確定性的程度。因為有些公司的交易案最後並沒有真的發生。也許董事會成員可能出乎意料地抗拒合併，或者聯邦貿易委員會可能會反對。沒有人能打包票風險套利的交易是否會結案，以及會有哪些風險。

巴菲特的決策過程就是主觀機率的演練。他解釋：「如果我認為發生機率有九〇%，而且評估此合併案的優點是三個點數；那麼合併告吹的機率就是一〇%，且缺點是九個點數，那麼此案的機率就是二・七美元對〇・九美元，其中的數學期望值是一・八美元。」

巴菲特接著說，你必須算出牽涉到的時間間隔，然後把投資報酬率與其他已知的投資機會比較。如果你在二十七美元的價位買了亞培的股票，根據巴菲特的算法，可能的投資報酬率就是六・六%（一・八美元／二十七美元）。如果這筆交易預期在六個月內結案，每年的投資報酬率就會是一三・二%。巴菲特就會把這個風險套利的投資報酬率，與其他可以做的投資案報酬率相比較。

他很清楚風險套利也有潛在的虧損風險。他說：「我們完全可以接受在既有的交易中可能虧損，套利就是一個例子；但我們不願意做的交易是，幾個互相依賴的類似事件機率產生預期的損失。我們希望做的交易是，我們計算的機率是有效度的。」

我們可以很清楚看見，巴菲特估算風險套利，應用的就是主觀機率。風險套利沒有頻率分配的問題，因為每次的交易都不一樣。每個情形都要做不同的估算。即使如此，在處理風險套利交易時，還是值得應用理性的數學計算方式。買股票的情形也和這個過程完全一樣。

凱利最佳模型（Kelly Optimiation）

每次去賭場，要以贏家身分離開賭場的機率極低。大家應該也不會感到意外，畢竟，我們都知道莊家贏的勝算最大。但有一種遊戲，只要玩對了，就有合理的機會贏過莊家，這個遊戲就是二十一點。數學家愛德華．索普（Edward O. Thorp）經由訓練後，在全球暢銷書《打敗莊家》（*Beat the Dealer*）一書中，教人如何比賭場莊家更聰明。

索普的策略概念很簡單。當牌桌上出現很多十點、人頭與A等大牌時，玩家，例如說就是你吧，就有統計優勢可以打敗莊家。如果你把大牌設為「-1」，把小牌設為「+1」，就很容易記住已經發過的牌，然後在腦袋裡不斷追蹤這些牌，並在每一張牌出現時或加或減。當你算的數字變正數時，你就知道還有很多大牌沒出。聰明的玩家因此會把最大的賭注，下在當他知道下一張牌大的機率很高的時候。

索普書中用到的方法就是「凱利投注模型」（Kelly betting model）的記號法。而凱利的靈感則來自提出資訊理論的克勞德．香農（Claude Shannon）。

香農在一九四〇年代時曾在貝爾實驗室（Bell Laboratories）工作，在他的工作生涯中，大部分時間都在努力找出資訊傳輸的最佳轉換方式，讓資訊透過銅線傳輸時，不會受到隨機的分子噪音影響而變成亂碼。一九四八年，他把自己的發現成果寫在一篇題為〈通信的數學理論〉的論文中。提到可以被銅線傳輸的最佳資訊量的數學公式。

幾年後，另一個數學家J. L.凱利（J. L. Kelly）讀到香農的論文，發現這個公式也可以應用在賭博上——只要知道成功機率，就可以強化結果。一九五六年，凱利在〈資訊速率的新解讀〉一文中指出，香農提到：不同傳輸率以及某件事可能出現的結果，本質上都是機率問題，因此用相同公式就可以讓這兩種情形得到最佳結果。

凱利最佳模型通常也被稱為「最佳成長策略」（the optimal growth strategy），它的基本概念是如果你知道成功的機率，就要拿出能得到最大報酬成長率的資金比例下注。這可以用一個公式表達：

$$2p - 1 = x$$

意思是：2乘以贏的機率（p），再減掉1，就等於所有資金中應該下注的比例（x）。舉例來說，如果打敗莊家的機率是五五%，投入一〇%的資金就能賺最多。如果機率是七〇%，就下四〇%。如果你知道贏的機率是一〇〇%，這個模型告訴你：全部下注吧！

當然，股市比二十一點複雜太多了。在撲克牌遊戲中，牌卡的張數固定，可能出現的結果也有限。但在股票市場中，大約有數千支股票以及數百萬個投資人，自然會出現無數種結果。在整個投資過程中，應用凱利的方法就必須不斷重新計算與調整。儘管如此，我們仍能從其中的基本概念機率與投資比例的數學關係中學到很多。

我相信，凱利模型對集中型投資人是很有吸引力的投資工具，但只有謹慎應用的人才能受益。因為，應用凱利模型也有風險，聰明的投資人最好充分了解它的三個限制：

一、任何想投資的人，不管有沒有應用凱利模型，都要把投資的期限拉長。因為即使二十一點的玩家擁有能打敗莊家的穩健模型，但在前幾次的發牌中，不一定就能看出成功的機會。投資的道理也一樣。有多少次投資人明明選對了公司，但市場卻遲遲不肯做出回應，獎勵這次的選股？

二、操作財務槓桿要非常小心。葛拉漢與巴菲特總是大聲警告，用保證金帳戶[21]借錢投資股市的危險。經紀商可能會在你最沒準備的時候，強迫要回你的資金。如果你用保證金帳戶應用凱利模型，萬一股市下跌就會讓你被迫賣出股票，害你無法參與高機率賭注的機會。

三、玩高機率遊戲的最大危險在於超額下注（overbet）的風險。如果你判斷某件事有七〇%的成功機率，但事實上只有五五%，你就是承擔了賭徒破產（gambler's ruin）的風

㉑ 保證金帳戶：經紀商提供投資人使用的融資交易帳戶。運作的方式是，經紀商借錢給投資人買進證券，並以投資人投入的現金或持有的證券做為擔保品。當該證券價格下滑時，若保證金（即擔保品的市值）跌破某一門檻，經紀商會要求投資人增繳保證金，或是賣出部分證券。融資交易的風險相當大，因為盈利與虧損都在槓桿作用下放大了。此外，投資人也必須注意融資的利息成本。

險。避免超額下注風險的方法，就是用被稱為「半凱利」（half-Kelly）或「部分凱利」（fractional-Kelly）模型進行缺額下注（underbet）。例如，如果凱利模型要你投入一○%的資金，你可以選擇只投五%（這就是半凱利）。在投資組合管理中，半凱利與部分凱利投注法都提供了安全邊際，另外，再加上之前在選擇個股時也會用上安全邊際，等於是做了雙重的安全保護。

四、因為市場對超額下注比缺額下注的懲罰嚴重很多，我認為大部分的投資人，尤其是剛開始採用集中投資策略的人，最好用部分凱利下注法。可惜的是，賭注變小，潛在獲利也會變少。不過因為在凱利模型中的關係是拋物線式的，例如用半凱利模型下注時，你的賭注減少五○%，但潛在成長率只會減少二五%。所以，相對來說，用缺額下注的方式，損失不會太大。

蒙格對下注機率的看法

一九九四年，蒙格受邀到南加大商學院學生投資研討會演講。他談到了幾個主題，其中一個是「取得世界級智慧的藝術」。他也用只有他能講的方式，解釋了他對機率與最佳化的看法。

「為了簡化有關股市中會發生的事，我喜歡的模型是在賽馬場上用到的彩金平分系統（pari-mutuel system）[22]。如果你靜下心來想一想，賽馬其實就是一個市場。每個人到賽馬場下注，然後機率也會根據賭注而改變。股票市場也是如此。」

他接著說：「任何傻瓜都可以看到，如果馬兒載的是很精瘦，而且贏率很高、坐姿正確的騎士，比起另一匹馬載的是紀錄很差又比別人重的騎士，贏的機會一定更高。但如果看一下機率，劣馬的賠率是一百比一，良駒的賠率是三比二，那麼大家便搞不清楚統計上的最佳賭注。所以調整下注的價格也很難打敗這套系統。」

蒙格提到的賽馬比喻，在投資人身上也完全適用。投資人經常受到成功機率小的事吸引，例如彩金賠率高得不可思議的時候。有時候，投資人連賠率想都沒想，就直接下注了。對我來說，玩賽馬或投資股市，最聰明的方法就是等，直到成功機率吸引人的好馬就位，我才會下注。

心理因素

寫了好幾本有關純種馬賽馬比賽書籍的安德魯·貝爾（Andrew Beyer），花了很多年觀察玩賽馬的人，也看過太多人因為衝動而輸錢。就像在其他地方一樣，在賽馬場上，賭場心態也就是想採取行動的渴望，例如把錢放下、擲骰子、拉霸，就是要做點什麼才行的心態，會強迫玩家笨笨地下注，完全沒花時間想清楚自己在做什麼。

貝爾非常了解這種刺激人投入賭局的心理現象，建議玩家要把策略分為「活動下注」（action bets）與「主要下注」（prime bets）。認真的玩家只會在兩種情況發生的時候，才會

㉒ 彩金平分系統：賽馬時，彩金扣除手續費之後，平分給買對贏家的人。

做主要下注：一、對於看中的那匹馬的贏面有高度信心，二、賠率高於應有水平。因此，主要下注需要準備一大筆錢。至於活動下注，顧名思義，就是讓玩家在機會不大的賭注或有特別預感時，也能下場玩玩，以滿足必須出手的心理需求。活動下注只能拿小錢出來玩，而且絕對不可以從手上所有資金中拿出一大筆來玩。

貝爾指出，當玩家開始分不清主要下注與活動下注時，玩家「採取的步驟一定會導致手忙腳亂的下場，完全無法在強與弱的局勢中保持平衡了」。

從理論到現實

現在我們從賽馬場離開，把所有理論整合並放到現實股市中，思考的過程仍然相同。

一、**計算機率**。你要考慮的機率是：我現在考慮的這支股票，在時間的加持下，得到的報酬率可以打敗大盤的機會有多少？

二、**等待最佳勝算**。當你保留安全邊際時，勝算就會偏向你這邊；情況愈不確定，需要愈大的安全邊際。在股市中，安全邊際意味著你買到的是折扣價格。當你看中的那家公司交易價格低於內在價值時，那就是你採取行動的訊號。

三、**有了新資訊就要調整**。你要知道，要等到勝算在你這邊，同時間還要一絲不苟地注意公司的所有動向。這家公司的經營者是不是開始亂搞了？是否開始改變過去的財務決策？是否發生了什麼改變公司目前營運優勢的事？如果有這類事情發生，機率可能要調整。

四、決定要投資多少。在所有可以用來投資股市的資金中，應該投資多少比例買某一筆特定的股票？一開始可以先用凱利模型，然後往下調整，也許可以用半凱利或部分凱利模型下注。

你可能對機率問題的思考感到很陌生，但還是可以學會如何應用。如果你能學習用這個方式思考股票，就是踏上靠自學獲利的目標之路了。回想一下巴菲特在一九八八年買進可口可樂的時候，他把波克夏三分之一的投資組合資金買了這家公司。因為可口可樂是一家很出色的公司，財務表現優於一般平均值，卻賣在一個比內在價值低很多的價位上。在股市裡，這樣的機會不多。但當機會一出現，懂機率的人就會看到這個機會，並知道該做什麼。就像蒙格說的：「當這世界讓出機會時，聰明的投資人會下大注。當他們手握勝算時他們下大注。但在其他時間裡，他們不會這樣做。就是這麼簡單。」

葛拉漢與陶德園區的集中型投資人

一九三四年，大蕭條最嚴重的時期，一本書名平凡但內容極為不凡的鉅作出版了，這本書就是《有價證券分析》。葛拉漢與陶德共花了四年寫這本書。他們的寫作時間也因為在哥倫比亞大學的教學，以及協助客戶因應一九二九年大崩盤之後的市場狀況而中斷。葛拉漢後來說，寫書的進度延誤完全是天意，因為這讓他把「在備受煎熬的代價中所得到的智慧」寫進書裡。《有價證券分析》是一本公認的經典著作，即使在八十年後的今天，歷經過五次改版，仍在印刷發行中。它對當代投資世界的影響，實在無與倫比。首版發行五十年時，哥倫比亞大學商學院特別為這本書開了一次研討會，做為出版五十週年紀念。巴菲特身為哥大最知名的校友，以及葛拉漢價值投資法最出名的當代擁護者，應邀出席發表演說。他演講的題目是「葛拉漢與陶德園區的超級投資人」，這場演講自成一格，和他推崇的著作一樣也成為一次經典演說。

在一九八四年那天的現場聽眾裡，包括大學教授、研究人員與其他學者，仍然堅守著現代投資組合理論與效率市場假說的有效性。但一點也不令人意外的，巴菲特堅定地提出反駁，在他的演說中，他雖然低調卻粉碎了支撐效率市場理論的基礎。

他一開始先提到現代投資組合理論的核心論述：股市是有效率的、所有的股票價格也是正確的，因此能年復一年打敗大盤的人只是運氣好而已。接著巴菲特說，但我知道有些已經好幾年成功打敗大盤的人，他們的成就絕對不能用簡單的機運來解釋。

接著他一一提出各種證據。他在當天舉出的例子都是長期以來能打敗大盤的人，而且他們能有此績效並不是因為運氣，而是他們謹遵來自同一個人教導的投資原則，也就是葛拉漢。巴菲特說，他們都住在葛拉漢與陶德園區的「智慧之村」裡。

巴菲特進一步解釋，雖然這些人做特定決策時或有不同，但他們都採取一個共同方法，就是嘗試利用市場價格與內在價值的差異。巴菲特說：「不必說，葛拉漢與陶德派的投資人並不會討論電腦程式，例如資本資產訂價模型或報酬的共同變數，這都不是他們感興趣的主題。事實上，就連要清楚說出這些術語是什麼意思，他們之中大部分的人都可能很頭大。」

他在一九八四年演講內容的文章中，巴菲特補充了一些表格，以呈現出住在葛拉漢與陶德園區居民的傑出績效表現。但是，把這些優秀投資人團結在一起的，不只是葛拉漢的價值投資法。其中的每一個人，包括蒙格、盧恩、盧・辛普森（Lou Simpson），都和巴菲特一樣做集中型投資組合。從他們的投資績效來看，我們可以學習的東西很多。但在開始深入探討之前，我們先來看一下第一位集中型投資人。

凱因斯

大部分的人都知道凱因斯對經濟理論的貢獻，但很少人知道，凱因斯也是一位傳奇投資人。英國劍橋國王學院的切斯特基金（Chest Fund），保存了凱因斯投資績效的紀錄文件，可以證明他在投資上的高超本領。

一九二〇年代以前，國王學院的投資活動只限於有固定收入的有價證券。一九一九年底，凱因斯被指派為副財務主管，於是他說服受託人開始籌備另一個獨立基金，而且這個基金只做普通股、貨幣與商品期貨。這個獨立基金後來就成為切斯特基金。從一九二七年他被任命為財務主管之後，到一九四五年過世之前，這個帳戶就由凱因斯一人完全負責。在這段期間，他的持股一直都只限於幾家公司。一九三四年，《有價證券分析》出版的同年，凱因斯寫信給一個同事說明他這樣做的理由：

> 我認為把錢分散在很多不同公司（即使對這些公司所知有限，也沒有特殊的理由），就

可以控制風險，是一種錯誤的想法。……一個人的知識與經驗肯定是有限的，因此，在任何時候，我個人覺得自己有充分信心掌握的公司，很少超過二或三家。

四年後，凱因斯準備了一份完整的切斯特基金投資策略報告，提綱挈領地說明他的投資原則：

一、精選幾個投資標的。在挑選時，要和標的未來幾年可能的內在價值相比，還要和當時的其他投資選擇相比，考慮其中的便宜程度；

二、不管市場起伏，緊緊抱住這些大規模的持股，也許要長抱好幾年，直到這些標的實現獲利，或事實證明當時就是買錯了；

三、投資部位平衡，也就是說，雖然單一持股的規模很大，但個股風險不同，也可能是相反的風險。

雖然凱因斯沒有用到集中投資的字眼，但在他的投資政策中，我認為可以明顯看到，他其實就是一個集中型投資人。他故意只選出幾支股票，並靠著基本面分析，預估這些個股價值與價格的關係。他也喜歡維持很低的周轉率。另外，他也引進不同經濟條件的公司，但全部集中在優質且可以預測的公司，目的是要納入「相對風險」。

凱因斯的績效有多好呢？在他十八年的財務管理工作中，切斯特基金每年的平均報酬率是一三・二%，但在當時，整個英國市場基本上仍然疲軟不振。而且，這段期間歷經大蕭條與第二次世界大戰，我們必須說，凱因斯的投資績效非常出色。

雖然如此，但切斯特基金也熬過幾次非常艱難的時期，在獨立的三個年份中（一九三〇年、一九三八年與一九四〇年）價值大幅下跌，跌得比英國整體市場還兇。我們現在回頭看凱因斯在一九八三年的績效紀錄，有兩個分析師認為：「從這個基金財富的大幅擺盪來看，很顯然這個基金一直都比大盤更具波動性。」事實上，如果計算一下切斯特基金的標準差，就會發現它的波動性竟然比一般市場大二・五倍。毫無疑問，負責基金的操盤手的確偶爾會失手，但最後確實以相當大的幅度超越大盤。

也許你會認為凱因斯有總體經濟學的學術背景，他本身也擁有選擇時機的操作技巧（marketing timing skills），那麼，讓我們再進一步注意他的投資政策。「在交易周期的不同階段中，我們還沒證明，我們能夠善加利用影響到一般股票的整體制度性波動，」凱因斯寫道：「根據這些經驗，我已經非常清楚，整批買賣的概念根本不可行，而且也確實不受歡迎。想這樣做的人，大部分不是賣得太晚，就是買得太晚，而且通常兩種情形都會發生，結果只會產生很多費用，並養成極度不安的投機心態，這種心態已經蔓延成一種不良的社會因素，並更加惡化波動程度。」

高周轉率產生很多費用，也會助長投機心態，讓整體市場的波動惡化。這些話不只在當時千真萬確，現在也依然有效。

蒙格

雖然波克夏投資績效的光環總是屬於董事長一人，但我們千萬別忘記，副董事長蒙格本身也是一位極出色的投資人。巴菲特說過：「我大概在一九六〇年遇見他，我告訴他，法律可以當成很好的興趣，他其實可以在投資事業上做得更好。」也許你還記得第二章提到，蒙格當時在洛杉磯一家律師事務所執業，而且做得很好，但漸漸地他把精神轉移到以他為名的新創合夥投資公司上。

巴菲特說：「他的投資組合只集中在非常少的有價證券，因此他的績效紀錄波動性非常大，但基本上，用的仍然是相同的價值折現方法。」在為公司做投資決策時，蒙格謹遵葛拉漢的投資法，所以只找售價比內在價值低的公司。「他願意在績效上接受更高與更低的波動，而且他正好就是那種可以集中心智的人。」

值得注意的是，巴菲特並未用「風險」來描述蒙格的表現。在現代投資組合理論當中，有關風險的傳統定義是，價格變化太大就會產生風險，所以有些人可能會說，蒙格的投資公司在這十三年承受著極大的風險，因為它的標準差幾乎是大盤的兩倍。但是經過這段時間後，平均報酬率能夠超越大盤十八個百分點，這可不是冒險家，而是精明的投資人才能達到的成就。

盧恩與紅杉基金

巴菲特在一九五一年認識盧恩，當時兩人都去修了葛拉漢在哥倫比亞大學的證券分析課。這兩個同窗好友畢業後持續保持聯絡，而巴菲特對盧恩這幾年下來的投資績效也極為推崇。巴菲特在一九六九年結束自己的投資公司時，請盧恩接手處理其他合夥人的資金，也因此有了紅杉基金。

他們兩人都知道，當時不是設立共同基金的好時機，但盧恩還是著手成立了。當時股票市場正在形成兩級市場（two-tier market），大部分的熱錢都被新出現的「俏麗五十」（成長得毫無道理的股票）吸引，真正有價值的股票則乏人問津。巴菲特指出，價值型投資人在一九七〇年代初期的相對績效較差，「我很高興的是，這實在不可思議，我的合夥人不只繼續跟著他，還繼續加碼，最後也都有令人開心的結果。」

紅杉基金真的是市場先驅，它是第一個根據集中投資原則操作的共同基金。紅杉公開的持股紀錄清楚顯示，盧恩與他在盧恩卡尼夫公司（Ruane, Cuniff & Company）的合夥人瑞克．卡尼夫，管理的是一個高度集中且低周轉率的投資組合。平均來說，基金內超過九〇%的錢投資在六到十家公司，同時，投資組合中仍有廣泛的經濟多元性。盧恩經常指出這點，雖然紅杉基金是一檔集中型的投資組合，但一直持有各式各樣不同的公司。

其實從一開始，盧恩就是一位與眾不同的基金操盤人。一般來說，大部分投資操盤人在投資組合中放在一起的股票，和他們想對抗的指數沒有太大差異。這些投資組合經理人非常理解產業加權指數，於是就在投資組合中放進符合每一個行業的股票。但在盧恩卡尼夫公司的做法完全不一樣，合夥人一開始的想法，就是要盡可能挑選出最好的股票，然後以這些精選股票為核心，並自然形成投資組合。

當然，要選出最好的股票需要大量的研究工作。在財富管理圈內，這家公司也有最聰明公司的風評。基金負責人會避開華爾街一大堆由經紀人寫的研究報告，事實上，他們只靠自己做大量的公司調查。盧恩有一次說道：「我們不太強調在公司的頭銜，如果要強調的話，我的名片就會寫著研究分析師比爾·盧恩。」

這種思維在華爾街並不普遍，盧恩解釋說：「一般來說，大家在這行一開始都是從分析部門做起，然後渴望得到升遷機會，換成名氣更響亮的投資組合經理人頭銜。相反的，我們一直認為，如果你是一個長期投資人，最重要的就是分析師的能力，再來才是自然附帶的投資組合管理能力。」

這種與眾不同的投資方法對紅杉股東帶來多少好處呢？從一九七一到二〇一三年，紅杉基金的年平均報酬率是一四·四六％，相對於標準普爾五百指數只有一〇·六五％。

就像其他集中型的投資組合，紅杉基金也是經歷了起伏動盪的過程，最後才達到高於平均值的報酬率。在這段期間，大盤的標準差是一六·一％，紅杉則高達二一·二％。謹守現代投資組合理論的風險定義的人，可能會推論說，紅杉基金和蒙格投資公司一樣，為了得到超高的報酬，而冒了更高的風險。但是只要是知道紅杉基金研究工作下得多深、多認真的人，除非你強迫他，否則絕對不會下「紅杉基金的投資方法風險很高」這樣的結論。

盧・辛普森

巴菲特在一九七〇年代晚期開始買GEICO保險公司股票時，他也同時找到一位對GEICO的財務健全有直接影響的人才，那就是盧・辛普森。

辛普森在普林斯頓大學就讀並取得經濟學碩士學位，在一九七九年巴菲特說服他加入GEICO之前，他同時為史坦羅伊與法翰公司（Stein Roe & Farnham）與西部資產管理公司（Western Asset Management）工作。巴菲特在回憶這次工作面談時，記得辛普森擁有「做投資的理想性格」。他是一個獨立思考家，對自己的研究很有信心，而且「不會因為和大眾做得一樣或相反，而感到特別有樂趣」。

手不釋卷的辛普森，不愛看華爾街的研究報告，喜歡自己鑽研年報。他選股的過程也和巴菲特類似，只買由能幹的經營團隊打理、價格合理、並能創造高報酬的公司。辛普森還有一點也很像巴菲特：他的投資組合只集中在幾支股票。GEICO價值十億股權的投資組合通常不會超過十支股票。

一九八〇年到二〇〇四年，GEICO的投資組合創造的年平均報酬率是二〇・三%，但同時間的大盤只有一三・五%。巴菲特認為：「辛普森一直投資在被低估的股票，每一支個股都不太可能會造成永久虧損，而且這些個股加總起來接近零風險。」

在這裡，我們再一次看到巴菲特對風險的看法：風險與股價波動性無關，而是與股價長期下來能產生獲利的穩定性有關。

辛普森的表現與投資風格正好符合巴菲特的思考方式。「盧採取的保守且集中的投資方法，和我們在波克夏做的事完全一樣。因此，有他加入我們的董事會，對我們來說，是一種加分。」巴菲特說：「我只讓少數人接手經營已在我們掌控中的資金與公司，我們很高興，盧是其中少數人之一。」

巴菲特、蒙格、盧恩、辛普森，很顯然地，巴菲特園區（Buffettville）的超級投資人對投資都有一套相同的思考方法。他們基於一個信念：要降低風險，就是只買安全邊際高的股票，而團結在一起。他們也相信，把投資組合集中在極有限的高獲利股票時，不只可以降低風險，還能創造比大盤高很多的報酬率。

即使我們已經指出這麼多成功的集中型投資人，有些人還是有疑慮。他們的疑慮是：這些人的成功，會不會是因為他們在事業上的關係很緊密？事實上，這些人選的股票並不一樣。巴菲特的選股不全然和蒙格一樣；蒙格的股票也和盧恩不一樣；盧恩也沒有辛普森的股票；當然，也沒有人知道凱因斯選了哪些股票。

然後，懷疑集中投資的人可能又會說，但你只提出五個集中型投資人的例子，五個觀察點實在不夠在統計上做出有意義的結論吧。這句話也許有幾分道理。在這一行裡有數千名投資組合操盤人，這五個成功故事可能完全是隨機出現的結果。

這也很有道理。為了釐清大家認為這五個巴菲特園區的超級投資人，只是一種統計偏差的現象，我們必須檢驗更廣的範圍。可惜的是集中型投資人的數量真的很少。在數千名投資組合操盤人中，只有一小群人做的是集中型投資組合。因此我們又遇上了一個同樣的問題。

我們遇上了我在一九九九年寫《巴菲特核心投資法》（*The Warren Buffett Portfolio*）時同樣的問題：沒有足夠的集中型投資人，可以做成在統計上有意義的結論。所以，我們當時怎麼做？我們去了一間統計實驗室，然後設計了一個有三千個集中型投資組合的市場。㉓

我們利用股票報酬率財務分析軟體Compustat數據庫，把一千二百家公司獨立出來，每一家都有可以評估的數據，包括營收、盈餘、股東權益報酬率等。接著，我們讓電腦從這一千二百家公司隨機組合，最後產生一萬二千種各種規模的投資組合，並分成四組：

一、三千個包含二百五十支股票的投資組合。

二、三千個包含一百支股票的投資組合。

三、三千個包含五十支股票的投資組合。

四、三千個包含十五支股票的投資組合，也就是集中型的投資組合。

接下來，我們計算每一組的投資組合十年（一九八七到九六年）的年平均報酬率，然後把這四組的報酬率與同期的整體股市表現相比（以標準普爾五百指數做為參考）：

● 二百五十支股票組，標準差為〇・六五%；最佳投資組合報酬率是每年平均一六・

㉓ 這個實驗由維拉諾瓦大學的Joan Lamm-Tennant博士所進行。

〇％，最差的是一一．四％。

● 一百支股票組，標準差一．一一％；最佳報酬率一八．三％，最差一〇％。

● 五十支股票組，標準差一．五四％；最佳報酬率一九．一％，最差八．六％。

● 十五支股票組，標準差二．七八％；最佳報酬率二六．六％，最差六．七％。

根據這些結果，我們有一個重大發現：只要降低投資組合中的個股數量，增加報酬率的可能性會提升，而且這個報酬率會比大盤來得高。但也不令人意外的是，在同一時間報酬率降低的可能性也會增加。

為了強化第一個結論，我們在整理這些數據時，也發現一些值得注意的統計數字：

● 在三千個二百五十支個股的投資組合中，有六十三個投資組合打敗大盤。

● 在三千個一百支個股的投資組合中，有三百三十七個投資組合打敗大盤。

● 在三千個五十支個股的投資組合中，有五百四十九個投資組合打敗大盤。

● 在三千個十五支個股的投資組合中，有八百零八個投資組合打敗大盤。

在擁有二百五十支個股的投資組合中，打敗大盤的機會是五十分之一；但在十五支個股的投資組合中，打敗大盤的機會就大幅上升，變成四分之一。

另外還有一個重要的考量：在這個研究中，我還未把交易費用列入計算因素。很明顯的是，如果投資組合的周轉率很高，成本也會跟著墊高。這也會降低投資人的報酬率。

至於第二個結論，更是直接強化了聰明選股的重要性，這也是不可或缺的重要環節。巴菲特園區的超級投資人都擁有非常優越的選股技巧，並不是一種巧合。如果你做的是集中投資，卻沒有良好的選股技巧，可能會出現驚人的虧損。但是，如果你已經發展出挑選對的公司的技巧，把投資組合集中在最好的個股，就能得到超額的回報。

十五年前，我們在統計實驗室中，把三千個集中型投資組合獨立出來時，算是一種簡易而直接的作法。從那之後，學者也進一步鑽研集中投資的概念，並檢驗了不同規模的投資組合的操作行為，以及更長期限的投資報酬率。其中最引人注目的是，馬丁．克里摩斯（K. J. Martijn Cremers）與安提．皮塔吉斯托（Antti Petajisto）根據他們所謂的「主動投資比率」（active share）概念，聯手針對集中投資進行了通盤的研究調查。

主動投資比率是指：在各投資組合中，各標的占基金持股權重與標竿指數權重的差異程度。這個數字會以百分比表達，不只可以用來考慮選股策略，也可以用來衡量相對於標竿指數，投資組合中持股要增加或減少的程度。克里摩斯與皮塔吉斯托認為，如果經理人的主動投資比率是六〇％或小於六〇％，就是所謂的「衣櫃指數投資人」（closet indexer），也就是說，在他們投資組合中的持股，會和他們想比較的指數大幅重疊。如果投資組合的主動投資比率是八〇％或以上，就表示其投資組合和標竿指數完全不同。

針對一九八〇年到二〇〇三年在美國發行的股票型共同基金，克里摩斯與皮塔吉斯托計算了每一檔基金的主動投資比率。想找出主動投資比率與基金特性的關聯，包括基金的規模、費用、周轉率與績效。他們最後發現，主動投資比率能預測基金的績效表現。主動投資比率高的共同基金，也就是和指數成分股差異愈大的基金，報酬率也能大幅超越標竿指數的表現；但是，主動投資比率低的基金，會比標竿指數表現更差。

最耐人尋味的是，在克里摩斯的報告中顯示，一九八〇年代，五〇%大型基金的主動投資比率是八〇%或更高。也就是說，有一半的共同基金與它們對照的標竿指數，在投資組合上有大幅的差異。但在今天，只有二五%的共同基金被認為真正做到主動投資。「投資人與基金經理人都變得更有基準意識（benchmark-aware），」克里摩斯說：「基金經理人會避免成為同業中墊底的二〇%或四〇%。要達到這個目標最安全的方法，就是緊跟著指數操作，特別是評估經理人績效表現的時間更短的時候。」

因為投資人習慣上會把表現不佳的基金的錢抽走，所以基金經理人就會把投資組合弄得更像指數，這樣就能降低績效表現大幅低於指數的機會。當然，就像我們已經學到的，投資組合愈像指數，超越指數的可能性就愈低。另外，務必要記住，任何經理人手上的投資組合和標竿指數不同時，不管差異有多小，就算是一個主動型的投資組合經理人。唯一的問題是：你的投資組合到底有多主動？

評估價值的真正方法

在有關葛拉漢與陶德的著名演講中，巴菲特講了很多重要的事，但沒有一件事比這一件意義深遠：「當股價可以被一群華爾街的群眾影響，也就是由最情緒化的人或最貪婪的人、最鬱悶的人來設定價格時，我們就很難堅稱，市場訂價永遠是理性的。事實上，市場價格經常是荒謬而無意義的。」

這件事的深遠意義在於它帶給我們的啟發。如果我們接受：價格並不是永遠理性的，我們就能夠避免短視，用它做為投資決策的唯一根據。如果我們接受「股價不是一切」的見解，就能擴大視野並聚焦在重要的事，也就是對企業進行透徹的研究與分析。當然，我們會一直想要知道股價，是因為這樣才能發現，股價什麼時候比公司的內在價值還低。問題是，這個單一面向的評估方法可能會嚴重誤導方向，因此，在巴菲特點醒這一切之後，就不必再奉股價為唯一標準了。

但是，要做到這樣的調整並不容易。因為整個投資產業裡的人，包括財富管理人、機構投資人，以及所有個別投資人，都是眼中只有股價的人。只要某支股票的價格走高，我們就會假設這家公司肯定發生了什麼好事；如果股價開始下跌，就會假設公司出了狀況，然後也跟著採取行動。

這是一種很糟糕的心理習慣，而且會因另一個習慣而惡化：用非常短期的時間評估股價的表現。我想，巴菲特一定會說，我們不只完全依賴錯誤的資訊（股價），還看得太過頻繁，然後在看到不喜歡的數字時，也太快賣掉。

這種雙重的愚蠢——以股價為根據，而且抱著短期心態，是一種嚴重的思考缺陷，但確實很普遍。這種心態刺激有些人每天都要查閱股價，有時候甚至每小時就要看一次。這就是為什麼負責數十億美元的機構投資人，隨時都要準備買進或賣出；也是共同基金經理人要以令人頭昏眼花的速度，替換投資組合中個股的理由。他們都以為，基金經理人的工作就是要做這些事。

但最叫人驚訝的是，當情勢變得令人不安時，也同樣是這批基金經理人率先鼓勵客戶要保持冷靜。他們會寄出安撫客戶的信函，說明並肯定保持目前投資方式的優點。但他們為什麼不能表現得像自己鼓吹的一樣？

由於財經媒體對基金經理人的行為，向來完整紀錄以便詳細檢驗，因此特別容易在他們身上觀察到這種矛盾。因為有這麼多的資訊，加上一般人對共同基金的熟悉和理解，我們可以從檢視價格如何影響共同基金的操作，學到只以價格為根據買賣股票是多麼愚蠢。

財經作家喬瑟夫．諾塞拉（Joseph Nocera）就指出，共同基金經理人的行為矛盾之處，他們建議股東們要「買進，然後抱住」，但在處理自己的投資組合時，卻是「買了就賣、買了就賣、買了就賣」。諾塞拉引用晨星公司唐恩．菲利普（Don Phillips）的話，證明他的確所言不虛：「基金這一行的人做的事，和他們告訴投資人要做的事，有很大的出入。」

在這裡就出現了一個很明顯的問題：如果投資人被勸告要買進，然後抱住，為什麼基金經理人每年卻要瘋狂地買賣股票？諾塞拉認為，答案就是「基金業的內部動能，讓基金經理人不可能以長期眼光操盤」。為什麼？因為共同基金這一行已經變成一種毫無意義的競賽，只比誰在短期內的績效最好，而且完全只以價格為考量。

今天，投資組合經理人為了要產生吸睛的短期績效數字，都扛著很大的壓力。因為這些數字引來外界很大的注意。每隔三個月，《華爾街日報》（*Wall Street Journal*）與《巴隆週刊》等重要財經媒體，就會刊登每一季的共同基金績效排名。過去三個月表現最佳的基金，會被移到排行榜的最前面。這些基金公司一看到排行榜排名不錯，就會趕緊推出恭賀自己的廣告與宣傳消息，然後就吸引到一筆慌慌張張趕著投入的新資金。而那些一直在等著看哪些基金經理人有所謂的「熱手」（hot hand）㉔的投資人，對這些排行榜也是看得比什麼都重要。事實上，季績效排行榜愈來愈像是用來區分真正有天分的經理人以及平庸的經理人。

對短期價格表現異常執迷的現象，雖然在共同基金圈特別明顯，但其實幾乎主導了整個投資產業的思維。現在的投資環境已經不再以長期表現來評估經理人了。即使自己管理資金的人，也被這種不健康的投資環境感染。從很多方面來看，我們已經被一種保證績效不佳的市場機制綁架了。

我們被困在一個惡性循環中，似乎無路可逃。但我們已經學到，的確有一個方法可以改善投資績效。我們必須做的是，找到一個評估績效更好的方法。但殘酷的諷刺在於，長期可能創造高於平均報酬率的策略，似乎與一般判斷績效的方式不相容。

一九八六年，一位哥倫比亞商學院校友、同時也是美國信託（U.S. Trust）的投資組合

㉔熱手：指手氣好的人。

經理人尤金．沙漢（V. Eugene Shahan），針對巴菲特發表的「葛拉漢與陶德園區的超級投資人」演說，寫了一篇文章。在篇名為〈短期績效與價值投資互相排斥嗎？〉一文中，沙漢提出了我們正在問的問題：以短期績效評估基金經理人是否恰當？

他指出，除了巴菲特本人之外，很多被巴菲特描述為「超級投資人」的人，不可否認這些人的投資技巧都很好，也都很成功，但他們都面對短期績效不佳的事實。在龜兔賽跑的財富管理版本中，沙漢的感想是：「基本上關心短期績效的投資人，可能會把短期績效做得很好，卻犧牲了長期的績效，這可能是人生中的另一個諷刺吧。葛拉漢與陶德園區的超級投資人能創造驚人的紀錄，就是他們並不在乎短期的績效表現。」沙漢也提及，在今天的共同基金績效比賽中，有可能就會忽略掉葛拉漢與陶德園區的超級投資人。巴菲特園區的超級投資人，可能也會面臨一樣的下場。

管理切斯特基金十八年的凱因斯，他的績效在三分之一的時間都比大盤差。事實上，他管理基金的頭三年績效不佳，落後大盤十八個百分點。

紅杉基金也有類似的故事。在特別的期間內，紅杉基金有三七％的時間績效落後大盤。就像凱因斯，盧恩也經歷了收成的痛苦。他坦承：「在這些年，我們定期成為績效不佳王。我們在一九七〇年年中左右，抱著一個模糊的願景成立紅杉基金，連著四年，績效都比標準普爾五百指數差。」到了一九七四年底，紅杉基金整個落後大盤三十六個百分點。「我們躲在桌子底下，不敢接任何電話。我們也很想知道：這場暴風雨是否會平息下來？」當然，暴風雨最後一定會平息。從創立開始的七年後，紅杉基金的報酬率是二二〇％，但標準普爾五百指數只有六〇％。

即使蒙格也無法避開集中投資必然會遇到的坑坑洞洞。在十四年期間，蒙格有三六％的時間，都處於績效不佳的狀態。就像其他集中型投資人，蒙格也遇到一連串短期的壞運氣。從一九七二到一九七四年，蒙格落後大盤三十七個百分點。在十七年之間，辛普森也有二四％的時間落後大盤。他績效最糟的一年，是落後大盤十五個百分點。

很巧的是，我們在分析三千個集中型投資組合時，也看到相同的績效趨勢。在十年期間打敗大盤的八百零八個投資組合中，竟然有高達九五％的投資組合，歷經了長時間績效不佳的狀態，在十年中可能有三年、四年、五年，甚至有六年落後大盤。

如果凱因斯、蒙格、盧恩或辛普森，是在今天的環境中才剛踏入投資這一行的菜鳥經理人，也就是只重視一年績效的環境，你認為他們會有什麼下場？

但是，如果採取集中策略可能會導致短期績效不佳，而且又只用價格當成評估指標時，要如何分辨我們正在觀察的操盤手，是一個一年績效很糟（或甚至三年都很糟），但長期會做得很好的聰明投資人，還是一個根本沒有集中投資技巧的經理人？

我們可以想像巴菲特可能會怎麼說。對他來說，這件事的道理很清楚：我們不該堅持把價格當成唯一評估指標，也必須打破短期判斷這種毫無生產力的習慣。

如果價格不是評估的指標，該用什麼來替代？「沒有」並不是一個好答案。即使是「買進然後抱住」策略，也不建議你要一直閉上眼睛。我們只是要找出另一個衡量績效的基準。幸運的是，真的有這麼一個基準，而且這也是巴菲特判斷他的績效以及他在波克夏操盤的單位績效，所使用的評估基礎。

巴菲特曾經說過：「如果股市封關一年或兩年，我也不會在意。畢竟，股市都在星期六和星期日休息，也未對我造成困擾。」他認為：「交易市場活絡滿有用的，因為它能定期提供令人垂涎的投資機會。但它絕對不是必要的。」

要完全掌握巴菲特話中的意義，必須用心思考他接下來說的話：「我們持有的股票長時間不交易，並不會比波克夏完全持有的子公司沒有天天報價，讓我們更困擾。我們最後的經濟命運是好是壞，由我們持有的公司的經濟命運決定——不管我們是以部分持有或全部持有這些股票。」

如果你持有一家公司的股票，但沒有天天變化的股價讓你評估公司的表現，你要怎麼判斷你的投資是賺還是虧？你很可能會去看公司的盈餘成長率、資本報酬成長率或營業利益成長率。你會直接讓公司的經濟數字，決定這筆投資的價值是增加，還是減少。在巴菲特心裡，評估一家公開交易的公司績效的檢驗方法，並沒有什麼不同。巴菲特說：「雖然股票可以交易，但查理和我評估公司績效時，看的是公司的營運結果，而不是讓每天或每年的股價來告訴我們，我們的投資究竟是成功還是失敗。市場可能會在一時之間忽視了一家公司的成功之處，但市場終究會給出一個公道。」

但我們是否能因為挑對公司，而得到市場的獎勵？一家公司的營業利益與股價是否有很強烈的關聯？如果有適當的期限，答案顯然是對的。

我們用實驗中的一萬二千家公司的資料，著手釐清股價與營業利益的關連時發現，時間愈長，關聯愈強。持有股票三年，股價與營業利益的關聯性介於〇・一三一到〇・三六〇。（關聯性〇・三六〇表示，三六％的價格變數可以從利益變數來解釋）。持股五年的話，關聯性就介於〇・三七四到〇・五九九。持股拉長到十年，股價與利益的關連性就提高到〇・五九三到〇・六九五之間。

這個發現支持了巴菲特的論點，只要時間夠長，公司股價便會與公司的經濟表現一致。但巴菲特也警告大家，把利益轉換成股價，是「不公平」也「無法預測」的事。雖然利益與股價的關係會隨著時間強化，但不一定總是可以預見得到。巴菲特指出：「雖然長期下來市值會追上公司的價值，但在任何一年內，兩者的關係可能會變化無常。」葛拉漢也提醒我們同樣的事：「股市在短期內是一部投票機，長期下來卻是一部秤重機。」

各式各樣的評估指標

很顯然的，巴菲特一點都不急著要市場確認他已知是正確的事。「公司的成功被股市認可的速度，並不是很重要的事，只要公司的內在價值以令人滿意的速度增加就好。」他說：「事實上，市場拖延認可的時間，反而有個好處，讓你有機會以便宜的價格買進更多股票。」

為了幫助股東理解波克夏海薩威大量持有的股票價值，巴菲特創造了「透視盈餘」

（look-through earnings）[25]一詞。透視盈餘包括所有波克夏子公司的盈餘，波克夏持股公司的保留盈餘，以及如果保留盈餘都用光了後必須支付的稅金。

透視盈餘的概念一開始是巴菲特為波克夏股東設計的，但也為集中型投資人在偶爾公司股價與基本經濟表現脫鉤，仍想理解投資組合的價值時，提供了很重要的參考。巴菲特說：「每一個投資人的目標應該是，創造一個從現在起大約十年期間，能達到最高透視盈餘的投資組合（也就是一個公司）。」

根據巴菲特的表現，自從一九六五年開始，也就是巴菲特主導波克夏海薩威的控制權時，公司的透視盈餘幾乎是以公司持有的有價證券的市價成長率在增加。但是，這兩個數值不一定總是同步成長。有時候，盈餘成長得比股價快；但其他時候，股價又比盈餘成長得更快。重要的是要記住：時間愈久，兩者關聯愈大。巴菲特的建言是：「這種投資方法會逼迫投資人去思考長期的公司前景，而不是短期的市場前景，就可能改善投資成果。」

巴菲特在考慮一件新的投資案時，會先檢視已經擁有的持股，然後看看新的投資案是否更好。巴菲特現在擁有的持股，就是他的經濟衡量指標，用來比較可能的投資案。蒙格特別強調：「巴菲特說的話，對每個投資人都很實用，對一般投資人來說，已經擁有的持股，也是你最好的衡量指標。」接下來最重要但也經常被忽略的訣竅，就是增加投資組合的價值。「如果你正考慮的新標的，並沒有比你已經知道的機會更好，那就是沒有達到你的門檻。這樣就可以篩掉你看到的九九％的投資機會。」

用巴菲特的方式來看，如果你現在手上有持股，這些持股就是你的經濟基準，也就是你的衡量指標。你可以用不同的方式定義你個人的經濟基準，可能是透視盈餘、股東權益報酬率或安全邊際。當你在投資組合中買進或賣出一家公司的股票時，你不是提高就是降低自己的經濟基準。一個長期持有股票、並相信股價最終會符合公司基本經濟表現的投資組合經理人，他的工作就是要想盡辦法提高個人的經濟基準。

退後一步想一想，其實標準普爾五百指數就是一個衡量指標。它是由五百家公司組成，每一家公司都有自己的報酬率。為了長期下來打敗標準普爾五百指數，也就是提高這個表現基準，我們就必須彙集與管理一個投資組合，其中組成公司的經濟表現，要比這個指數的加權平均表現更佳優越。

巴菲特就說：「如果我挑選的公司範圍很有限，例如說，只挑奧馬哈的私人公司，首先，我會評估每一家公司的長期經濟特質；第二，評估經營團隊的素質；第三，以合理價格買進少數最好的公司。我當然不會希望，每一家城裡的公司都有相同的持股比例。所以，波克夏在面對更大的公開上市公司範圍時，為什麼要採取不一樣的行動方針呢？找到優質公司與出色經理人並不容易，我們為什麼要放棄可靠的產品？我們的格言就是：如果你一開始真的成功，就不要再嘗試其他方法了。」

㉕透視盈餘：在會計上，如果A公司投資B公司小於股權的二〇％時，B公司即使每年賺一百萬，A公司在財報上也不認列任何獲利；只有B公司發放股利時，A公司才能認列這些股利。但巴菲特認為，波克夏投資很多優質公司雖然不到二〇％，但這些公司的保留盈餘也能為波克夏創造更多獲利，所以提出「透視盈餘」的概念。

集中投資一定是長期投資。如果問巴菲特，他認為理想的持有期限，他一定會回答：「永遠」，只要這家公司繼續創造高於平均值的表現，而且經營者以理性態度配置公司的盈餘。巴菲特進一步解釋：「沒有任何作為，其實是很明智的行為。我們或大部分公司的經營者，都不會因為聯準會預測貼現率的小小變動，或有些華爾街權威人士翻轉對市場的看法，就夢想著要一頭熱地買賣很賺錢的子公司。所以，面對這些只是持有少數股票的優秀公司，我們為什麼要做出改變？」

但是，如果你手上的公司很糟糕，當然得換，否則就是抱著爛公司太久了。但如果你持有的是一家優質企業，最不該做的事就是賣掉。

這種管理投資組合的懶人法，對於習慣經常買進賣出的人來說可能很奇怪，但這個方法除了資本會以高於平均值的速度成長之外，還有兩個重要的經濟利益。它會降低交易成本，並增加稅後報酬率。每個好處本身就極有價值，綜合好處更是無窮。

芝加哥共同基金研究公司晨星，在評估美國三千六百五十支股票基金時發現，低周轉率的基金報酬率，比高周轉率的基金要來得高。晨星公司的研究發現，經過十年下來，周轉率在二〇％以下的基金，比周轉率高於一〇〇％的基金，多了一四％的報酬率。

這個常見的市場動態，因為太過明顯，反而被人忽略。高周轉率的問題在於，所有交易的手續費成本都會加到基金上，這會降低你的淨報酬。

除了免稅帳戶，稅金是投資人面對的最大費用，甚至比經紀人手續費更高，而且通常比經營一個基金的操作費用[26]比率來得高。事實上，稅金已經成為基金報酬不佳的主要原因。在知名的《投資組合管理雜誌》（*Journal of Portfolio Management*）發表〈你的阿爾法係數[27]是不是大到夠付稅金？〉一文的作者、也是財富管理人羅伯特．傑弗瑞（Robert Jeffrey）與羅伯特．阿諾特（Robert Arnott）就指出：「這真是個壞消息。但好消息是，確實有其他交易策略能大幅降低這些普遍被忽略的稅收問題。」

簡而言之，關鍵策略牽涉到另一個通常也被低估的常識：未實現獲利的無窮價值。當一支股票的股價上漲，但投資人並未賣出，增加的價值就是未實現獲利。除非股票賣掉，否則就不會有資本利得的稅要繳。如果你把這些獲利放著不動，你的錢會累積得更快。

整體來說，投資人太常低估未實現獲利的無窮價值，巴菲特則把未實現獲利稱為「向財政部借來的零利率貸款」。為了說清楚他的論點，巴菲特要大家想像一下，如果你買了一美元的投資案，然後每年的價格會變兩倍，會發生什麼事？如果你在第一年年底賣掉，你的淨獲利會是〇．六六美元（假設你的稅率是三四％）。假設你把這一．六六美元再投資進去，在第二年年底的價值又翻一倍。如果這筆投資每年都會繼續翻倍，而且你繼續賣出，付稅，再投資，到了第二十年的年底，你的淨獲利會是二萬五千二百美元，但會付掉一萬三千美元

---

[26] 操作費用：指基金公司經營一檔共同基金的費用支出，操作費用最大的部分，是支付給基金經理人或顧問的服務費，其他包括紀錄保存、託管服務、賦稅、法律、會計，以及審計費。基金的交易費用，也是買賣標的的開銷，並不算在內。

[27] 阿爾法係數：平均實際回報和平均預期回報的差額即 α 係數。

的稅。但如果你都沒賣，那麼到了第二十年年底，你的獲利會是六十九萬二千美元，付掉的稅大約是三十五萬六千美元。

傑弗瑞與阿諾特的研究結論是，想達到很高的稅後報酬率，投資人就必須把投資組合的每年平均周轉率維持在〇到二〇%之間。哪些投資策略可以保持最低的周轉率？一個是低周轉率的指數型基金，另一個就是集中型的投資組合。他們指出：「這聽起來有點像是婚前諮商，但就是這樣，你要試著組成一個可以和你一起共同生活很久很久的投資組合。」

在結束這章之前，最關鍵也最重要的是，要認真思考集中投資法到底意味著什麼：

一、首先，除非你願意把股票想成是擁有公司的部分股權，否則不要接近股市。

二、要有心理準備，必須認真勤奮地研究你持有的公司以及競爭的公司，要抱著沒有人比你知道更多的觀念。

三、除非你願意最少投資五年（十年更好），否則不要做集中型投資組合。

四、不要借錢來做集中型投資組合。不借錢的情況下，集中型的投資組合就能幫你達成目標，而且速度已經夠快了。記住，一次無預期的資金繳回，就可能會摧毀你精心配置的投資組合。

五、接受現實：集中型投資人需要對的性格與個性。

做為集中型投資人，你應該設定的目標是，對自己投資的公司的了解程度，華爾街無人能與你匹敵。你可能會抗議，這實在太不切實際了。但你想想看華爾街正在鼓吹的東西，可能沒有你想像中的困難。華爾街賣的是短期績效，強調的是一季一季可能會發生的事。相反的，公司所有人比較在意公司的長期競爭優勢。如果你願意認真研究一家公司，假以時日，你就可能比一般投資人更了解持有股票的公司，而這一點就是你必須取得的所有優勢。

有些投資人寧願碎念「真不知道股市在搞什麼」，也不願意靜下心來，好好讀一本年報。但是在雞尾酒聚會上討論股市與利率的未來方向，不會比花三十分鐘研讀你投資的公司提供的最新訊息，更能讓你賺到錢。

這樣要投入的精力實在太多了？其實比你想像的可能容易多了。不必學電腦程式，也不需要兩吋厚的投資銀行年報。你不需要變成評估公司的MBA權威，也能從集中投資法獲利。評估一家公司的內在價值，然後用一個比這個內在價值更低的價格買進，並不是什麼高深的科學。

巴菲特坦承：「你不必是研究火箭的科學家。投資並不是智商一百六的人打敗智商一百三的人。投資人的腦袋大小，並沒有比把大腦與情緒分離的能力更重要。」改變你的投資方法，包括你以後的方法，繼續前進，與股市互動，會牽涉到某些情緒與心理上的調適。即使你已經完全接受集中投資法的數學論點，即使你已經看見其他非常聰明的人也靠集中投資法成功，在情感上，你可能還是會覺得猶豫。

關鍵就是，要用適當的觀點看待情緒，如果你了解在應用巴菲特投資法時會牽涉到的某些基本心理，可能就會容易得多了，這就是下一章要探討的主題。

第6章
投資心理學
面對金錢時的情緒化反應

巴菲特第一次買股票時，在財務上與情感上都受到很大的挫折，我想我們可以原諒他，畢竟當時他才十一歲。你可能還記得第一章提過，巴菲特和他姐姐多麗絲把存款湊起來，以每股三八．二五美元的價格，總共買了六股城市服務公司的特別股。幾個月後，這支股票的交易價格是二六．九五美元，跌了三〇％。

即使在這麼小的年紀，巴菲特也做足了功課，當時包括分析股價圖，才去投資他父親最喜歡的一支股票。但是多麗絲仍然失去理智，以為自己的荷包正在失血，每天都纏著弟弟，擔心投資的事。於是，當城市服務特別股股價反彈，他們投資的錢也沒虧到時，巴菲特就把股票賣了，然後就眼睜睜看著股價飆破到不可思議的二百美元。

雖然這次的經驗很慘痛，但巴菲特在股市的初體驗並非一事無成。他確實學到兩件很重要的事，第一，耐心很重要；第二，雖然短期的股價變化可能和公司價值沒有太大關係，卻能造成情緒的嚴重不安。下一章我們將檢視耐心在長期投資中的作用，這一章我們要來探討，短期股價變化經常在投資人行為上造成破壞性的影響。這個主題將帶領我們進入迷人的心理學領域。

有幾件事，比人在面對金錢時更加情緒化。尤其是談到股市時，這一點特別重要。人們決定買股票，有很多因素，而且只能用行為原則來解釋。由於在定義上，市場就是所有買股票的人的集體決策，因此整個市場受到各種心理力量拉扯的說法，一點也不誇張。

心理學與經濟學的交集

到底是什麼因素讓人採取行動，其實是一個魅力無窮的研究題目。特別引起我好奇的是，這在投資世界發揮非常重大的作用。一般來說，投資世界被認為是充滿著冷冰冰的數字與毫無靈魂的數據。但一牽涉到投資決策時，我們的行為有時候就會變得很古怪，通常充滿矛盾，偶爾還很愚蠢。

特別值得警惕、也是所有投資人都必須謹記在心的一點是，他們通常沒意識到自己做的是很糟糕的決策。為了完全了解市場與投資，我們現在知道，我們必須要了解自己的非理性。誤判心理學的研究對投資人的重要性，就像分析資產負債表與損益表一樣。

最近幾年，我們已經見識到稱得上是革命的新領域，那就是藉由人類行為的架構，檢視財務議題的新方法。這種混合經濟學與心理學的學問，被稱為「行為財務學」（behavioral finance）。這門學問現在也已從大學象牙塔，慢慢轉移到投資專業人士之間成為話題了。這些人如果看看彼此的肩膀後面，說不定會發現葛拉漢掛著微笑的身影。

市場先生

公認為財務分析之父的葛拉漢，針對如何以數學為方法在股市中導航，已經教了三代人。但他對心理學與投資之間關係的教誨卻常被忽略。在《有價證券分析》與《智慧型股票投資人》兩書中，葛拉漢花了很大的篇幅解釋，投資人的情緒如何刺激股市行情的起伏。

葛拉漢發現，投資人最大的敵人不是股市，而是自己。他們可能有優越的數學、財務與會計能力，但不能掌控自己情緒的人，在投資過程中就賺不到錢。

就像葛拉漢最出名的學生巴菲特所解釋：「葛拉漢的投資方法有三個很重要的原則，第一，把持有股票當成擁有公司來看待，這一點會「帶給你和大部分投資人完全不同的角度」。第二個原則就是安全邊際概念，這個原則會「帶給你競爭優勢」；第三個原則就是擁有投資人面對股市的正確態度。巴菲特指出：「如果你擁有這種態度，你就贏過九九%在股市操作股票的人，這可是一個巨大的優勢。」

葛拉漢指出，要培養正確的投資態度，就必須在財務與心理上，對市場不可避免的上下震盪有所準備，而且不只是知道股市一定會下跌，而是在真的發生下跌時，能保持情緒穩定，才能適當因應市場的下跌走勢。在葛拉漢的看法中，投資人對市場下跌的適當因應做法，應該要像企業家收到一份不吸引人的報價一樣：看都不必看。葛拉漢說：「真正的投資人很少被迫賣股票，而且在其他大部分的時間，也可以很自在地完全忽視目前的股價。」

為了讓大家了解他的論點，葛拉漢創造了一個「市場先生」的角色。市場先生的精采故事眾所周知，讓人可以理解股價如何以及為何會定期偏離理性。

想像一下，你和市場先生是一家私人公司的合夥人。每一天，市場先生一定會給你一個報價，這個價格就是他願意買你的股權或是他想把股權賣給你的價格。

幸運的是，你們的公司擁有穩定的經濟特質，但市場先生的報價卻完全不是這麼一回事。現在你知道了吧，市場先生的情緒一點都不穩定。在某些日子，他會特別興高采烈，只看見以後的日子一定會更好。在這時候，他就會為公司股票報出一個非常高的價格。但在其他時候，市場先生心情低落，只看見以後還會有更多問題，就會報出一個非常低的價格。

葛拉漢說，市場先生還有一個可愛的個性，就是他不介意被冷落。如果沒有人理會市場先生的報價，他明天就會提出一個新報價。葛拉漢也警告，這是市場先生的記事本，並不是他的智慧，這個警告很有用。如果市場先生做出愚蠢的事，你可以完全忽略他，或善加利用這個機會；但如果你完全受到他的影響，那就會變成災難了。

從葛拉漢開始創造市場先生這個人物，已經六十多年過去了。但葛拉漢一再警告投資人要避開的判斷疏失，大致上還是一直發生。投資人的行動依然很不理性。股票市場也一直瀰漫著恐懼與貪婪的心態。愚蠢的錯誤也依然司空見慣。因此，在做出良好商業判斷的同時，投資人必須了解如何保護自己，不受市場先生釋放的情緒旋風影響。為了達到這個目的，我們必須熟悉行為財務學，也就是財務與心理學交會的部分。

行為財務學

行為財務學是嘗試藉由心理學理論，解釋市場不具有效率的一種調查研究。學者觀察到人們在處理自己的金錢事務時，經常做出愚蠢的錯誤以及不合邏輯的假設，因此開始深入挖掘心理學的概念，以解釋人們的非理性思考。這是一個相對非常新的研究領域，也是我們正在學習的研究內容，非常引人入勝；對聰明的投資人來說，極為有用。

過度自信

有幾個心理學研究已經指出，會發生判斷錯誤通常是因為過度自信。有一個研究是，請一大群人描述自己的開車技術，絕大多數人會說，他們比一般人好。另外還有一個例子：醫生都認為，自己對診斷肺炎有九〇%的信心；但事實上，他們只有一半時間診斷正確。普林斯頓大學威爾遜公共與國際事務學院（Woodrow Wilson School of Public and International Affairs）心理學與公共事務教授、同時也是諾貝爾經濟學獎得主丹尼爾・康納曼（Daniel Kahneman）指出：「對一般人來說，最難想像的是，自己並沒有比一般人聰明。」但殘酷的現實是，不是每個人都能比一般人更好。

自信本身並非壞事，但過度自信就是另外一回事了，而且，在處理財務問題時，過度自信特別具有破壞力。過度自信的投資人不只會做出愚蠢的決策，也會對整個市場產生強大的作用力。

投資人通常會高度自信，認為自己比其他人聰明，也有過度高估自己技能與知識的傾向。他們通常只會採用能證實自己的資訊，而忽略掉矛盾的資訊。另外，通常只評估已知的資訊，而不去找沒什麼人知道的資訊。我們經常可以看到，投資人與財富管理人天生就認為，他們掌握了更好的資訊，足以打敗其他投資人，所以他們能賺到錢。

過度自信解釋了為什麼有那麼多財富管理人會做出錯誤決策。他們對於收集到的資訊太過自信，還認為這些資訊都很正確，但其實並非如此。如果所有的玩家都認為自己的資訊是正確的，而且他們知道別人不知道的事，結果就會出現大量的交易行為。

過度反應偏差

在行為財務學領域裡最重要的一號人物，就是行為科學與經濟學教授理查德・塔勒（Richard Thaler），他為了研究投資人的理性行為，從康乃爾大學轉到芝加哥大學。他指出幾個最近的研究顯示，人們會過度強調幾個偶然事件，認為自己看到了趨勢。投資人特別容易看重自己最新取得的資訊，並根據這些資訊推論；因此，在他們的心目中，最新的盈餘報告就變成未來盈餘的訊號。然後他們也相信自己看到別人所未見的資訊，於是便根據非常膚淺的推理，很快地做出決定。

當然，在這情形下也有過度自信作祟，人們都以為自己對資訊了解得比別人透徹，也解讀得比別人好。過度自信又因為過度反應而強化。行為學家已經發現，遇到壞消息人們很容易過度反應；但遇到好消息時反應就很慢。心理學家把這個現象稱為「過度反應偏差」（overreaction bias）。因此，如果短期盈餘報告結果不佳，典型的投資人反應就是會忽然出現思慮不周的過度反應，這樣做的同時也不可避免影響到股價。塔勒把過度強調短期資訊的行為，套用醫學上的近視用語稱為投資人的「近視」現象，他也認為，大部分投資人如果沒收到每個月的財務報告，可能對他們比較好。

為了說明他對過度反應的觀點，他做了一個簡易分析。他把紐約證券交易所的所有股票，根據過去五年的績效表現做排名。他挑出三十五支表現最好的股票（股價漲最多），以及三十五支表現最差的股票（股價跌最兇），然後把這七十支股票組成一個假想的投資組合。接下來五年，他繼續持有這些投資組合，結果，有四〇%的時間，「表現差的股票」其實勝過「表現好的股票」。塔勒認為，在真實世界中，很少投資人在看到價格下跌的第一個訊號時可以忍住，不做過度反應，也因此會錯失股票開始反轉的好處。

其實，大家對過度反應偏誤概念的了解，已經有好一段時間了，但在過去這幾年，這個心理偏差又因現代科技而惡化。在網際網路與有線電視金融新聞出現之前，大部分投資人並不會頻繁查看股價。他們可能會在每個月底讀一下經紀人的報告，每三個月結束時看一下該季的投資成果，然後在每年年底，動手記錄年度的績效表現。

但在今天，由於傳播科技的進步，投資人已經可以隨時隨地、持續不斷地查看股市行情。不管是汽車或火車上，行動裝置也可以讓人隨時查看投資組合的表現。不管是要去開會，或剛開完會，或是排隊等著結帳，短短幾分鐘，都能快速查一下績效。線上交易帳戶也可以告訴你，從開盤以來，你的投資組合表現得如何。這些帳戶還能幫你計算過去一天、五天、十天、每一個月、每一季，以及每一年報酬率的表現。簡而言之，投資人每天二十四小時裡的每一秒鐘，都可以查看自己的股票價格。

對投資人來說，這樣不斷查看股價，算是一種健康的行為嗎？塔勒的回答很乾脆：「投資股票，然後乾脆都不要看信。」塔勒經常在由美國全國經濟研究署（National Bureau of Economic Research）與哈佛大學甘迺迪政府學院（John F. Kennedy School of Government）贊助舉辦的行為學派研討會上發表演說，他在結論中總是會加入這個建言。針對這個建議，我們可以再加上：「而且不要每一分鐘就查看電腦、手機，或其他任何電子裝置。」

規避損失

多麗絲纏著她弟弟碎念有關城市服務特別股的投資時，就是一個清楚的例子，顯示她很難忍受股價下跌的不安。但我們也不要太苛責多麗絲，因為她受到的情緒煎熬，每一天都在影響著無數投資人。這種心理狀態稱為「規避損失」（loss aversion），而且我認為，這是阻礙大部分投資人，無法成功應用巴菲特投資法最重要的一個障礙。

這個心理現象在三十五年前被兩位大師發現，一位是在本章前面提到的諾貝爾獎得主康納曼，一位是史丹佛大學心理學教授阿莫斯・特沃斯基（Amos Tversky）。長期合作研究的這兩個人，都對決策理論很感興趣。

一九七九年，康納曼與特沃斯基合寫了一篇論文，篇名為〈展望理論：風險中的決策分析〉。這篇文章後來成為頗具聲望的經濟學術期刊《計量經濟學》（*Econometrica*）有史以來最常被引用的論文。在這篇文章發表之前，約翰・馮紐曼（John von Neumann）與奧斯卡・摩根斯坦（Oskar Morgenstern）在一九九四年出版的《賽局理論與經濟行為》（*Theory of Games and Economic Behavior*）一書中，大力推廣的決策效用理論（utility theory），在經濟學中已經是被廣為接受的教條。效用理論主張，人在做決策時，如何呈現選擇的方案並不重要；最重要的是，對那個人來說，他會去做對他最有利的事。舉例來說，如果在遊戲中，贏的機會是六五%，輸的機會是三五%，根據效用理論，這個人就應該下場，因為根據輸贏結果，很明顯對那個人有利。

效用理論用到的是很基本的數學。在一個理想世界中，這是做決策的完美方法。但是康納曼與特沃斯基接受的是心理學家的訓練，而不是經濟學家，他們兩人並不是那麼確認這點。他們兩人的職業生涯都在研究人在做判斷時會犯的特定錯誤，而且已經發現，個人在權衡得失時，並不完全一樣。根據效用理論，最後的資產決定價值；但根據康納曼與特沃斯基的展望理論，個別的得失會決定價值。康納曼與特沃斯基也能證明，人們並不是根據效用理論看待最後的財富，而是把注意力集中在增加的獲利或虧損，因為這會影響到最後的財富。在展望理論中，最重要的發現是，人有規避損失的傾向。事實上，康納曼與特沃斯基也用數學證明，對於相同金額的輸贏，人們對輸錢的懊悔程度，比贏錢的高興程度，強烈兩倍或兩倍半。

換句話說，輸錢的痛苦比贏錢的喜悅強烈多了。很多實驗也顯示，人們必須要有兩倍的正面因素，才能克服一個負面因素。在一個五十比五十的賭注中，輸贏的機率完全相等時，大部分的人都不想冒任何風險，除非贏的機會是輸的機會的兩倍，才會願意玩。

這被稱為不對稱的規避損失：缺點比優點的衝擊更大，而且這是人類心理學的基本面向。把這一點應用到股市上就表示，投資人為虧錢股票感到痛苦的程度，比挑到賺錢股票而開心的程度，強烈兩倍。規避損失在投資決策上的影響非常明顯，也很重大。因為我們都想相信，自己做的是好決策。為了保持我們對自己的良好感覺，對於壞決策，我們會堅持很久並希望事情能好轉。只要不把虧錢股票賣掉，我們就不必面對自己的失敗。

規避損失的心態會讓投資人過度保守。參與401k退休金計畫的人，面對的期限是以數十年為單位，卻依然把大量的錢投在債券市場。為什麼？只有強烈的規避損失感，會讓一個人的資金配置如此保守。短期來說，規避損失的心態會讓人非理性地死抱著虧損的股票。沒有人想承認自己犯了錯。但如果不把買錯的股票盡早賣掉，就是放棄了重新投資可能賺到的錢。

心理帳戶

這些年來，塔勒很幸運地可以在行為財務學領域做研究，並和康納曼與特沃斯基以及其他學者一起合作，他也寫了幾篇有關決策的文章，大多都收錄在他一九九二年出版的暢銷書《贏家的詛咒：不理性的行為如何影響決策？》（*The Winner's Cursee*）中。但讓塔勒最出名的是，他在一九九五年寫的〈短視的損失規避與股權風險溢價〉文章中。這篇文章的共同作者是加州大學洛杉磯分校安德森商學院（UCLA Anderson School of Management）行為決策小組的聯合主席所羅門．班納茲（Shlomo Benartzi）教授。在這篇文章中，塔勒與班納茲採用康納曼與特沃斯基在展望理論中描述的規避損失心理，並把它直接和股票市場連結。

塔勒與班納茲對一個核心問題感到非常困惑：為什麼有長時間做投資的人，即使知道股票的報酬率總是能打敗債券，還是想買債券，而不買股票？他們認為，這個問題的答案就在康納曼與特沃斯基提出的兩個核心概念中。第一個是我們已經探討過的規避損失。第二個行為概念稱為「心理帳戶」（mental accounting），這是人們在心理上為不同財務設定用途的方法，特別是指當環境改變時，也會改變對金錢看法的習慣。我們在心理上傾向把錢放進不同的「帳戶」，並因此決定如何思考使用這筆錢。

舉一個簡單的例子就可以說明這一點。想像一下，你晚上剛和另一半從外頭回到家。你伸手拿皮夾要付錢給保母，卻發現你以為應該有的二十美元鈔票，竟然不在錢包裡。所以你只好在開車送保母回家時，在路上的自動櫃員機停下來，領出另外的二十美元。然後隔天發現，原來那二十美元在外套口袋。

如果你像大部分的人一樣，意外發現口袋多出二十美元，你的反應應該會很高興。即使這原來的二十美元，與後來的二十美元，都是從你的銀行戶頭領出來，而且都是你辛苦賺來的錢，但因為你現在手上拿著的二十美元，是你沒預期到的錢，所以你即使把這筆錢隨便花掉，也會覺得很自在。

塔勒再一次提出一個很有趣的學術實驗來說明這個概念。在他的研究中，一開始就把一群人分成兩組。他們給第一組三十美元，並告訴他們有兩個選擇：第一，把錢放在口袋，然後走人；第二，賭一下丟硬幣，如果贏了，可以多拿九美元，如果輸了，就要交出九美元。大部分的人（七〇％）都選擇賭一把，因為他們料想的是，他們最後至少會有二十一美元。但第二組的人面對的選擇不一樣：第一個選擇：一樣要玩丟硬幣遊戲，但贏的話，可以拿到三十九美元；如果輸，只拿到二十一美元。第二個選擇：不玩丟硬幣，直接拿三十美元。超過一半的人（五七％）決定，要確實可以拿到的錢。這兩組人面對相同的機率，贏得相同的金額，但他們的認知卻完全不同。

這個實驗隱含的意義非常清楚：我們如何決定投資以及如何選擇管理這些投資，與我們如何思考這些錢有很大的關係。例如，心理帳戶也被用來進一步解釋，投資人為什麼不把表現很差的股票賣掉，因為他們認為，除非他們確實採取行動把股票賣掉，否則這些損失並不是真實發生的事。心理帳戶也幫助我們理解我們對風險的承受度：對於撿到的意外之財，我們更願意拿來冒險。

短視的規避損失

塔勒與班納滋的研究還沒結束。塔勒想起諾貝爾經濟學獎得主保羅・薩繆森（Paul Samuelson）率先提出的一個財務謎題。一九六三年，薩繆森問一個同事，是否願意接受以下的賭注：五〇％的機會贏得二百美元，或是有五〇％的機會輸掉一百美元。根據薩繆森的說法，這個同事一開始先是拒絕了這個賭注，但重新考慮之後，他說，如果他可以玩一百次，而且不必看每一次的結果，他會很高興玩這個遊戲。在新規則下玩遊戲的意願，讓塔勒與班納滋引發了一個想法。

薩繆森的同事願意接受賭注，但有兩個限定條件：延長遊戲的時間，並降低看結果的頻率。把這個觀察應用到投資行為，塔勒與班納滋推論，只要不頻繁地評估投資標的的價值，投資人持有一項資產的時間愈久，資產就會愈有吸引力。

在分析過去的投資報酬時，我們發現，大部分長期投資的報酬，是只占七%的交易時間所產生的結果。剩下九三%的交易時間，報酬平均起來大約是零。因此可以發現一件非常清楚的事，在更短期間內評估績效，會增加投資組合虧損的機會。如果你每天都要查看投資組合的績效，就有五〇%的機率會虧損。如果你延長評估時間到一個月，機率不會改變太多。

但如果你不要每天查看績效，就不會有每天看到價格起伏不定的不安；另外，你持有得愈久，就愈不會看到股價的波動性，你的投資選擇就會愈有吸引力。換個方式說，造成投資人情緒風暴的兩個因素是「規避損失」與「頻繁評估績效」。塔勒與班納滋應用醫學上的近視用語，創造出「短視的損失規避」，以反應規避損失結合頻繁評估績效的情形。

接著，塔勒與班納滋進一步想找出理想的投資時間架構。我們都知道，在短期內，股票價格比債券價格的波動性更大。我們也知道，如果我們願意拉長衡量股價變化的時間，股票報酬率的標準差也會降低。但塔勒與班納滋想知道的是：投資人必須維持不看股票績效多久的時間，才能對股票相對於債券的短視損失規避無動於衷？答案是「一年」。

塔勒與班納滋以一小時、一天、一個星期、一個月、一年、十年與一百年為投資期限，檢驗股票的報酬率、標準差與賺錢的可能性。接著，他們根據康納曼與特沃斯基的損失規避因子，應用簡易的效用理論作用（效用等於價格上漲的機率減價格下跌的機率乘以二）。根據這個數學算式，在一年的觀察期間內，投資人的情緒效用因子都不會變成正值。我經常納悶，巴菲特偏愛股市一年只開盤交易一次，不正巧吻合短視損失規避的心理學發現嗎？

塔勒與班納滋主張，我們談到規避損失時，必須考慮到計算報酬率的頻率。如果投資人評估投資組合績效的時間愈來愈短，就不會被波動性高的股票吸引。「規避損失是人生中的事實，」塔勒與班納滋解釋：「但相反的評估頻率，至少可以在原則上改變的選擇策略。」

旅鼠效應

另一個向投資人招手的心理陷阱，就是不管合不合理，都會追隨別人正在做的事的誘惑，我們可以把這種心理陷阱稱為「旅鼠謬誤」（lemming fallacy）。

旅鼠是凍原地區的小型齧齒類動物，因為牠們會集體大批跳海而出名。在正常時間內，旅鼠在春天的遷徙時節會到處尋找食物與新的庇護地點。但是每隔三到四年，奇怪的事就發生了。由於旅鼠繁殖力很強，死亡率很低，旅鼠的數量開始激增，一旦族群數量過度膨脹，旅鼠就會開始出現盲目的古怪行為。很快的，大膽的旅鼠開始在白天行動。遇到障礙時，這群旅鼠的數量就會增加，直到像恐慌一樣的反應刺激牠們通過那些障礙。這些行為繼續強化之後，旅鼠甚至開始找會迴避的其他動物的麻煩。雖然很多旅鼠會死於飢荒、掠奪者以及意外，大部分的旅鼠仍能抵達海邊。接著，旅鼠就會跳進水中游泳，直到筋疲力盡而亡。

旅鼠的行為至今並未完全被理解。動物學家推論是由於食物供給或高壓的生存環境，導致牠們大量遷徙。旅鼠之間的擁擠與競爭可能導致賀爾蒙改變，接著誘發行為上的改變。

為什麼很多投資人的行為就像旅鼠？為了幫助我們理解，巴菲特在一九八五年的波克夏年報中分享一個葛拉漢最喜歡的故事。

有一個石油探勘者在前往天堂的路上遇到聖彼得，聖彼得告訴他一個壞消息：「你符合居住的條件，但你可以看到，配給石油業者的房子都住滿了，實在沒辦法把你擠進去。」這個石油探勘者想了一下之後，問聖彼得是否能和之前住進來的同行說句話。對聖彼得來說這無妨，便同意了。這名石油探勘者把手放在嘴邊做杯狀，並大喊：「地獄發現石油了！」忽然間，大門敞開，所有的石油業者急著衝出來。聖彼得對這個石油探勘者實在佩服，於是邀他進入天堂，希望他住得舒服自在，但這個石油探勘者卻停下腳步說：「不了，我想我會跟著其他人的腳步，說不定這個謠言有幾分真實性。」

為了幫助投資人避開這種陷阱，巴菲特要我們思考一下專業基金經理人的作風。在這個體制中，一般般的操作就等於安全，堅守標準做法才會得到獎勵，並不鼓勵獨立思考。巴菲特已經說了：「大部分的經理人很少有動機，去做聰明但很可能看起來像白痴的決策。他們個人的收益、損失率都太明顯，如果他們採取了並非常規的決定而且成效很好，他可能得到一陣讚美；但如果成效很差，他就會被解雇。最後大家只好墨守成規。大家要深以為戒的是，一群旅鼠的形象可能壞透了；但沒有一隻旅鼠的印象不佳。」

管理情緒陷阱

這些對金錢的思考方法，都會讓投資人陷入麻煩，害他們無法避開危險的後果，但我認為，其中最嚴重的一個就是短視損失規避。我相信，這就是讓投資人無法成功應用巴菲特投資法最重要的心理障礙。在我將近三十年的投資專業生涯中，我第一手觀察到投資人、基金經理人、理財顧問與大型機構基金成員遇到的難題，就是公司經常會列出投資損失表，因此內部瀰漫著一股痛苦的氣氛。只有非常少數的人才能克服這種心理障礙。

當有一個人竟然能完全掌控短視損失規避的心理，那就是全世界最偉大的投資人——巴菲特，這也就不令人意外了。我一直以來都認為，巴菲特長期的成功與他公司的獨特架構有很大的關係。波克夏同時部分持有某些公司的股票，以及完全擁有某些公司的經營權，所以巴菲特能第一手觀察到，公司內在價值的成長與股票價格的成長，有著千絲萬縷的關係。他不需要天天查看股價，因為他不需要市場告訴他，他做的是正確的投資。他也經常說：「我不需要股價告訴我，我已經了解的價值。」

至於巴菲特怎麼應用，可以從一九八八年波克夏對可口可樂公司砸下十億美元的投資中觀察到。當時，那是波克夏有史以來對一支股票投資金額最大的單筆投資。接下來十年，可口可樂公司股價漲了十倍，但標準普爾五百指數只漲了三倍。從今天回頭看，我們可能會認為，可口可樂是投資人最容易的一筆投資。但在一九九〇年代末期，我參與了很多場投資研討會，我總是會問台下的觀眾：「在過去十年中，你們之中有多少人持有過可口可樂公司的股票？」所有人馬上都舉手了。然後我又問：「你們之中有多少人，在投資可口可樂得到的報酬率和巴菲特一樣高？」全部觀眾全都不好意思地把手放下了。

接著是我真正想問的問題：「為什麼？」如果觀眾中有那麼多人都曾經持有可口可樂公司的股票，為什麼沒有一個人得到相同的報酬率？我認為，答案就是短視損失規避心態作祟。在這十年期間（一九八九至九八年），可口可樂的表現確實打敗大盤，但是如果要從每年的績效來看，只有六年打敗大盤。從規避損失的數學算式來看，投資可口可樂就會有負數的情緒效用（六個正數的情緒單位減四個負數的情緒單位乘以二）。我能想像得到的是，這些持有可口可樂公司股票的人，在股票表現比大盤差的那一年，就決定賣掉。但巴菲特怎麼做呢？他先去查核可口可樂的財務表現——該公司表現仍然優異，於是繼續持有股票。

葛拉漢提醒我們：「大部分時候，股票很容易在兩個方向上受到非理性與過度價格波動的影響，這是大部分的人有根深柢固的投機或賭博傾向的結果，也就是盲目的希望、恐懼與貪婪。」他警告大家，投資人必須對股市的上下震盪有所準備。他的意思是在心理上以及財務上都有所準備，也就是說，不只是在認知上知道股市一定會下跌，而是在股市真的發生下跌時，擁有必要的心理戶頭才能妥善因應。

「投資人因為手中持股股價不正常下跌，而自亂陣腳或過度擔憂，就會把自己的基本優勢轉變成基本劣勢，」葛拉漢說：「如果他的股票完全沒有市場報價，他就不會因為別人的判斷錯誤而感受到心靈折磨，這對他會比較好。」

不被情緒左右的巴菲特

巴菲特把股票想成是一家公司，以及管理投資組合的投資方法，這與每年數千名商學院學生學的財務理論完全不同。整個來說，這個財務架構被稱為「現代投資組合理論」。我們也會發現，提出這個投資理論的人，並不是公司的擁有人，而是象牙塔裡的學者，而那是巴菲特不願意住進去的知識之家。追隨巴菲特投資原則的人很快就會發現，他們在情緒上與心理上和大多數投資人的行為都沒有關係。

哈利．馬克威茲——共變異數

一九五二年三月，芝加哥大學研究生哈利．馬克威茲（Harry Markowitz）在《金融期刊》（*Journal of Finance*）上發表了一篇十四頁的文章，標題是〈投資組合選擇〉。馬克威茲在文章中解釋一個他認為相對簡單的想法，報酬與風險的關係其實如影隨形，投資人如果沒有承擔高風險，就不會得到高報酬，並提出一個支持他結論的計算方式。這一點在今天來看，根本就是顯而易見的論點，但在一九五〇年代，大家還在隨意配置投資組合的架構時，卻是一個革命性的概念。今天，大家也把現代金融的出現，歸功於這一篇簡短的文章。

七年後，也就是一九五九年，馬克威茲出版了他的第一本書《投資組合的選擇》（*Portfolio Selection*）。他把注意力轉移到衡量整個投資組合的風險，一般公認這是他最大的貢獻。他把這稱為「共變異數」（covariance），可以用來衡量一組股票的變動方向。股票愈是向同一個方向變動，經濟情勢的變化同時把所有股票拖下水的機會愈大。同樣的道理，含有比較高風險股票的投資組合，只要個別股票的價格變動方向不同，實際上可能是比較保守的選擇。不管哪一個方式，馬克威茲認為，分散投資就是關鍵。他最後的結論是，最聰明的做法就是，投資人要先認清自己可以承受的風險程度，然後去組一個有效的分散投資組合，也就是把低共變異數的股票組合起來。

尤金・法瑪——效率市場假說

一九六五年，芝加哥大學的尤金・法瑪（Eugene Fama）在《商業期刊》（*Journal of Business*）刊登了他的博士論文〈股票市場價格行為〉，對股票市場提出一個完整的理論。他的訊息非常清楚：由於市場太有效率，預估未來股價是沒有意義的行為。因為在效率市場中，資訊隨手可得，當一大堆人積極利用這些資訊時，在任何人可以獲利之前，股價就會同步調整了。不管在任何時間點，價格會反應所有已知的資訊，因此說市場是有效率的。

比爾・夏普——資本資產定價模型

馬克威茲的論文發表之後大約十年，有一個年輕的博士生比爾・夏普（Bill Sharpe），針對他的投資組合理論與無數共異變數的需求，和他討論很久，隔一年，也就是一九六三年，夏普發表了他的博士論文〈投資組合分析的簡化模型〉。雖然夏普完全理解，他根據的是馬克威茲的觀點，但夏普提出一個更簡單的方法。夏普認為，所有股票都與某些重要的基本因素有關，因此，股票分析就是在衡量個別股票相對於它的基本因素的波動性。他把這個波動性衡量指標稱為：貝塔係數（beta factor）。

一年後，夏普又提出一個更具包容力的概念，稱為「資本資產訂價模型」（Capital Asset Pricing Model, CAPM）。CAPM指出，股票有兩種先天的風險，一種風險就是在市場中的風險，夏普把這種風險稱為「系統性風險」，系統性風險就是「貝塔係數」，而且這種風險無法因分散投資就消失。第二種風險叫「非系統性風險」，指一家公司經濟情況的特定風險。非系統性風險和系統性風險不一樣，藉著在投資組合中直接增加不同的股票，就能把非系統性風險分散掉。

在十年期間，三位學者清楚說明了後來被稱為現代投資組合理論的重要元素：馬克威茲提出分散可以適當平衡報酬與風險的觀點，法瑪則提出效率市場理論，夏普則提出風險的定義。到這時候，已然可知，這是有史以來，我們的財務命運不是由華爾街或華盛頓特區決定，甚至不是由公司所有人決定。接下來發生的事，就是金融業的專業人士最後都去敲了大學教授的門，我們的金融格局也由一群大學教授所決定。

巴菲特對風險與分散投資的觀點

現在我們再回到巴菲特身上，巴菲特用幾千美元成立了合夥投資公司，最後把這筆錢變成二千五百萬美元。靠著合夥投資公司的獲利，巴菲特取得了波克夏的控制權，並很快邁向淨值超過十億美元的公司。在這二十五年內，他很少、甚至不曾考慮過股票的共變異數、降低投資組合報酬差異性的策略，或者可能連上天都不容許他竟然完全忽略股市訂價很有效率的觀點。巴菲特的確對風險思考得很深入，但他的解釋與學者當時說的，完全是八竿子打不著一點邊。

在現代投資組合理論中，風險是由股票價格的波動性所決定。但巴菲特一直都認為，股價下跌就是機會。如果有什麼區別的話，價格下跌實際上會「降低」風險。巴菲特指出：「對於擁有公司的人，也就是股東來說，學者對風險的定義距離市場太遙遠，才會發生很多荒謬的事」。

巴菲特對風險的定義則是：傷害或損失的可能性。而且這風險是指一家公司「內在價值風險」因素，而不是股票的股價變化。巴菲特說：一項投資真正的風險是稅後的報酬是否能「給投資人和一開始至少相同的購買力，並在原始籌碼上加上適當的利率。」

對巴菲特來說，風險與投資人的期限絕對相關。光是這一點，就是巴菲特思考的風險與現代投資組合理論的風險，兩者之間最大的差異。巴菲特進一步解釋，如果你今天買了股票是想著明天要把它賣掉，那麼這就是一樁有風險的交易。因為你贏的機率不會比丟銅板更高，你有一半的時間會輸。但如果把投資時間延長到好幾年，變成一樁有風險的交易的可能性就會大幅降低，當然，前提是假設你在合理價位買進。巴菲特說：「如果你要我評估今天買可口可樂然後明天就賣掉的風險，我會說，這是一筆風險非常大的交易。」但從巴菲特的思考方式看，今天早上買進可口可樂，然後抱著十年，這筆交易的風險就是零。

巴菲特對風險的獨特看法也刺激了他的投資組合策略，一樣的，他的思考方式也和現代投資組合理論完全相反。還記得嗎？根據這個理論，廣泛分散的投資組合的主要好處，就是降低個別股票的價格波動性。但如果你和巴菲特一樣，不去理會短期的價格波動性，你也會用不同的眼光看待分散型的投資組合。

巴菲特解釋：「分散投資是對無知的一種保護，如果你想確認，市場不會在你身上發生什麼壞事，你就應該持有每一支股票。這樣做並沒有錯。對於不知道如何分析公司的人來說，這是一種非常穩健的方法。」從很多角度來看，現代投資組合理論就是在保護不太了解如何評估一家公司的投資人。但是這種保護也是要付出代價的。巴菲特認為，現代投資組合理論「只會教你做出平庸的績效。但我認為，幾乎小學五年級程度的每一個人，都知道如何做出平庸的績效。」

最後，如果效率市場理論是正確的，除非偶然的機會，任何人或團體是不可能打敗大盤的，而且任何人或團體也一定不可能持續打敗大盤。但是巴菲特過去四十八年來的績效，再加上其他追隨巴菲特，而且本身已經打敗大盤的聰明投資人的經驗，都在在顯示，持續打敗大盤不是不可能。這個事實，讓巴菲特如何評論效率市場理論呢？

巴菲特對效率市場理論的質疑主要在一個核心論點：對於已經分析所有已知資訊、而且因此取得競爭優勢的投資人，這個理論完全沒有提供可以發揮的空間。「市場經常很有效率，這一點觀察正確；但他們因此推論市場永遠很有效率，這個結論就錯了。這兩個命題的差異，可是黑夜與白天的差別。」

直到今天，商學院依然認真地在教授效率市場理論，這一點讓巴菲特非常滿意。巴菲特挖苦地說：「很自然地，吞下效率市場理論的學生與投資專業人士，一直都在幫我們與其他葛拉漢追隨者的大忙。」巴菲特說：「不管是哪一種比賽，財務的、心理的，或體能上的比賽，如果對手一直在學根本不值得一試的沒用技巧，那就是我們很大的優勢。從自私的立場來說，我們可能應該要捐很多椅子，讓效率市場理論永遠教授下去。」

巴菲特與其他成功投資人則另闢蹊徑。而且，這個方法已經有五十年的歷史，充滿實際的經驗與簡單的數學算式，以及長期持有公司的企業所有人。這個途徑讓投資人從A點走到B點的方法，不是靠天天報價的短期價格帶路，而是在經濟風險調整過的基礎上，尋求內在價值最大成長率的一種投資方法。巴菲特投資法的支持者並不認為，市場永遠都是有效率的。事實上，他們事先聚焦在資產的價值，接著才是價格，有時候甚至一點也不在乎價格。

▨ ▨ ▨

現在你對效率市場理論的概念已經大致了解，你可以發現，為什麼應用巴菲特投資法會讓你與它的支持者衝突了。不只你們在知識上與效率市場理論者們互相矛盾，在課堂上與職場上的人數也遠遠寡不敵眾。採用巴菲特投資法，會讓你變成一個龐大集團的叛徒，這個集團的投資方法完全不一樣。就像你即將學到的，被拋棄也是一種情緒上的挑戰。

我寫巴菲特已經超過二十年了。在這段期間，我沒有遇過任何一個人，對於我在《值得長抱的股票巴菲特是這麼挑的》、《巴菲特勝券在握的12個原則》列舉的投資方法有強烈的反對意見。但我卻看到數不清的人，雖然全心全意贊同巴菲特的理念，但在情感上卻完全無法應用他的方法。而我也相信，這一點就是了解巴菲特成功之處最重要的關鍵，而這也是一個還未完全解開的謎。簡單說，巴菲特很理性，一點也不情緒化。

為什麼心理學很重要？

二〇〇二年，心理學家康納曼獲得諾貝爾經濟學獎殊榮，獲獎原因是「針對人在不確定情況下的判斷與決策，把心理學研究的獨特觀點整合到經濟學中」。這個獎項也宣告了行為財務學正式出爐，並成為思考資本市場時的合理因素。畢竟，雖然有電腦程式與黑盒子，但組成市場的還是人。

由於情感比理智強烈，恐懼與貪婪會把股票價格推得比一家公司的內在價值更高或壓得更低。巴菲特說，人在貪婪或恐懼時，通常會以很愚蠢的價格賣掉股票。因此在短期內，投資人情緒——也就是人的情緒——對股價的衝擊比公司的基本面還大。

在行為財務學有正式名稱之前很久，有一小群效率市場理論的變節者，例如巴菲特與蒙格，就已經非常了解行為財務學了。蒙格指出，他和巴菲特從研究所畢業之後，「就進入商業世界，想找出巨大又可以預測的極端不理性模式。」他指的並不是預測時機，而是當市場發生不理性行為時，就會引發可以預測得到的後續行為。

撇開巴菲特與蒙格不談，直到最近，大多數的投資專業人士才認真注意到財務與心理學的交集。一談到投資，情緒是非常真實的力量，絕對會影響人們的行為，最後也會影響到市場的價格。我很確定，你現在也已經意識到，為什麼理解人類的情緒動能對投資這麼重要：第一，你可以從中得到一些指導原則，幫你避開最常見的錯誤；第二，你可以及時看到別人的錯誤，並且從中獲利。

我們都很難抵抗個別的判斷錯誤，這也會影響一個人的成就。當一千人或一百萬人犯了判斷的錯誤，集體的衝擊就會把市場推往毀滅性的方向。因此，跟隨群眾的誘惑非常強大，再加上不良判斷，只會讓情況惡化。在混亂的不理性海洋中，能理性行動的少數人將是唯一倖存者。

對抗情緒主導的誤判，唯一手段就是理性，尤其是長期堅持的態度。而這就是下一章的主題。

第7章
耐心的價值
時間與耐力是最強的戰士

在史詩鉅作《戰爭與和平》（*War and Peace*）中，托爾斯泰（Leo Tolstoy）提出一個意義深遠的觀察：「時間與耐力是最強的戰士。」當然這是從軍事角度來看，但這個觀點應用在經濟學上也非常貼切，對於想更深入理解資本市場的人來說，也有極大的參考價值。

所有市場活動都有時間連續性。從時間軸的左側（較短的時間架構）到右側（較長的時間架構），我們可以觀察到在幾微秒、幾分鐘、幾小時、幾天、幾星期、幾個月、幾年，甚至幾十年發生的買賣決定。雖然，長期與短期的精確劃分點並不清楚，但大家一般來說都同意，較短期的活動可能是投機活動，較長期的活動則被認為是投資活動。不必說，巴菲特就端坐在時間軸的右側，安靜且耐心了很長的時間。

問題是：為什麼那麼多人待在非常左側的位置瘋狂亂抓，只想在更短時間內賺到更多錢。這算貪婪嗎？他們覺得自己能夠預測市場心理的變化，難道是一種錯誤的信念？或者，有沒有可能，在過去十年來，經歷過兩次空頭市場與一次金融危機之後，他們已經不再相信長期投資可以創造正數的報酬率？當我們發現事實之後，這三個問題的答案都是對的。雖然這三個的確都是問題，但最後一個，也就是對長期投資缺乏信心的問題最讓我困擾，因為長期投資就是巴菲特投資法的核心。

長期投資

二十多年前，哈佛教授且是克拉克獎（John Bates Clark Medal）[28]得主的安德瑞・史萊弗（Andrei Shleifer），以及芝加哥大學布斯商學院（Booth School of Business）財務學教授羅伯特・維士尼（Robert Vishny），就已經針對短期與長期投資策略做過開創性的研究。一九九〇年，史萊弗與維士尼在《美國經濟評論》（*American Economic Review*）寫了一篇研究論文：〈新的公司理論：投資人與公司短期交易的均衡〉，比較了短期與長期套利的成本、風險與報酬。

套利成本是指投入資金的時間，風險是指結果不確定性的程度，報酬就是從這項投資賺到的錢。在短期套利中，這三個數值都比較低。但在長期套利中，資金投資的時間更長、何時可以獲利也比較不確定，但報酬應該會比較高。

史萊弗與維士尼指出：「在均衡狀態下，每一個資產套利的淨預期收益一定相同。由於長期資產的套利比短期資產更大，為了同樣的報酬，長期資產被錯誤訂價的情況也一定會更嚴重。」換個方式說，由於長期套利比短期套利成本更貴，投資報酬率也一定會更大。

史萊弗與維士尼指出，股票可以用來做短期套利。例如從事資訊套利的短期投機客，可能就會把賭注下在某家公司轉移經營權的可能性、發布盈餘消息，或任何會讓錯誤訂價迅速修正的公開聲明。即使股價最後未如預期，交易員還是能很快地抽走資金，不會有太大的財務傷害。循著史萊弗與維士尼的思路，投機客的成本很低（資金投入的時間很短），風險也很小（結果很快就會塵埃落定），不過，能得到的報酬也很少。

值得注意的是，為了從短期套利賺到巨額的報酬，就必須一次又一次、經常採用這個策略。史萊弗與維士尼也進一步解釋，為了要讓投資報酬率能超越投機客，就必須提高投資成本（資金投入的時間），並承擔更大的風險（不確定何時可以獲利）。投機客與投資人的控制變數，就是時間。投機客只做短期，所以能接受較低的報酬。但投資人長期操作，自然會預期更高的報酬。

這讓我們想問下一個問題：在長期套利中，真的能從買賣股票得到巨額報酬嗎？我決定仔細查看證據。

我們從一九七〇年到二〇一二年，計算了一年的報酬率，也追蹤了三年、五年的報酬率（只看價格）。在這四十三年中，名列標準普爾五百指數的五百家公司裡頭，只有九家公司曾經在某一年的報酬率翻倍，占比約一．八％。如果是看三年期間股價翻倍的話，五百家公司中有七十七支股票可以做到，占比是一五．三％。看五年期間的話，五百家中有一百五十家公司股價翻倍，占比是二九．九％。

㉘ 克拉克獎：俗稱「小諾貝爾經濟學獎」，每兩年評選一次，入選的基本資格是在美國大學任教、四十歲以下的學者。

所以，我們再回到原來的問題：從長期來看，真的能從買賣股票得到巨額報酬嗎？答案就是千真萬確，無可置疑的了。除非你認為五年股價才翻倍，實在微不足道，但這已經等於年平均複合報酬率一四．九％了。

當然，這份研究發現的價值，要看投資人是否有能力預先挑出，哪些股票有在五年內股價翻倍的潛力。這全憑投資人的選股過程與投資組合管理策略的穩健性了。我非常有信心，應用本書列出來的投資法則、並堅守低周轉率的投資組合管理策略的投資人，在五年時間股價翻倍的人數，比例一定很高。

財務理論告訴我們，投資人是因為看出訂價錯誤，而得到報酬獎勵。我們可以假設，如果某一支股票的超額報酬夠大，應該就會吸引很多想要拉近股價與價值落差的投資人。當加入套利的人數變多時，從這項套利機會中得到的報酬也會降低。但是從一九七〇到二〇一二年，在這五年期間股價翻倍的股票中，查核一下這些股票的報酬，發現這些股票的超額報酬並未顯著減少。當然，投資翻倍的股票絕對數量與整體市場的表現有關。表現強勁的市場，產生股價翻倍的股票就會變多；市場疲弱時，股價翻倍的股票數量自然就會變少。但是不管整體市場走勢如何，這些股價翻倍的股票，相對於整體市場的報酬百分比，依然非常驚人。簡而言之，從事長期套利的人，也就是會期待對抗錯誤訂價的人，並不存在。

誰最有可能在五年期間拉近價格與價值的落差？答案是：長期投資人。但在過去這四十三年，價格與價值的落差依然很大，或許投資人大部分還是受到短期交易員的擺布吧。

從一九五〇到七〇年，投資人持有股票的平均時間是四年到八年之間。但是從一九七〇年代開始，持有股票的時間持續縮短，直到今天，共同基金的平均持有時間竟然是以幾個月來計算。我們的研究顯示，高報酬入袋的最大機會是落在三年後。因此毫無疑問地，如果投資組合周轉率超過一〇〇%，就保證大部分的投資人都與高報酬無緣。

也許有人會強烈主張，短期交易員與長期投資人之間取得平衡，對市場最好。他們認為，如果市場是由兩股相當的力量組成，一半的人利用的是短期錯誤訂價的機會，一半的人則是想要拉近長期的價格與價值落差，就會大幅消除市場短期與長期的無效率。但當這種平衡被打破時，市場會發生什麼事？由長期投資人主導的市場，就不會注意到只在短期內出現的錯誤訂價機會，而由短期交易員主導的市場，大致上就不會對長期的錯誤訂價感興趣。

但是，從現實來看，為什麼市場的投資行為會失去多樣性？在過去，多樣性曾經是市場的特色。但很多人已經從長期投資行為，慢慢轉變成短期投機行為。即使市場中已經充斥太多投機客，大幅增加短期獲利的難度，報酬率也已經減少。但是，仍有一股強大的吸力，把很多人拉進短期投機客的行列，於是，市場中就只剩下少許堅持尋求降低無效率與超額報酬的長期投資人。

理性是關鍵

根據《牛津字典美國版》（*Oxford American Dictionary*）的定義，書中表示，理性主義（rationalism）是：一個人的意見與行為應該基於理性與知識，而不是直接的情緒反應。理性的人可以條理清晰、切合實際、符合邏輯地思考。

但首先要理解的是，理性並不代表智力，聰明人也可能會做蠢事。加拿大多倫多大學人類發展與應用心理學教授基思．史丹諾維奇（Keith Stanovich）認為，像ＩＱ或ＳＡＴ／ＡＣＴ等智力測驗，不太能測量理性思考的能力。他說：「頂多只能提出很薄弱的預測，因為有些理性思考的技巧完全與智力無關。」

在《超越智商：為什麼聰明人也會做蠢事》（*What Intelligence Tests Miss*）一書中，史丹諾維奇創造了「理性障礙」（dysrationalia）這個詞，意指即使有高智商，也無法理性思考與行動。認知心理學的研究指出，理性障礙有兩個主要原因：第一個是處理的問題，第二個是內容的問題。我們一個一個來仔細研究。

史丹諾維奇認為，人類處理問題的能力很拙劣。解決問題時，我們有幾個不同的認知機制可以選擇。在思考光譜的一端有強大計算能力機制。但這種強大計算能力，也有它的代價。這個機制的思考過程比較慢，且需要大量專注力。在思考光譜的另一端，是不太需要專注且很快就能做出決定的機制。史丹諾維奇寫道：「人類是認知吝嗇者，大腦對處理機制的預設模式，就是比較不需要腦力的計算與思考，即使這個模式的正確性比較低。」簡單說，人類就是懶得思考。解決問題時只會採取簡單的方法；因此，解決方案也經常不合邏輯。

慢觀點

現在我們來看看資訊的作用。我們得知的資訊證明了這一章的主題：耐心，以及「慢觀點」（slow-traveling idea）的價值。

很多人可能不認識傑克・特雷諾（Jack Treynor），但他可是財務管理領域的思想巨人。他一開始先是在哈弗福德學院（Haverford College）成為數學家，之後，一九五五年於哈佛商學院以優異成績畢業，並在理特顧問公司（Arthur D. Little）的研究部門開始他的職業生涯。身為一名年輕分析師，他竟然在科羅拉多州三個星期的度假期間，針對風險的問題，寫出了四十四頁的數學筆記。由於他本身就是多產作家，他最後當了特許財務分析師協會（CFA Institute）《金融分析師期刊》（*Financial Analysts Journal*）的總編輯。

多年以來，特雷諾與很多頂尖的財務圈經濟學者交流論文，包括諾貝爾獎得主弗蘭科・莫迪利安尼（Franco Modigliani）、默頓・米勒（Merton Miller）、威廉・夏普。特雷諾很多的文章也贏得著名獎項，包括《金融分析師期刊》的葛拉漢與陶德獎，以及羅傑墨瑞獎（Roger F. Murray Prize）。二〇〇七年，他又得到知名的CFA協會頒發的卓越專業人士獎。幸運的是，特雷諾的文章本來散置各處，現在都可以在一本厚達五百七十四頁的《特雷諾論機構投資學》（*Treynor on Institutional Investing*）中找到。每一個認真投資人的書架上，都應該擺一本。

我的這本已經被翻得有點破舊了，因為我每一年都會重讀好幾次我最喜歡的部分。在接近書後面的部分，四百二十四頁，就是我最喜歡的文章〈長期投資〉。這篇文章第一次是出現在《金融分析師期刊》一九七六年的五／六月號。特雷諾一開始就談到無時無刻都存在的市場效率疑惑。他很想知道的是，不管我們多麼努力，都無法得知市場是否還未折價，這觀點是正確的嗎？為了釐清這個問題，特雷諾要區別「兩種投資觀點的差異：第一種，意義相對直接且明顯，也比較不需要估價的特別知識，因此可以很快形成想法；第二種，需要省思、判斷，以及特別的估價知識，因此也會很慢地形成觀點。」

他說：「如果市場真的發生了無效率，不會是因為第一種投資觀點，因為根據定義，投資的資訊直接又明確，多數投資人不可能會錯誤估價。」換個方式說，包括本益比、股息率、股價淨值比、PEG值[29]、五十二週低點、技術圖表，以及任何有關股票可以想像得到的元素，這些簡單的想法也不可能讓人輕鬆獲利。特雷諾指出：「如果有任何市場無效率的機會，也就是出現任何投資機會的時候，只會和第二種很慢才能形成的投資觀點有關。第二種投資觀點認為，市場資訊不明顯，所以也無法很快得出『長期』企業發展折現價值的想法，這就是長期投資人唯一有意義的投資依據。」

我相信你已經理解到，本書中列舉的投資法則，就是「慢慢形成」的觀點，而且與「『長期』企業發展」有關，因此是「長期投資」的依據。說得更清楚一點：在智商上，掌握慢觀點並不難，只是它比依賴「直接而明顯」的想法，要更費力一些就是了。

系統一與系統二

這幾年，心理學家熱中探討人類兩種思考模式的認知過程，一種在傳統上稱為直覺，特徵是可以產生「快速的聯想」；另一種是理性，學者把這個過程描述為「緩慢，而且受到某些規則主導」。現在，心理學家經常把這兩種認知系統稱為「系統一」與「系統二」思考方式。運用系統一思考方式，可以很快形成簡單而明顯的點子。例如計算本益比或股息率，其實花不了太多時間與腦力。

系統二思考方式則是認知過程的省思部分。這個方式受到某些限制，運作起來比較慢，也比較花心力。因此，需要「省思、判斷與特別知識」的「慢觀點」，就存在於系統二的思考方式中。

二〇一一年，諾貝爾獎得主康納曼寫了一本重量級著作《快思慢想》（*Thinking Fast and Slow*）。這是一本《紐約時報》暢銷書，名列當年非小說類五大暢銷書之一，對於一本長達五百頁有關決策的書，實在是了不起的銷售成績。我最喜歡這本書的部分是第三章：「懶惰的控制者」。康納曼提醒我們，認知作用是一種心理工作，而且就像所有工作一樣，當任務變得更難的時候，很多人就會開始變懶。他研究發現，很多聰明人對自己想到的第一個答案，都感到很滿意，於是就停止思考了，這讓他非常驚訝。

康納曼指出，需要用到系統二思考方式的活動，必須做到自我控制，但持續要求自我控制，會讓人感到不舒服。而且，如果我們被迫一次又一次做某一件困難的事，在下一個問題出現時，也很容易放鬆自我控制的程度。畢竟，人到最後就會耗盡力氣。相反的，「能避開智商怠惰劣根性的人，可以很『投入』，他們更有警覺性、更愛動腦，對表面上很吸引人的答案，比較不會感到滿意，對直覺也會比較多疑。」

㉙ PEG值：將盈餘成長速度也納入考量的股票評價比率，計算公式為：本益比÷每股盈餘年成長率。

耶魯大學行銷學副教授夏恩．佛德瑞克（Shane Frederick），檢視了高智商的人如何在系統一與系統二思考方式中運作，實驗結果非常有趣。他集合一群哈佛、普林斯頓與麻省理工學院等想必都是高智商的常春藤盟校學生，然後問他們三個問題：

一、一根球棒與一顆球一共一．一〇美元，球棒比球貴一美元。那麼一顆球是多少錢？

二、如果五部機器五分鐘只能生產出五個新產品，那麼一百部機器要生產一百個產品，要花多少時間？

三、湖裡有一片蓮葉，每一天蓮葉的數量會增加一倍。如果整個湖面蓋滿蓮葉，需要四十八天，那麼，湖面只蓋一半的時候，需要多少天？[30]

讓佛德瑞克大感意外的是，超過半數的學生都答錯了，這讓他引出兩個重要的問題。第一個問題是，人們不習慣用力思考問題，並且通常急著接受心裡冒出來的第一個似是而非的答案，這樣就不必啟動系統二思考方式的沉重負擔。第二個問題是，系統二很難監督到系統一的錯誤。對佛德瑞克來說，這些學生顯然地都困在系統一的思考方式，因此不能或是不會轉換到系統二。

在投資時，系統一與系統二思考方式又會如何運作？假設現在有一個投資人正在考慮買股票。應用系統一思考方式時，投資決策大概會是這樣的：投資人會製表列出一家公司的本益比、帳面價值與利息率。然後，在看到這些數字已經達到歷史低點，而且過去十年來，公司每一年都提高股利之後，投資人可能很快就會推論出這支股票很有價值。這真的是滿悲哀的事實，太多的投資人幾乎只依賴系統一思考方式做決定，從來不曾停下來投入系統二的思考方式。

投入是什麼意思？很簡單，這表示你的系統二思考方式很強大、很活躍，而且不容易疲累。系統一與系統二的思考截然不同，因此心理學家史丹諾維奇就說，這情況就好像有兩顆「獨立的心靈」。

但是，只有在能夠清楚做出區別時，「獨立的心靈」才會是各自獨立的。在投資的情境中，依附在系統二的獨立心靈，如果要從系統一的獨立心靈區分開來，它就必須了解一家公司的競爭優勢、一家公司經營團隊理性配置資金的實力、決定一家公司價值的重要經濟因素，以及防止投資人做出愚蠢決策的心理課題。

我認為，華爾街做的很多決策主要是靠本能在反應，似乎都在應用系統一的思考方式。決策下得又快又自動，沒有時間或很少時間進行完整透徹的省思。系統二思考方式是嚴肅的思考活動。它是有目的的，而且需要專注。系統二思考者天生就有耐心。為了要讓系統二思考方式運作得更有效率，你必須花時間深思，甚至要靜心思考。

所以，當我說本書列出的投資法則，最適合產生慢觀點，而不是系統一常見的快速決策，你應該也不會感到意外了。

㉚ 球棒是一．〇五美元，球是〇．〇五美元；一百部機器生產一百個新產品要五分鐘；蓋滿一半湖面要四十七天。

智力構件缺陷

史丹諾維奇認為，理性障礙的第二個原因，就是缺乏可以提供系統二充分運作的適當內容。研究決策的心理學家把內容不足稱為「智力構件缺陷」（mindware gap）。哈佛認知科學家大衛・柏金斯（David Perkins）率先提出這個說法，智力構件是指人們能在心理上用來解決問題的規則、策略、程序與知識。柏金斯指出：「就像廚具就是廚房要用的工具，軟體是電腦要用的工具，大腦要用的工具就是智力構件。智力構件是指可以藉由學習而取得的任何知識或能力，它可以強化一個人進行有創意且重要思考的一般能力。」

在投資上，要活化系統二的思考方式，需要什麼樣的智力構件？最基本的是，你要研讀一家公司的年報，以及競爭對手的年報。如果這些資料顯示，這家公司有很強的競爭力，而且長期前途看好，接下來，你就要計算一下幾個股利折現模型，並包含幾個不同期限與不同成長率的業主盈餘，才能掌握到公司的大概價值。接下來，你要研究並了解經營階層的長期資金配置策略。最後，你可能會打電話給幾個朋友、同事或財務顧問，看看他們對你看中的公司有沒有特別意見，如果有針對競爭對手的意見更好。記住：這些事沒有一件需要高智商，但這個方法比簡單算出公司目前的本益比更費事，也需要更多腦力與專注力。

時間與耐心

即使已經有充分證據顯示，耐心應用長期思考方式是投資成功最好的途徑，但一切似乎沒有多大的改變。甚至在二〇〇八到二〇〇九年的金融危機與空頭市場，都沒能改變人們的行為。這些日子以來，所有的市場活動實際上都是在炒短線。一九六〇年，每年計算價值加權的紐約與美國證券交易所，周轉率低於一〇%，但在今天，這個數值超過三〇〇%，過去五十年以來，竟然提高了三十倍。如果說，周轉率大幅增加對市場與參與者不會造成任何影響，也很難讓人相信。

在理論上，如果市場參與者增加，再加上更高的市場交易量，會更容易達到價格發現（price discovery）㉛，因為市場雜訊與波動性會跟著降低，因此可以縮小價格與價值的落差。但在真實情況下，我們已經知道，如果大多數的市場參與者都是投機客而不是投資人，看到的情形可能會正好相反：交易活動增加，反而擴大價格與價值的落差，不只雜訊變多，波動性也會變大。在這個世界中，身為短期績效壓力的人質，投資人只能滿腹苦水。

但事情不一定只能這樣。巴菲特會成功，就是因為他想用不同的方式進行這場遊戲，而我們所有人都被邀請加入他的陣容。想成功的唯一要求，就是願意採用一組截然不同的規則。在這些規則中，耐心的價值是最重要的一個。

時間與耐心是一體兩面，也是巴菲特投資法的精髓。他對波克夏完全掌控的公司，以及在投資組合中持有的股票，非常有耐心，這也是他的成功所在。在這個不斷活動的高速世界，巴菲特有目的地用更緩慢的速度操作股票。一個狀況外的觀察者可能會認為，這種懶惰

㉛價格發現：是指買賣雙方在特定的時間和地方，對一種商品的品質和數量達成交易價格的過程。

的投資態度就意味著放棄輕鬆獲利的機會，但已經能欣賞這種投資過程的人就會知道，巴菲特與波克夏正在累積龐大的財富。就像巴菲特提醒的：「時間最棒的，就是它的長度。」

現在，我們繞了一整圈，再度回到情緒與理性的問題。簡單說，光是智力，還不足以保證投資一定會成功。因為，投資人的大腦容量，沒有比擺脫情緒干擾的能力更重要。巴菲特說：「當其他人是根據短期的貪婪與恐懼情緒在做決策時，理性就是最重要的態度，而這就是你要賺錢的時候了。」

巴菲特看得很清楚，因為他做的是長期持有股票，所以不會因為價格在市場的短期波動，而變得更有錢或更窮。雖然大部分的人無法忍受股價下跌的不安，巴菲特卻一點也不緊張，因為他相信，他評估一家公司價值的能力，做得比市場還好。巴菲特認為，如果你沒有辦法比市場做得更好，你就不屬於這個市場。他的解釋是，這就像撲克牌，如果你已經在牌局中玩了好一陣子，還是不知道誰是傻瓜，那你就是傻瓜。

投資人如果缺乏理性，大腦很容易會預設成系統一的思考方式。對於簡單而可以預測的事，系統一是很恰當的，但對於複雜的股票市場而言，根本不適用。缺乏理性，投資人就會受制於恐懼與貪婪的情緒。缺乏理性，投資人注定會成為投資遊戲中的傻瓜。

第8章
世界上最偉大的投資家
投資超過半世紀

巴菲特經常被稱為全世界最偉大的投資家，但怎麼知道這句話是真是假？這樣的稱號要名副其實，到底要做到什麼程度？我認為只要看兩個簡單的變數：相對績效與持續期間。這兩個條件，缺一不可。如果只是短期打敗大盤，就不夠資格。因為，有數不清的人三不五時也可以做到，所以要長期打敗大盤才算數。投資專家麥可．莫柏辛（Michael Mauboussin）在二〇一二年出版的《成功方程式》（*The Success Equation*）中，細膩描述了在商業、運動與投資領域中，有關好機運與好技巧的衡量方法。要區別到底是福星高照還是技巧高超，唯一的方法就是檢驗長期的結果。運氣只能在短期內奏效，但時間可以證明是否應用了高明的技巧。而這一點，就是巴菲特領先群倫的地方。

巴菲特理財的時間將近六十年，其中可以分成兩個時期，第一個是他打理巴菲特合夥投資公司時期（一九五六到六九年），第二個是他從一九六五年取得波克夏的控制權開始，時間比第一個時期更長。

巴菲特在很年輕的二十五歲時，就靠著相對很少的金錢（他自己只投資了一百美元），開始他的合夥投資公司。雖然合夥投資公司的目標是，每年的投資報酬率至少要達到六％；但巴菲特為自己設定更嚴格的目標：一年要打敗道瓊工業指數十個百分點。但巴菲特實際上的表現更好，在一九六五到六九年期間，巴菲特合夥投資公司的年複合報酬率是二九・五％，比道瓊指數多了二十二個百分點。投資人如果一開始就在巴菲特合夥投資公司投資一萬美元，然後都不退出，在巴菲特分享利潤之後，淨值就會增值成十五萬零二百七十美元。如果在道瓊投資相同的錢，就會變成一萬五千二百六十美元。在這段期間，道瓊在五個不同的年份還出現虧損，但巴菲特每一年都賺錢，而且也都打敗大盤。

這些年以來，很少有投資技巧高明的經理人明星，可以和巴菲特相提並論。一九六〇年代中期，接近巴菲特考慮要收掉合夥投資公司期間，剛在理財市場嶄露頭角的蔡志勇（Gerald Tsai）與弗瑞德・卡爾（Fred Carr），是當時最知名的共同基金經理人。他們是因為買了「俏麗五十」的股票而成名，但也因此聲名狼藉。露米斯早期在《財富》雜誌中有一篇標題為〈瓊斯：沒人追得上〉的文章，比較了巴菲特投資公司與知名對沖基金經理人艾爾弗瑞德・瓊斯（Alfred Winslow Jones）的績效。當時，瓊斯公司（A.W. Jones & Company）已經有十年的投資紀錄，但巴菲特只有九年的理財經驗。露米斯比較這兩人連續五年的績效後發現，巴菲特以三三四％微微領先瓊斯的三二五％。但露米斯也指出，巴菲特後來很快就結束了投資公司，但瓊斯和其他無法看出股票已經被嚴重高估的人一樣，仍堅持在市場上載浮載沉。

如果不看巴菲特合夥投資公司了不起的投資紀錄，他在波克夏的成就，在表8.1可以清楚看到，也足以讓他實至名歸。從一九六五到二〇一二年期間，這四十八年來，波克夏的帳面價值已經從每股十九美元，飆漲到令人無法置信的十一萬四千二百一十四美元，每年平均報酬率是一九．七％。標準普爾五百指數即使加上股利，成長率也只有九．四％。而且，在這四十八年中，標準普爾五百指數有十一年虧損，幾乎每四年就有一年虧損，但波克夏只有兩年虧損。

純粹從數字來看，巴菲特有長期的卓越績效，因此，實在很難質疑巴菲特是全世界最偉大投資人的稱號。但如果不看數字，巴菲特還偉大嗎？

不為人知的巴菲特

一個從艾森豪（Dwight Eisenhower）還在當總統時代就開始理財，並持續做到將近六十個年頭，而且一直都做得很出色的人，到底是怎麼樣的人？

巴菲特還不到十歲時，就昭告所有人，在三十歲以前，他就會成為百萬富翁，如果沒達成這個目標，他就會從奧馬哈最高的大樓跳下去。當然，跳樓那部分純粹是玩笑話，至於成為百萬富翁的野心，可能也不是我們預期的那一種。現在，他的財富早就遠遠超越那個目標，而且，對巴菲特非常了解的人都知道，他對典型富翁的生活方式，一點都不感興趣。直到現在，他還住在一九五八年買的那棟房子，開的是美國車，比起時髦的美味料理，他更愛起司漢堡、可樂與冰淇淋。唯一的缺點就是他確實擁有一架私人噴射機。巴菲特曾經說過：

表8.1　波克夏與標準普爾五百指數比較表

每年百分比變化			
	波克夏每股帳面價值	標準普爾五百指數含股利	相對結果
年度	（1）	（2）	（1）－（2）
1965	23.8	10.0	13.8
1966	20.3	（11.7）	32.0
1967	11.0	30.9	（19.9）
1968	19.0	11.0	8.0
1969	16.2	（8.4）	24.6
1970	12.0	3.9	8.1
1971	16.4	14.6	1.8
1972	21.7	18.9	2.8
1973	4.7	（14.8）	19.5
1974	5.5	（26.4）	31.9
1975	21.9	37.2	（15.3）
1976	59.3	23.6	35.7
1977	31.9	（7.4）	39.3
1978	24.0	6.4	17.6
1979	35.7	18.2	17.5
1980	19.3	32.3	（13.0）
1981	31.4	（5.0）	36.4
1982	40.0	21.4	18.6
1983	32.3	22.4	9.9
1984	13.6	16.1	7.5
1985	48.2	31.6	16.6
1986	26.1	18.6	7.5
1987	19.5	5.1	14.4
1988	20.1	16.6	3.5
1989	44.4	31.7	12.7

（續下頁）

每年百分比變化			
	波克夏每股帳面價值	標準普爾五百指數含股利	相對結果
1990	7.4	（3.1）	10.5
1991	39.6	30.5	9.1
1992	20.3	7.6	12.7
1993	14.3	10.1	4.2
1994	13.9	1.3	12.6
1995	43.1	37.6	5.5
1996	31.8	23.0	8.8
1997	34.1	33.4	0.7
1998	48.3	28.6	19.7
1999	0.5	21.0	（20.5）
2000	6.5	（9.1）	15.6
2001	（6.2）	（11.9）	5.7
2002	10.0	（22.1）	32.1
2003	21.0	28.7	（7.7）
2004	10.5	10.9	（0.4）
2005	6.4	4.9	1.5
2006	18.4	15.8	2.6
2007	11.0	5.5	5.5
2008	（9.6）	（37.7）	27.4
2009	19.8	26.5	（6.7）
2010	13.0	15.1	（2.1）
2011	4.6	2.1	2.5
2012	14.4	16.0	（1.6）
每年平均報酬率 1965-2012	19.7%	9.4%	10.3
所有報酬率 1964-2012	586,817%	7,433%	

「我不是愛錢，我是喜歡賺錢並看著金額變多的樂趣。」而且，就像在第一章看到的，把財富變多之後，他也很樂意把錢分送出去。

在這個世界，愛國已經成為一種老生常談的膚淺口號，但巴菲特真的對美國抱著非常正面的看法，也非常樂觀。他認為，美國為任何願意努力的人提供很大的機會，他也從不吝於表達這個信念。整體來看，他積極、開朗，也對生活感到樂觀。一般的傳統見解認為，年輕人永遠很樂觀，老年人才開始變得悲觀。但巴菲特顯然是個例外。我認為部分原因是，投資了將近六十年以來，他歷經了一連串重大而且能造成傷害的外在情勢，也一再看到市場、經濟與國家從動盪局勢中復原與繁榮。

一九五〇年代、六〇年代、七〇年代、八〇年代、九〇年代，以及二十一世紀的前十年，有很多國內外重大事件，值得年輕的谷歌（Google）去體驗。如果要一一列出來這些重大事件，實在不勝枚舉，光是登上報紙頭版標題的重大事件，就包括核戰邊緣政策、總統暗殺與辭職事件、內亂與暴動事件、區域性戰爭、石油危機、惡性通膨、兩位數的利率，以及恐怖攻擊，更不要說三不五時的經濟衰退，以及定期的股市崩盤事件。

當巴菲特被問到，這些情勢都足以中斷市場，而且一定會嚇跑投資人，他如何在變化莫測的情勢中找到自己的出路。巴菲特帶著一貫的低調，承認他做的只是「在別人恐懼時，他貪婪；在別人貪婪時，他恐懼」。但我認為，一定不只如此。巴菲特已經培養出一套能力，不只在被列為頭版標題的危急時刻還能生存，也能在這些特別艱困的時期積極投資。

巴菲特的優勢

多年以來，學者與投資專業人士都在爭論效率市場理論。你可能還記得第六章提到，這個極富爭議性的理論認為，分析股票只是浪費時間，因為目前的股價已經反應所有已知的資訊，所以，市場已經幫你做了所有必要的研究。支持這個理論的人宣稱，投資專業人士在股價表中用射飛鏢方式選股，和花好幾個小時研究最新財報或季報的老鳥財務分析師比較起來，投資績效也會一樣好。這句話雖然有一點點玩笑成分，卻是這一派人士的真實信念。

但是很多已經持續打敗大盤的人，其中最有名的就是巴菲特，都認為效率市場理論有缺陷。而且，大部分財富管理人績效比大盤差，不是因為市場有效率，而是他們用的投資方法有缺點。

管理顧問相信，成功企業必須具有三個獨特優勢：行為優勢、分析優勢與組織優勢。研究巴菲特的人就知道，這三個優勢巴菲特全都齊備。

行為優勢

巴菲特告訴我們，投資要成功不需要高智商，也不需要在商學院修過正式課程，最重要的是投資人的性情。巴菲特提到性情時，指的其實是理性。理性是：是否有能力看透當下的情勢，分析幾個可能情況，最後做出深思熟慮的決定。簡單說，這就是巴菲特做的事。

了解巴菲特的人都會同意，巴菲特能從所有投資人中脫穎而出的原因就是理性。蒙格說：「我在哈佛法學院上課的班級有一千人，我也認識所有頂尖的優秀學生，但沒有一個人能與華倫相比。他的大腦是一部超級理性的機器。」《財富》雜誌的露米斯也認為，理性是造就巴菲特投資成就最重要的特質。《巴菲特：一個美國資本家的成長》（*Buffett*）作者羅傑・羅文斯坦指出：「巴菲特的天賦，主要是個性上的天賦，包括耐心、紀律與理性。」

比爾・蓋茲是波克夏海薩威董事會成員，他也認為，理性是巴菲特最突出的人格特質。有一天下午，在西雅圖華盛頓大學擠滿學生的體育館裡，這兩個好朋友回答學生提問時，就可以明顯看出這一點。在前面幾個問題裡，有個學生問：「你們如何變得比上帝更有錢？你們到底是怎麼做到的？」巴菲特深吸了一口氣，然後回答：

「我的情形很簡單，絕對不是因為智商，我想你們會很高興聽到這一點。我認為，最重要的是理性。我一向把智商與才能看成是馬達的馬力，但最終的成果，也就是馬達能發揮的效能，靠的是理性。很多人一開始有四百匹馬力的馬達，但最後只能發揮出一百匹馬力。比較好的情形應該是，你的馬達有二百匹馬力，而你都能全部發揮出來。

「所以，為什麼聰明人無法做出應有的成果？這就牽涉到習慣、人格特質、性情，以及理性行動的態度。不要自己搞砸。就像我已經說過的，在座的每一個人絕對有能力做到我做的事，甚至超越我，但有些人會真的做到，有些人做不到。對那些做不到的人來說，原因都是自己搞砸的，而不是世界阻礙了你。」

所有認識巴菲特的人，包括巴菲特本人都同意：他的動力就是理性。他的投資策略動力就是理性的資金配置。決定如何配置一家公司的盈餘，就是經營者要做的最重要決策；決定如何配置個人的存款，就是投資人要做的最重要決策。理性，也就是在做這項決策時顯示的理性思考過程，就是巴菲特最推崇的特質。雖然金融市場變幻莫測，但仍有一條理性脈絡可循。巴菲特的成功就是遵循這條理性脈絡行動，而且從未偏離。

分析優勢

巴菲特在做投資時，他看的是一家公司，但大部分的人只看到股價。他們花太多時間與精力在看盤、推測並期待股價的變化，但花太少時間了解自己持有部分股權的公司。聽來沒什麼大道理，卻是讓巴菲特脫穎而出的根本原因。

因為擁有並經營公司，也給巴菲特分析思考的獨特優勢。在他經營事業的經驗中，有成功也有失敗，他也把學到的教訓充分應用到股市中。但大部分專業投資人就沒有相同的經驗。他們在忙著研究資本資產訂價模型、貝塔係數與現代投資組合理論時，巴菲特正在研究自己公司的損益表、資本投資需求，以及產生現金的能力。巴菲特問：「你真的能對一條魚解釋，走在陸地上是什麼感覺嗎？讓牠在陸地上待一天，比跟牠談一千年有用。經營公司一天，也有一樣的價值。」

巴菲特認為，投資人與生意人應該以相同的眼光看待一家公司，因為他們要的基本上是一樣的東西。生意人想買整家公司，投資人想買公司的一部分股權。如果你問生意人買公司時考慮的重點是什麼，他們可能會回答：「這家公司能產生多少現金？」財務理論也指出這一點，假以時日，一家公司的價值會與它產生現金的能力有直接的關係。所以，如果你想的是獲利，生意人與投資人就應該看同樣的變數。

巴菲特指出：「學投資的人只要把兩堂課學好：如何評估一家公司的價值，以及如何思考市場價格。」

要記住，股票市場既狂躁又憂鬱。有時候會對未來過度興奮，有時候又呈現出不理性的憂鬱。當然，這會為你創造投資的機會，尤其是可以用不合理的低價買到優秀公司的股票時。但是，就像你不會想聽有躁鬱症傾向的顧問建議一樣，你也不該讓市場影響你的行動。股市並不是你的導師，它的存在只是提供一個讓你買賣股票的機制。如果你認為股市比你聰明，那就去投資指數型基金。如果你已經做足了功課，對公司的了解也有信心，就不必去理會市場。

巴菲特不會緊盯著電腦，注意螢幕中每一筆股價上上下下的股票，即使沒有電腦，他也自在得很。如果你計畫持有一家優良公司的股票好幾年，市場每一天發生的事，也就無關緊要了。你將會很驚訝地發現，不持續看盤，你的投資組合也能平安度過。如果你不相信，就親自試一下。試著四十八小時不去看股市。不要看電腦或手機，也不要查報紙，更不要聽電視或廣播的股市摘要報導。如果兩天後，你的公司還好好的，不理會股市的時間就增加到三天，然後是一整個星期。很快你就會相信，不必持續注意股價，你的財富也會毫髮無傷，你投資的公司也會繼續營運下去。

巴菲特說：「買了股票之後，如果股市封關一年或兩年，也不必在意。我們百分之百持股的時思糖果，不需要股市天天報價來證明我們做得很好。那為什麼我們還需要持股的可口可樂天天報價呢？」很顯然，巴菲特是在告訴我們，他不需要市場的價格證明波克夏的股票投資決定。對投資人來說，也是同樣的道理。當你注意股市時，心中想的只有一個問題：最近有沒有人做了什麼蠢事，讓你有機會用很好的價格買到一家優質公司？如果是這樣，那麼你就已經修鍊到巴菲特的功力了。

就像很多人花費沒意義的時間擔心股市一樣，他們也不需要操煩經濟走勢。如果你發現自己正在和他人討論或爭辯：經濟是呈現成長或衰退趨勢、利率是否會上升或下降、是否會通貨膨脹還是緊縮，那麼快停下來，喘口氣吧。巴菲特不太關注經濟，也不會帶著預測經濟走向的企圖，花費大量的時間與精力分析經濟數據。

投資人經常以對經濟預測開始，接著挑選符合這個經濟假設的股票。巴菲特認為這種思考方式很蠢。首先，沒有人的經濟預測能力會比股市預測能力好。第二，如果你選的股票，只能在特殊的經濟環境下獲利，最後一定會產生高周轉率與投機行為。不管你是否正確預測到經濟的走勢，為了在下一個經濟情勢中獲利，就必須不斷調整你的投資組合。巴菲特偏好買的公司，是不管任何經濟條件都會獲利的公司。當然，總體經濟的力量可能會影響獲利率，但整體來看，即使經濟情勢變化莫測，巴菲特的公司獲利仍然相當可觀。找出在所有經濟環境中都能獲利的公司，比找一堆只能在猜測經濟走勢正確的時候才能獲利的公司，所投入的時間實在聰明多了。

組織優勢

一九四四年，英國首相邱吉爾（Winston Churchill）拜訪撐過前一天猛烈空襲的英國下議院時，說了一句名言：「我們建造自己的房子，之後，這棟房子也會打造我們。」這句話極具說服力，也道盡了真理，並受到好幾代建築師的衷心喜愛，也有助於我們理解波克夏的構造與它的建造人巴菲特。在分析巴菲特優勢時，看一看巴菲特打造的公司組織架構會很有幫助。

當巴菲特第一次以每股七美元買進波克夏海薩威公司的股票時，我不確定，他對波克夏半世紀之後的發展願景，是否已經胸有成竹。但就像邱吉爾所言，公司確實反應了建造者的特質，而投資人巴菲特也成為公司特質的象徵。

波克夏海薩威的成功，有三個基本支柱：第一，子公司產生的大量現金，都被送到位於奧馬哈的總公司。這些現金包括從保險公司得到的浮存金，以及非金融相關但完全持有的子公司所貢獻的現金。

第二，巴菲特身為資金調配者，就把這些現金投資在更能創造現金的機會。這樣做之後，讓他有更多現金去買更能創造現金的公司，這些公司創造出來的現金，讓他又能……我相信你已經懂我在說什麼了。

最後一根支柱就是分權。波克夏的每一家子公司都交由才華出眾的經營者負責營運，不需要巴菲特親自經營公司。更棒的是，這讓巴菲特可以把幾乎百分之百的精神投注在資金配置上，而這正是他最擅長的事。巴菲特的經營理念可以濃縮成一句話：「聘得好，管得少」（hire well, manage little）。今天，波克夏海薩威擁有八十多家子公司，員工超過二十七萬人，但總公司的職員只有二十三人。

《局外人》作者威廉．桑代克（William Thorndike）認為，身為波克夏建築師的巴菲特，他做的事，比簡單的商業策略更強大、更有力。桑代克寫道：「巴菲特抱著一種世界觀，這種觀點的核心特別強調，要與卓越人士與優質企業發展出長期的關係，而且要避免不必要的周轉率，因為長期下來能創造價值的精髓就在這裡。」

桑代克認為，我們最好把巴菲特理解為「他是一個把降低周轉率當成主要目標的經營者、投資人、哲學家」。為什麼？因為周轉是要付出成本的，而且這個成本不只是交易手續費與資本利得要繳的稅金。在巴菲特心目中，本質上，周轉率的成本與人性比較有關係。如果你已經組合到最棒的公司，這些公司也由最優秀的經營者打理，而且也有最好的投資人在資助這些公司，那麼，誰還想打斷這種堅強陣容長期的價值創造過程呢？

像巴菲特一樣思考

關於巴菲特投資法與他無可匹敵的成就，我已經寫作與推廣了二十多年，我經常聽到的一個評語是：「唉呀，如果我有他的財富，我也能在股市賺大錢。」但我從來都沒弄懂說這句話的人的思考邏輯。如果你循著這句話的邏輯，似乎就是說，在學習變成有錢人的才能之前，必須要先有錢。但我必須提醒大家，巴菲特在他成為百萬富翁、甚至億萬富翁之前，早就發展出一套獨特的投資程序。

接下來，我將盡我所能讓你相信，即使你的投資金額沒有那麼多，如果你把巴菲特的投資法則整合到你的投資思維，並根據這些法則來做投資決策，你就能達到巴菲特般的投資成就。我沒有辦法保證的是，你從一百美元開始投資，幾年後就會變成億萬富翁；但我可以保證的是，你的投資成果一定會超越和你擁有一樣的財務資源，但卻依賴隨便一個投機客投資架構的人。

所以，讓我們利用一個假設的情境，一步一步來體驗這個步驟。

我們現在假設，你必須做一個非常重要的決定。明天，你將有機會挑選一家公司來投資，而且只有一家。為了讓這個假設更有趣，我們再假設，一旦做出決定，就不能改變，而且你必須抱住這個投資十年。最後，從這家公司得到的獲利，可以應付你的退休生活。現在，你該怎麼思考？

事業守則

這家公司簡單易懂嗎？除非你了解一家公司怎麼賺錢，否則你無法明智地推測這家公司的未來。投資人經常在投資股票時，一點也不了解這家公司如何創造銷售額、發生費用，以及產生獲利。如果這些你都了解，你就是做好再進一步研究的準備了。

這家公司有沒有穩定的營運歷史？如果你要把全家人的未來投資在一家公司，就必須知道，這家公司是否經歷過時間的考驗。你不太可能把未來賭在一家沒有經歷過不同經濟循環與競爭的新創公司上。你應該確認，你投資的公司已經在這一行做得夠久，並展現出假以時日可以賺到龐大利潤的能力。

這家公司的長期前途是否看好？最好的公司，也就是長期前途最被看好的公司，亦即巴菲特所說的「特許公司」，這種公司銷售的產品或服務，是人們有需求或想要的，而且沒有相近的替代品，利潤也不受主管機關的法規影響。一般來說，特許公司也擁有很高的經濟商譽，讓公司更能抵擋通貨膨脹的影響。你最不想買的公司就是日用品公司，日用品公司賣的產品或服務和競爭者大同小異，沒有差異性，而且也很少或甚至沒有所謂的經濟商譽。在眾多日用品公司中，唯一的差異就是價格。持有日用品公司股票要面臨的困難，就是有時候競爭者會拿價格當武器，會用低於公司成本的價格銷售產品，以便暫時吸引到消費者，並希望他們留下來。如果你的競爭對手是偶爾會以低於成本的價格銷售產品的公司，你就注定不會有好下場。

一般來說，大部分的企業都介於這兩種形態之間，不是弱小的特許公司，就是強大的日用品公司。但弱小的特許公司比起強大的日用品公司，長期前途其實更加看好。甚至弱小的特許公司也具有某些定價能力，讓公司可以賺到高於平均值的資本報酬率。相反的，強大的日用品公司只有在成為最低價的供應商時，才能賺到高於平均值的報酬。擁有特許公司還有一個優勢，特許公司即使遇到能力普通的經營者，也能繼續存活；但日用品公司如果遇到無能的經營者，就注定完蛋了。

經營團隊守則

經營者是否理性？你不必注意股市或一般經濟狀況，要注意的是公司的現金。經營團隊如何再投資公司的現金盈餘，會影響到你是否能得到適當的投資報酬率。如果你投資的公司產生的現金，比維持營運所需更多，這就是你要找的公司，也要仔細觀察經營團隊的行動。理性的經營者會把公司過多的現金，只投資在報酬率比資金成本更高的投資機會上。如果找不到這樣的投資機會，理性的經營者會藉由增加股利與回購股票，把現金退還給股東。但不理性的經營者會不斷想方設法花掉多餘的現金，卻不把錢還給股東。當他們的投資報酬率低於資金成本時，你就能發現這些不理性的經營者。

經營者是否對股東誠實？雖然你可能沒有機會和你投資的公司執行長坐下來談話，但你可以從執行長與股東溝通的風格看到很多跡象。經營者在報告公司的進展時，是不是能讓你了解每一個部門的表現？經營團隊是否像他們大力公開宣揚功績的態度一樣，坦白承認公司的失敗之處？最重要的是，經營團隊是否直接主張，公司的主要目標就是要讓投資人得到最大的投資報酬率？

經營者是否能拒絕制度性的盲目從眾？有一種看不見的強大力量，會讓經營者採取不理性的行為，並影響到業主的利益。這個力量就是制度性強制力，也就是不用大腦，像旅鼠一樣模仿其他經營者的行為，但這些經營者的行為根據的邏輯卻是：如果其他公司都在做，就一定沒錯。衡量經營者能力的方法，就是衡量他們能獨立思考並且避免從眾心理的程度。

財務守則

聚焦於股東權益報酬率，而不是每股盈餘。大部分的投資人以每股盈餘判斷一家公司的年度表現，他們會看每股盈餘是否創紀錄，或比前一年大幅增加。但因為公司都會保留前一年的部分盈餘而持續增加資本基礎（capital base），因此看盈餘成長（每股盈餘都會自動成長）確實毫無意義。當公司在大聲報告「每股盈餘創紀錄」時，投資人會誤以為，一年又一年，經營團隊都做了什麼了不起的事。衡量公司年度績效一個更正確的指標是股東權益報酬率，也就是營業利益與股東權益的比例，因為它會把公司不斷成長的資本基礎考慮進來。

計算「業主盈餘」。一家公司創造現金的能力會決定它的價值。巴菲特找的是創造的現金超過公司需求，因此不會消耗現金的公司。但是在判斷一家公司的價值時，必須要了解產業差異。擁有高固定資產獲利率的公司，有些盈餘必須撥來維護設備或做為設備升級之用，就比低固定資產獲利率的公司，需要更大比例的保留盈餘，以維持公司的營運。因此，在計算盈餘時必須加以調整，以反應公司的現金產生能力。

一個更適當的衡量方法，就是巴菲特所謂的「業主盈餘」。業主盈餘的算法是：淨利加上折舊、耗損與攤提費用，然後減掉公司維持經濟地位所需的資本支出。

尋找高獲利率的公司。高獲利率的公司反應的不只是一家競爭力強的公司，也反應出經營團隊努力控制成本的精神。巴菲特喜歡有成本意識的經營者，討厭讓成本飆升的經營者。事實上，股東間接擁有公司的獲利，每一塊沒有花在刀口上的錢，都是剝奪股東一塊錢的獲利。經過這麼多年下來，巴菲特已經觀察到，高營運成本的公司一般都會找到維持或增加成本的方法，但是營運成本低於一般平均值的公司，卻會因找到節省開銷的方法而自豪。

每一美元的保留盈餘，至少可以創造一美元的市場價值。這是一個快速的財務檢驗方法，不只可以讓你知道這家公司有多少實力，也能知道經營團隊理性配置公司資源的程度。

一家公司的淨利減掉發給股東的股利，剩下來的就是公司的保留盈餘。現在，把公司十年期間的保留盈餘加總起來，接著再計算公司的目前市值與十年前的市值差異。如果公司在這十年運用保留盈餘的方式不夠有生產力，市場終究會追上公司的價值，還會給出一個較低的股價。如果公司市值增加的金額，少於保留盈餘的總額，公司實際上是在退步。但如果公司的保留盈餘能賺到高於平均值的報酬率，公司市值增加的金額應該會超過公司保留盈餘的總額，也就是說每一美元的保留盈餘，至少可以賺到一美元的市值。

價值守則

公司的價值是多少？公司價值的算法是：預估公司在生命週期中會產生的現金流量，並以一個適當的利率折成現值。一家公司的現金流量就是公司的業主盈餘。長期計算業主盈餘，你就會了解，業主盈餘是持續以某個比率成長，還是只在某個定值上下跳動。

如果公司的盈餘上下跳動，你應該用長期利率把這些盈餘折成現值。如果業主盈餘顯示出某種可以預期的成長模式，貼現率就可以降低為成長率。不要對公司的未來成長率過度樂觀。最好用比較保守的估計，別一頭熱地膨脹公司的價值。巴菲特是用美國政府長期公債的殖利率當做為貼現率。而且，巴菲特也沒有在這個貼現率上增加股權風險溢價，但如果利率下跌時，他會把貼現率往上調整。

相對於公司的價值，這家公司是否能以極大的折扣價格買到？會算一家公司的價值之後，下一個步驟就是要查看市場價格。巴菲特的原則是，只有公司股價是公司價值很大的折扣時，才會買進這家公司。注意：只有前面的步驟都做完了，最後一個步驟才去看股價。

計算一家公司的價值並不是很艱深的數學。不過，如果錯估一家公司未來的現金流量，就會出現問題。面對這個問題，巴菲特有兩個方法。第一，他會選擇在特質上簡單又穩定的公司，以增加正確預估未來現金流量的機會。第二，他堅持每一家買進的公司，在買價與算出來的公司價值之間，一定要有足夠的安全邊際。當公司未來的現金流量有變化時，這個安全邊際可以提供保護巴菲特（與投資人）的緩衝。

巴菲特的四大滾雪球投資法

事業守則

這家公司是否簡單易懂？

這家公司是否有穩定的營運歷史？

這家公司的長期前途是否看好？

管理團隊守則

管理團隊是否夠理性？

管理團隊是否對股東誠實？

管理團隊是否能拒絕制度性的從眾盲目？

財務守則

聚焦在股東權益報酬（ROE），而不是每股盈餘（EPS）。

「業主盈餘」是多少？（owner earnings）

尋找高獲利率的公司。

公司每一美元的保留盈餘，是否至少可以創造一美元的市場價值？

價值守則

這家公司的價值是多少？

能否以遠低於這家公司價值的價格，買到這家公司的股票？

現在，你已經是一家公司的股東，而不是股票承租人，並已經做好準備要擴大理論上的投資組合，也就是要從持有一支股票，增加到持有好幾支股票。由於你不再只以股價變化，或與一支股票的基準比較每年的價格差異，來衡量你的投資成就，你就有選擇最好股票的自由。沒有哪一條法律說，你必須在投資組合中納入每一個主要的產業，也沒有說必須買進四十支、五十支、六十支或一百支股票，才能做到適當的風險分散。

巴菲特認為，只有投資人不知道自己在做什麼的時候，才需要廣泛的分散投資。對股票「一無所知」的投資人，如果想買股票，就應該買數量非常多的股票，而且要把買股的時間分開，不要集中時間買進。換句話說，一無所知的投資人應該買指數型基金與定期定額基金。成為指數型投資人，並沒有什麼好羞愧的。事實上，巴菲特指出，指數型投資人最後也會超越大部分的投資專業人士。他要大家注意的是：「當『愚蠢』的人知道自己的侷限時，就不愚蠢了。」

巴菲特又說：「從另一個角度來看，如果你是一個對股票『略有所知』的投資人，你有能力理解公司的經濟狀況，並找出五到十家擁有重大長期優勢但股價被低估的公司，傳統的分散投資法對你就毫無意義。」巴菲特請投資人去思考一個問題：如果你手上最好的公司風險最低，而且長期前途最被看好，你為什麼要把錢投資到你第二十個喜歡的公司，而不是加碼買進這家最好的公司？

現在，再看看你理論上已經超過一支股票的投資組合表現如何？就像巴菲特一樣，藉著計算公司的透視盈餘，就能評估這些公司的獲利情形。把每股盈餘乘以你擁有的股數，就能算出你所持有的公司的總獲利能力。巴菲特說，公司業主的目標是：打造出十年後能產生最高透視盈餘總額的投資組合。

現在，在你的投資組合中，最優先要看的就是透視盈餘成長率，而不是價差，於是，很多事就開始不一樣了。第一，你比較不會因為賺了一點錢就賣掉最好的公司。比較諷刺的是，當企業經營者專心經營公司時，都能理解這個道理。巴菲特也說：「不管股價如何，子公司如果擁有長期經濟利益，母公司也比較不會賣掉這家子公司。」想要提高公司價值的執行長，也不會把公司最賺錢的事業賣掉。但是相同的執行長在處理自己個人的投資組合時，卻會衝動地賣掉股票，他們的邏輯差不多就是「賺錢的人是不會破產的」。巴菲特說：「我們認為，經營企業與管理股票的道理一樣，投資人即使持有一小部分流通在外的股票，他的態度也應該和擁有整家公司一樣堅持。」

現在，你正在管理一個包含很多公司的投資組合，你不只要避免賣掉手上最好的公司，還要更用心挑選新的公司。不要只是因為你手上有現金準備金，就去買一家賺錢的公司，務必要抗拒這種誘惑。如果公司沒有通過你的投資法則篩選，就不要買。耐心等待對的公司出現。認為如果不買賣，就是沒有進展，是一種錯誤至極的觀念。在巴菲特的心目中，一輩子要做數百個聰明的決定，實在太難了，根本不可能做到。他寧願把投資組合定位好，所以他只要做幾個聰明決定就好。

找出自己的風格

喬治．強森（George Johnson）在《心靈之火》（*Fire in the Mind*）一書中寫到：「大腦的設計就是要尋找模式，包括真實與想像中的模式，而且極度厭惡混亂狀態。」這段話也透露出投資人面對的兩難。強森認為，大腦渴望模式，因為模式就代表秩序，有了秩序，就能規畫與應用資源。

我們後來也了解到，巴菲特其實一直在尋找模式，也就是在分析一家公司時可以找到的模式。因為他知道，在某個時間點上，這些公司模式也會顯示出公司未來股價的模式。當然，股價模式不會反應每一次公司模式的變化，但如果你的時間夠長，就會驚訝地發現，股價模式最後都會符合公司模式。

但很多投資人都在錯誤的地方尋找模式，他們總是很相信，一定有某些可以預測的模式，能夠用來計算短期的價差。但他們真的搞錯了。並沒有什麼可預測的模式能用來猜測股市日後的走勢。真正的模式不會重複。但這些投資人並不死心，還在繼續試。

那麼投資人如何在一個缺乏模式可以辨認的世界中運籌帷幄呢？答案是，在對的層次注意對的地方。雖然整體的經濟與市場太大也太複雜，真的很難預測，但在公司的層次，的確存在可以辨認的模式。在每一家公司的內部，都可以看到公司模式、經營模式與財務模式。

如果潛心研究這些模式，在很多情況下，就能做出有關公司未來的合理預測。巴菲特就是專心研究這些模式，而不是去注意無數投資人不可預測的行為模式。巴菲特說：「我一直都知道，評估基本面的重要性比注意投資人的心理投票，要容易多了。」

做足功課

我們可以確定的是，知識可以提高投資報酬率，也能降低整體的風險。我認為，知識也可以清楚說明投資和投機的差異。你對公司了解得愈多，就愈不可能任由純粹的投機心態影響你的思考與行動。

財經作家朗・契諾（Ron Chernow）主張：「金融體系反應出社會的價值觀。」我認為這句話大致上是正確的。三不五時，我們就會出現錯誤的價值觀，以至於讓市場屈服於投機的力量。然後很快地，我們會做點修正再繼續往前走，但沒想到，新路線也不是一路順暢，不小心摔了一跤之後，只好又退回到毀滅性的習慣。要中止這種惡性循環的方法：一定要了解：什麼可行，什麼不可行。

巴菲特也曾經失敗過，而且毫無疑問的，未來也一定會遇到更多失敗。但投資成功並不表示永遠不會犯錯。投資成功其實是因為做對的事比做錯的事來得多。巴菲特投資法也是一樣。巴菲特投資法之所以成功，是因為它能減少一般人容易犯的投資錯誤，這些事很多，也很令人困惑（預測市場、經濟與股價）；但是，巴菲特投資法要你把某些事情做對，這些事很少，也很簡單（主要就是評估一家公司的價值）。巴菲特買股票時，只注意兩個簡單的變數：公司的價格與價值。公司的價格可以看股市的報價。決定公司的價值就需要做點計算，但這不會超過願意自己做功課的人的能力。

因為你不再擔心股市、經濟或預測股價，就會有更多時間了解你的公司。研讀公司年報與公司和產業報導，都能提升你身為公司股東的知識，花費的時間會更有生產力。事實上，愈是願意研究自己的公司，就愈不需要依賴那些建議別人採取不理性行為維生的人。

最後，從研究功課中，自然就會出現最好的投資點子。你真的不必太擔心，巴菲特投資法並沒有超過大多數用功投資人的理解能力。你不需要成為企業估值的商管碩士權威，才能成功運用這個方法。如果你不放心自己應用這些投資法則，也可以拿同樣的問題去問你的財務顧問。事實上，愈深入了解價格與價值的關係，就愈能了解並推崇巴菲特投資法。

在巴菲特的人生中，也曾經嘗試過不同的投資技巧。年輕的時候，他甚至自己畫過股價圖。在有價證券分析上，他受到這一行最聰明的大師葛拉漢親自調教，另外，他也很早就因為研究費雪的投資策略而受惠。最幸運的是，他與蒙格成為合夥人，可以實際應用所有學到的知識與技巧。在長達將近六十年的投資生涯中，巴菲特遭遇到無數的經濟、政治與軍事挑戰，但最終都能安然度過。在這麼多令人心煩意亂的事件中，他找到自己的投資利基，一切也因此變得合理了：投資策略與個性密不可分。巴菲特說：「我們的投資態度符合我們的個性以及我們想要的生活方式。」

在巴菲特的生活態度中，很容易看到這種和諧感。他總是興致勃勃，而且總是樂於對人提供協助。他是真的因為每一天要去上班而感到興奮。他說：「我一生想要的都在這兒，我熱愛我的每一天。每一天，我都踩著踢踏舞來辦公室，和我喜歡的人一起工作。」他又說：「全天下沒有比經營波克夏更有趣的工作了。人生可以走到這裡，我覺得自己真的很幸運。」

〔附錄〕

波克夏公司主要持股
1977 年 - 2012 年

1977 年

股數	公司	總買進成本	總市值
934,300	華盛頓郵報公司	$10,628	$33,401
1,969,953	GEICO（可轉換優先股）	19,417	33,033
592,650	聯跨公司	4,531	17,187
220,000	首都傳播公司	10,909	13,228
1,294,308	GEICO（普通股）	4,116	10,516
324,580	凱塞鋁業及化學公司	11,218	9,981
226,900	騎士報業	7,534	8,736
170,800	奧美集團	2,762	6,960
1,305,800	凱塞產業公司	778	6,039
	小　計	$71,893	$139,801
	其餘普通股	34,996	41,992
	總　計	$106,889	$181,073

資料來源：波克夏公司年報
$ 的平均單位均為千美元

1978 年

股數	公司	總買進成本	總市值
934,000	華盛頓郵報公司	$10,628	$43,445
1,986,953	GEICO（可轉換優先股）	19,417	28,314
953,750	西弗科保險	23,867	26,467
592,650	聯跨媒體公司	4,531	19,039
1,066,934	凱塞鋁業暨化學公司	18,085	18,671
453,800	騎士報業	7,534	10,267
1,294,308	GEICO（普通股）	4,116	9,060
246,450	美國廣播公司	6,082	8,626
	小　計	$94,260	$163,889
	其餘普通股	39,506	57,040
	總　計	$133,766	$220,929

1979 年

股數	公司	總買進成本	總市值
5,730,114	GEICO（普通股）	$28,288	$68,045
1,868,000	華盛頓郵報公司	10,628	39,241
1,007,500	漢迪暨哈門集團	21,825	38,537
953,750	西弗科保險	23,867	35,527
711,180	聯跨媒體公司	4,531	23,736
1,211,834	凱塞鋁業暨化學公司	20,629	23,328
771,900	伍爾沃茲連鎖	15,515	19,394
328,700	通用食品	11,437	11,053
246,450	美國廣播公司	6,082	9,673
289,700	聯合出版	2,821	8,800
391,400	奧美集團	3,709	7,828
282,500	媒體大眾公司	4,545	7,345
112,545	阿美拉達赫斯公司	2,861	5,487
	小　計	$156,738	$297,994
	其餘普通股	28,675	36,686
	總　計	$185,413	$334,680

1980 年

股數	公司	總買進成本	總市值
7,200,000	GEICO	$47,138	$105,300
1,983,812	通用食品	62,507	59,889
2,015,000	漢迪暨哈門集團	21,825	58,435
1,250,525	西弗科保險	32,063	45,177
1,868,600	華盛頓郵報公司	10,628	42,277
464,317	美國鋁業公司	25,577	27,685
1,211,834	凱塞鋁業暨化學公司	20,629	27,569
711,180	聯跨媒體公司	4,531	22,135
667,124	伍爾沃茲連鎖	13,583	16,511
370,088	平克頓企業	12,144	16,489
475,217	克里夫蘭斷崖鋼鐵	12,942	15,894
434,550	聯合出版	2,821	12,222
245,700	雷諾茲菸草集團	8,702	11,228
391,400	奧美集團	3,709	9,981
282,500	媒體大眾公司	4,545	8,334
247,039	國家底特律企業	5,930	6,299
151,104	時代明鏡公司	4,447	6,271
881,500	全國學生行銷公司	5,128	5,895
	小　計	$298,848	$497,591
	其餘普通股	26,313	32,096
	總　計	$325,161	$529,687

1981 年

股數	公司	總買進成本	總市值
7,200,000	GEICO	$47,138	$199,800
1,764,824	雷諾茲菸草集團	76,668	83,127
2,101,244	通用食品	66,277	66,714
1,868,600	華盛頓郵報公司	10,628	58,160
2,015,000	漢迪暨哈門集團	21,825	36,270
785,225	西弗科保險	21,329	31,016
711,180	聯跨媒體公司	4,531	23,202
370,088	平克頓企業	12,144	19,675
703,634	美國鋁業公司	19,359	18,031
420,441	阿卡特公司	14,076	15,136
475,217	克里夫蘭斷崖鋼鐵	12,942	14,362
451,650	聯合出版	3,297	14,362
441,522	GATX 集團	17,147	13,466
391,400	奧美集團	3,709	12,329
282,500	媒體大眾公司	4,545	11,088
	小　計	$335,615	$616,490
	其餘普通股	16,131	22,739
	總　計	$351,746	$639,229

1982 年

股數	公司	總買進成本	總市值
7,200,000	GEICO	$47,138	$309,600
3,107,675	雷諾茲菸草集團	142,343	158,715
1,868,600	華盛頓郵報公司	10,628	103,240
2,101,244	通用食品	66,277	83,680
1,531,391	時代集團	45,273	79,824
908,800	克朗佛斯特公司	47,144	48,962
2,379,200	漢迪暨哈門集團	27,318	46,692
711,180	聯跨媒體公司	4,531	34,314
460,650	聯合出版	3,516	16,929
391,400	奧美集團	3,709	17,319
282,500	媒體大眾公司	4,545	12,289
	小　計	$402,422	$911,564
	其餘普通股	21,611	34,058
	總　計	$424,033	$945,622

1983 年

股數	公司	總買進成本	總市值
6,850,000	GEICO	$47,138	$398,156
5,618,661	雷諾茲菸草集團	268,918	314,334
4,451,544	通用食品	163,786	228,698
1,868,600	華盛頓郵報公司	10,628	136,875
901,788	時代集團	27,732	56,860
2,379,200	漢迪暨哈門集團	27,318	42,231
636,310	聯跨媒體公司	4,056	33,088
690,975	聯合出版	3,516	26,603
250,400	奧美集團	2,580	12,833
197,200	媒體大眾公司	3,191	11,191
	小　計	$558,863	$1,260,869
	其餘普通股	7,485	18,044
	總　計	$566,348	$1,278,913

1984 年

股數	公司	總買進成本	總市值
6,850,000	GEICO	$47,138	$397,300
4,047,191	通用食品	149,870	226,137
3,895,710	艾克森石油	173,401	175,307
1,868,600	華盛頓郵報公司	10,628	149,955
2,553,488	時代集團	89,237	109,162
740,400	美國廣播公司	44,416	46,738
2,379,200	漢迪與哈門集團	27,318	38,662
690,975	聯合出版	3,516	32,908
818,872	聯跨媒體公司	2,570	28,149
555,949	西北企業集團	26,581	27,242
	小　計	$573,340	$1,231,560
	其餘普通股	11,634	37,326
	總　計	$584,974	$1,268,886

1985 年

股數	公司	總買進成本	總市值
6,850,000	GEICO	$45,713	$595,950
1,727,765	華盛頓郵報公司	9,731	205,172
900,800	美國廣播公司	54,435	108,997
2,350,922	比特里斯食品	106,811	108,142
1,036,461	聯合出版	3,516	55,710
2,553,488	時代集團	20,385	52,669
2,379,200	漢迪暨哈門集團	27,318	43,718
	小　計	$267,909	$1,170,358
	其餘普通股	7,201	27,963
	總　計	$275,110	$1,198,321

1986 年

股數	公司	總買進成本	總市值
2,990,000	首都／美國廣播公司	$515,775	$801,694
6,850,000	GEICO	45,713	674,725
1,727,765	華盛頓郵報公司	9,731	269,531
2,379,200	漢迪暨哈門集團	27,318	46,989
489,300	李爾西格勒公司	44,064	44,587
	小　計	$642,601	$1,837,526
	其餘普通股	12,763	36,507
	總　計	$655,364	$1,874,033

1987 年

股數	公司	總買進成本	總市值
3,000,000	首都／美國廣播公司	$517,500	$1,035,000
6,850,000	GEICO	45,713	756,925
1,727,765	華盛頓郵報公司	9,731	323,092
	總　計	$572,944	$2,115,017

1988 年

股數	公司	總買進成本	總市值
3,000,000	首都／美國廣播公司	$517,500	$1,086,750
6,850,000	GEICO	45,713	849,400
14,172,500	可口可樂	592,540	632,448
1,727,765	華盛頓郵報公司	9,731	364,126
2,400,000	聯邦住宅抵押借款公司	71,729	121,200
	總　計	$1,237,213	$3,053,924

1989 年

股數	公司	總買進成本	總市值
23,350,000	可口可樂	$1,023,920	$1,803,787
3,000,000	首都／美國廣播公司	517,500	1,692,375
6,850,000	GEICO	45,713	1,044,625
1,727,765	華盛頓郵報公司	9,731	486,366
2,400,000	聯邦住宅抵押借款公司	71,729	161,100
	總　計	$1,668,593	$5,188,253

1990 年

股數	公司	總買進成本	總市值
46,700,000	可口可樂	$1,023,920	$2,171,550
3,000,000	首都／美國廣播公司	517,500	1,377,375
6,850,000	GEICO	45,713	1,110,556
1,727,765	華盛頓郵報公司	9,731	342,097
2,400,000	聯邦住宅抵押借款公司	71,729	117,000
	總　計	$1,958,024	$5,407,953

1991 年

股數	公司	總買進成本	總市值
46,700,000	可口可樂	$1,023,920	$3,747,675
6,850,000	GEICO	45,713	1,363,150
24,000,000	吉列公司	600,000	1,347,000
3,000,000	首都／美國廣播公司	517,500	1,300,500
2,495,200	聯邦住宅抵押借款公司	77,245	343,090
1,727,765	華盛頓郵報公司	9,731	336,050
31,247,000	健力士	264,782	296,755
5,000,000	富國銀行	289,431	290,000
	總　計	$2,828,322	$9,024,220

1992 年

股數	公司	總買進成本	總市值
93,400,000	可口可樂	$1,023,920	$3,911,125
34,250,000	GEICO	45,713	2,226,250
3,000,000	首都／美國廣播公司	517,500	1,523,500
24,000,000	吉列公司	600,000	1,365,000
16,196,700	聯邦住宅抵押借款公司	414,527	783,515
6,358,418	富國銀行	380,983	485,624
4,350,000	通用動力	312,438	450,769
1,727,765	華盛頓郵報公司	9,731	396,954
38,335,000	健力士	333,019	299,581
	總　計	$3,637,831	$11,442,318

1993 年

股數	公司	總買進成本	總市值
93,400,000	可口可樂	$1,023,920	$4,167,975
34,250,000	GEICO	45,713	1,759,594
24,000,000	吉列公司	600,000	1,431,000
2,000,000	首都／美國廣播公司	345,000	1,239,000
6,791,218	富國銀行	423,680	878,614
13,654,600	聯邦住宅抵押借款公司	307,505	681,023
1,727,765	華盛頓郵報公司	9,731	440,148
4,350,000	通用動力	94,938	401,287
38,335,000	健力士	333,019	270,822
	總　計	$3,183,506	$11,269,463

1994 年

股數	公司	總買進成本	總市值
93,400,000	可口可樂	$1,023,920	$5,150,000
24,000,000	吉列公司	600,000	1,797,000
20,000,000	首都／美國廣播公司	345,000	1,705,000
34,250,000	GEICO	45,713	1,678,250
6,791,218	富國銀行	423,680	984,272
27,759,941	美國運通	723,919	818,918
13,654,600	聯邦住宅抵押借款公司	270,468	644,441
1,727,765	華盛頓郵報公司	9,731	418,983
19,453,300	PNC 銀行	503,046	410,951
6,854,500	加內集團	335,216	365,002
	總　計	$4,280,693	$13,972,817

1995 年

股數	公司	總買進成本	總市值
49,456,900	美國運通	$1,392,700	$2,046,300
20,000,000	首都／美國廣播公司	345,000	2,467,500
100,000,000	可口可樂	1,298,900	7,425,000
12,502,500	聯邦住宅抵押借款公司	260,100	1,044,000
34,250,000	GEICO	45,700	2,393,200
48,000,000	吉列公司	6,00,000	2,502,000
6,791,218	富國銀行	423,700	1,466,900
	總　計	$4,366,100	$19,344,900

1996 年

股數	公司	總買進成本	總市值
49,456,900	美國運通	$1,392,700	$2,794,300
200,000,000	可口可樂	1,298,900	10,525,000
24,614,214	華特迪士尼集團	577,000	1,716,800
64,246,000	聯邦住宅抵押借款公司	333,400	1,772,800
48,000,000	吉列公司	600,000	3,732,000
30,156,600	麥當勞	1,265,300	1,368,400
1,727,765	華盛頓郵報公司	10,600	579,000
7,291,418	富國銀行	497,800	1,966,900
	總　計	$5,975,700	$24,455,200

1997 年

股數	公司	總買進成本	總市值
49,456,900	美國運通	$1,392,700	$4,414,000
200,000,000	可口可樂	1,298,900	13,337,500
21,563,414	華特迪士尼集團	381,200	2,134,800
63,977,600	房地美	329,400	2,683,100
48,000,000	吉列公司	600,000	4,821,000
23,733,198	旅行家集團	604,400	1,278,600
1,727,765	華盛頓郵報公司	10,600	840,600
6,690,218	富國銀行	412,600	2,270,900
	總　計	$5,029,800	$31,780,500

1998 年

股數	公司	總買進成本	總市值
50,536,900	美國運通	$1,470,000	$5,180,000
200,000,000	可口可樂	1,299,000	13,400,000
51,202,242	華特迪士尼集團	281,000	1,536,000
60,298,000	房地美	308,000	3,885,000
96,000,000	吉列公司	600,000	4,590,000
1,727,765	華盛頓郵報公司	11,000	999,000
63,595,180	富國銀行	392,000	2,540,000
	其餘普通股	2,683,000	5,135,000
	總　計	$7,044,000	$37,265,000

1999 年

股數	公司	總買進成本	總市值
50,536,900	美國運通	$1,470,000	$8,402,000
200,000,000	可口可樂	1,299,000	11,650,000
59,559,300	華特迪士尼集團	281,000	1,536,000
60,298,000	房地美	294,000	2,803,000
96,000,000	吉列公司	600,000	3,954,000
1,727,765	華盛頓郵報公司	11,000	960,000
59,136,680	富國銀行	349,000	2,391,000
	其餘普通股	4,180,000	6,848,000
	總　計	$8,203,000	$37,008,000

2000 年

股數	公司	總買進成本	總市值
151,610,700	美國運通	$1,470,000	$8,329,000
200,000,000	可口可樂	1,299,000	12,188,000
96,000,000	吉列公司	600,000	3,468,000
1,727,765	華盛頓郵報公司	11,000	1,066,000
55,071,380	富國銀行	319,000	3,067,000
	其餘普通股	6,703,000	9,501,000
	總　計	$10,402,000	$37,619,000

2001 年

股數	公司	總買進成本	總市值
151,610,700	美國運通	$1,470,000	$5,410,000
200,000,000	可口可樂	1,299,000	9,430,000
96,000,000	吉列公司	600,000	3,206,000
15,999,200	H&R 金融服務	255,000	715,000
24,000,000	穆迪公司	499,000	957,000
1,727,765	華盛頓郵報公司	11,000	916,000
53,265,080	富國銀行	306,000	2,315,000
	其餘普通股	4,103,000	5,726,000
	總　計	$8,543,000	$28,675,000

2002 年

股數	公司	總買進成本	總市值
151,610,700	美國運通	$1,470,000	$5,359,000
200,000,000	可口可樂	1,299,000	8,768,000
15,999,200	H&R 金融服務	255,000	643,000
24,000,000	穆迪公司	499,000	991,000
1,727,765	華盛頓郵報公司	11,000	1,275,000
53,265,080	富國銀行	306,000	2,497,000
	其餘普通股	4,621,000	5,383,000
	總　計	$9,146,000	$28,363,000

2003 年

股數	公司	總買進成本	總市值
151,610,700	美國運通	$1,470,000	$7,312,000
200,000,000	可口可樂	1,299,000	10,150,000
96,000,000	吉列公司	600,000	3,526,000
14,610,900	H&R 金融服務	227,000	809,000
15,476,500	HCA 醫院控股	492,000	665,000
6,708,760	M&T 銀行集團	103,000	659,000
24,000,000	穆迪公司	499,000	1,453,000
2,338,961,000	中國石油	488,000	1,340,000
1,727,765	華盛頓郵報公司	11,000	1,367,000
56,448,380	富國銀行	463,000	3,324,000
	其餘普通股	2,863,000	4,682,000
	總　計	$8,515,000	$35,287,000

2004 年

股數	公司	總買進成本	總市值
151,610,700	美國運通	$1,470,000	$8,546,000
200,000,000	可口可樂	1,299,000	8,328,000
96,000,000	吉列公司	600,000	4,299,000
14,350,600	H&R 金融服務	233,000	703,000
6,708,760	M&T 銀行集團	103,000	723,000
24,000,000	穆迪公司	499,000	2,084,000
2,338,961,000	中國石油 H 股	488,000	1,249,000
1,727,765	華盛頓郵報公司	11,000	1,698,000
56,448,380	富國銀行	463,000	3,508,000
1,724,200	白山保險	369,000	1,114,000
	其餘普通股	3,351,000	5,465,000
	總計	$9,056,000	$37,717,000

2005 年

股數	公司	總買進成本	總市值
151,610,700	美國運通	1,287,000	7,802,000
30,322,137	阿莫普萊斯金融公司	183,000	1,243,000
43,854,200	安海斯 - 布希	2,133,000	1,844,000
200,000,000	可口可樂	1,299,000	8,062,000
6,708,760	M&T 銀行集團	103,000	732,000
48,000,000	穆迪公司	499,000	2,084,000
2,338,961,000	中國石油 H 股	488,000	1,915,000
100,000,000	寶僑	940,000	5,788,000
19,944,300	沃爾瑪	944,000	933,000
1,727,765	華盛頓郵報公司	11,000	1,322,000
95,092,200	富國銀行	2,754,000	5,975,000
1,724,200	白山保險集團	369,000	963,000
	其餘普通股	4,937,000	7,154,000
	總計	$15,947,000	$46,721,000

2006 年

股數	公司	總買進成本	總市值
151,610,700	美國運通	$1,287,000	$9,198,000
36,417,400	安海斯－布希	1,761,000	1,792,000
200,000,000	可口可樂	1,299,000	9,650,000
17,938,100	康菲石油	1,066,000	1,291,000
21,334,900	嬌生	1,250,000	1,409,000
6,708,760	M&T 銀行集團	103,000	820,000
48,000,000	穆迪公司	499,000	3,315,000
2,338,961,000	中國石油 H 股	488,000	3,313,000
3,486,006	浦項鋼鐵	572,000	1,158,000
100,000,000	寶僑	940,000	6,427,000
299,707,000	特易購	1,340,000	1,820,000
31,033,800	美國合眾銀行	969,000	1,123,000
17,072,192	USG 建材	536,000	936,000
19,944,300	沃爾瑪	942,000	921,000
1,727,765	華盛頓郵報公司	11,000	1,288,000
218,169,300	富國銀行	3,697,000	7,758,000
1,724,200	白山保險集團	369,000	999,000
	其餘普通股	5,866,000	8,315,000
	總計	$22,995,000	$61,533,000

2007 年

股數	公司	總買進成本	總市值
151,610,700	美國運通	$1,287,000	$7,887,000
35,563,200	安海斯－布希	1,718,000	1,861,000
60,828,818	伯靈頓北方聖塔菲	4,731,000	5,063,000
200,000,000	可口可樂	1,299,000	12,274,000
17,508,700	康菲石油	1,039,000	1,546,000
64,271,948	嬌生	3,943,000	4,287,000
124,393,800	卡夫食品	4,152.,000	4,059,000
48,000,000	穆迪公司	499,000	1,714,000
3,486,006	浦項鋼鐵	572,000	2,136,000
101,472,000	寶僑	1,030,000	7,450,000
17,170,953	賽諾菲－萬安特	1,466,000	1,575,000
227,307,000	特易購	1,326,000	2,156,000
75,176,026	美國合眾銀行	2,417,000	2,386,000
17,072,192	USG 建材	536,000	611,000
19,944,300	沃爾瑪	942,000	948,000
1,727,765	華盛頓郵報公司	11,000	1,367,000
303,407,068	富國銀行	6,677,000	9,160,000
1,724,200	白山保險集團	369,000	886,000
	其餘普通股	5,238,000	7,633,000
	總計	$39,252,000	$74,999,000

2008 年

股數	公司	總買進成本	總市值
151,610,700	美國運通	$1,287,000	$2,812,000
200,000,000	可口可樂	1,299,000	9,054,000
84,896,273	康菲石油	7,008,000	4,398,000
30,009,591	嬌生	1,847,000	1,795,000
130,272,500	卡夫食品	4,330,000	3,498,000
3,947,554	浦項鋼鐵	768,000	1,191,000
91,941,010	寶僑	643,000	5,684,000
22,111,966	賽諾菲 - 萬安特	1,827,000	1,404,000
11,262,000	瑞士再保險公司	733,000	530,000
227,307,000	特易購	1,326,000	1,193,000
75,145,426	美國合眾銀行	2,337,000	1,879,000
19,944,300	沃爾瑪	942,000	1,118,000
1,727,765	華盛頓郵報公司	11,000	674,000
304,392,068	富國銀行	6,702,000	8,973,000
	其餘普通股	6,035,000	4,870,000
	總計	$37,135,000	$49,073,000

2009 年

股數	公司	總買進成本	總市值
151,610,700	美國運通	$1,287,000	$6,143,000
225,000,000	比亞迪	232,000	1,986,000
200,000,000	可口可樂	1,299,000	11,400,000
37,711,330	康菲石油	2,741,000	1,926,000
28,530,467	嬌生	1,724,000	1,838,000
130,272,500	卡夫食品	4,330,000	3,541,000
3,947,554	浦項鋼鐵	768,000	2,092,000
83,128,411	寶僑	533,000	5,040,000
25,108,967	賽諾菲 - 萬安特	2,027,000	1,979,000
234,247,373	特易購	1,367,000	1,620,000
76,633,426	美國合眾銀行	2,371,000	1,725,000
39,037,142	沃爾瑪	1,893,000	2,087,000
334,235,585	富國銀行	7,394,000	9,021,000
	其餘普通股	6,680,000	8,636,000
	總計	$34,646,000	$59,034,000

2010 年

股數	公司	總買進成本	總市值
151,610,700	美國運通	$1,287,000	$6,507,000
225,000,000	比亞迪	232,000	1,182,000
200,000,000	可口可樂	1,299,000	13,154,000
29,109,637	康菲石油	2,028,000	1,982,000
45,022,563	嬌生	2,749,000	2,785,000
97,214,684	卡夫食品	3,207,000	3,063,000
19,259,600	慕尼黑再保險公司	2,896,000	2,924,000
3,947,554	浦項鋼鐵	768,000	1,706,000
72,391,036	寶僑	464,000	4,657,000
25,848,838	賽諾菲 - 萬安特	2,060,000	1,656,000
242,163,773	特易購	1,414,000	1,608,000
78,060,769	美國合眾銀行	2,401,000	2,105,000
39,037,142	沃爾瑪	1,893,000	2,105,000
358,936,125	富國銀行	8,015,000	11,123,000
	其餘普通股	3,020,000	4,956,000
	總計	$33,733,000	$61,513,000

2011 年

股數	公司	總買進成本	總市值
151,610,700	美國運通	$1,287,000	$7,151,000
200,000,000	可口可樂	1,299,000	13,994,000
29,100,937	康菲石油	2,027,000	2,121,000
63,905,931	IBM	10,856,000	11,751,000
31,416,127	嬌生	1,880,000	2,060,000
79,034,713	卡夫食品	2,589,000	2,953,000
20,060,390	慕尼黑再保險公司	2,990,000	2,464,000
3,947,555	浦項鋼鐵	768,000	1,301,000
72,391,036	寶僑	464,000	4,829,000
25,848,838	賽諾菲	2,055,000	1,900,000
291,577,428	特易購	1,719,000	1,827,000
78,060,769	美國合眾銀行	2,401,000	2,112,000
39,037,142	沃爾瑪	1,893,000	2,333,000
400,015,828	富國銀行	9,086,000	11,024,000
	其餘普通股	6,895,000	9,171,000
	總計	$48,209,000	$76,991,000

2012 年

股數	公司	總買進成本	總市值
151,610,700	美國運通	$1,287,000	$8,715,000
400,000,000	可口可樂	1,299,000	14,500,000
24,123,911	康菲石油	1,219,000	1,399,000
22,999,600	DirecTV	1,057,000	1,154,000
68,115,484	IBM	11,680,000	13,048,000
28,415,250	穆迪公司	287,000	1,430,000
20,060,390	慕尼黑再保險公司	2,990,000	3,599,000
20,668,118	菲利浦 66	660,000	1,097,000
3,947,555	浦項鋼鐵	768,000	1,295,000
52,477,678	寶僑	336,000	3,563,000
25,848,838	賽諾菲	2,073,000	2,438,000
415,510,889	特易購	2,350,000	2,268,000
78,060,769	美國合眾銀行	2,401,000	2,493,000
54,823,433	沃爾瑪	2,837,000	3,741,000
456,170,061	富國銀行	10,906,000	15,592,000
	其餘普通股	7,646,000	11,330,000
	總計	$49,796,000	$87,662,000

若想參考更詳盡的波克夏公司年報資料，可至該公司網站：http://www.berkshirehathaway.com/

致謝詞

我在很多場合都說過，本書的銷售成功，最重要的意義是證明了巴菲特的成功。他的機智、正直與知識分子的精神，受到全世界無數投資人的愛戴。就是這種無人能及的綜合特質，讓巴菲特成為今天投資界最受歡迎的模範人物，以及歷史上最偉大的投資人。

首先，我要感謝巴菲特的教導，並同意我使用有版權的資料。巴菲特已經說的話，不可能再修改得更好了。本書讀者很幸運可以讀到巴菲特原汁原味的話，而不需要藉由別人再次詮釋。我也要感謝巴菲特的祕書Debbie Bosanek的友善對待，願意花時間和我談話，我相信那天一定還有幾千件事在等著她處理。

我也要感謝蒙格對我在投資研究上貢獻的知識。他對「誤判心理學」與「心理模型網格」（latticework of mental models）的觀念，極為重要，值得所有人參考。我也要感謝他在和我談話時，總是思考周延，而且他也很好心地對我說了很多支持鼓勵的話。

對於露米斯，我也有很深的謝意。在巴菲特成立合夥投資公司的頭兩年，露米斯在《財富》雜誌從副研究員開始她的職業生涯，現在，她已經成為《財富》雜誌的資深總編輯，也是《紐約時報》暢銷書作家，更是一位優秀的美國記者。很多人都知道，她從一九七七年就開始編輯波克夏年報。她最初對我的鼓勵，對我意義重大，無法言喻。

我也要感謝《投資聖經》（*Of Permanent Value*）作者Andy Kilpatrick，每當我搞不清楚某事件，或對某特定的事感到印象模糊時，我就會去參考他的書。如果我還是沒弄清楚，我會打電話給他，他也會很快提供我期待的協助。安迪是位紳士，我認為他是波克夏的史官。

如果你三十年來一直都是波克夏社群的一分子，就會有接觸數千次談話、信件與電子郵件的特權。每次的交流經驗，都讓我感到輕鬆愉快。這也充分顯示出，波克夏這家公司的可靠。在這些交流中，我要感謝的人包括Chuck Akre、Jack Bogle、David Braverman、Jamie Clark、Bob Coleman、Larry Cunningham、Chris Davis、Pat Dorsey、Charles Ellis、Henry Emerson、Ken Fisher、Phil Fisher、Bob Goldfarb、Burton Gray、Mason Hawkins、Ajit Jain、Joan Lamm-Tennant、Virginia Leith、John Lloyd、Paul Lountzis、Janet Lowe、Peter Lynch、Michael Mauboussin、Robert Miles、Bill Miller、Ericka Peterson、Larry Pidgeon、Lisa Rapuano、Laura Rittenhouse、John Rothchild、Bill Ruane、Tom Russo、Alice Schroeder、Lou Simpson、Ed Thorp、Wally Weitz、以及David Winters。

我也欠一個敬愛的好朋友很多，他就是Charles E. Haldeman Jr.。他從一開始就支持我。我記得我問他：我應該去攻讀商管碩士，還是寫本有關巴菲特的書。他的回答是：「寫書！」這真是個好建議。他也讀了我最初的手稿，並提出幾個建議，大幅提升了本書的價值。謝謝你，Ed。

我也要感謝約翰威立出版公司（John Wiley & Sons），不只出版了這本書，過去二十年來，對我的其他書支持毫不動搖，不辭辛勞盡一切努力。在約翰威立公司的每一個人都很專業，我第一個要感謝的是Myles Thompson，願意為一個第一次寫作的人創造機會，我也要感謝Jennifer Pincott、Mary Daniello、Joan O'Neil、Pamela van Giessen，以及目前的團隊Kevin Commins與Judy Howarth。

我也非常感激我的經紀人，Sebastian Literary Agency的Laurie Harper。她是一個完美的經紀人，聰明、忠誠，總是興高采烈，而且為人非常正直。最重要的是，她總是願意多做一點，以確保我們有一流的合作成果。簡單的說，她非常出色。

二十年前，Myles Thompson把我這本書的第一次初稿，寄給Maggie Stuckey，問她是否願意運用她的寫作技巧，協助一個新手作家完成著作。從那時候開始，我和Maggie已經合作了九本書，我經常在想，如果她不同意成為我的寫作夥伴，我還會繼續寫下去嗎？雖然我們相隔著一個大陸，但她總是能把素材處理得非常貼切，讓我總是充滿驚喜。一章又一章，她不辭辛勞，不斷為這些素材設想更好的寫作架構，並為我寄給她的作品，思考更好的表達方式。Maggie Stuckey是財經圈裡最好的寫手。

任何曾經寫書的人都知道，寫書就代表要花無數時間一個人窩在不被打擾的地方寫作，自然也就少了與家人相處的時間。為了寫作，作者要做出某些犧牲，但我跟你保證，作者的家人犧牲更多。我深愛我的孩子，我也永遠感謝我的妻子瑪姬（Maggie），她從未動搖過對我以及對我們家人的支持。我告訴她我要寫一本書的那一天，她笑著對我說：這件事是可以完成的。她的回應也讓我相信這件事可以成真。她從不間斷的愛，讓一切變成可能。雖然我到最後才感謝我的家人，但在我的心目中，他們永遠都是第一優先的人。

本書的優點都歸功於提到的這些人；若有任何錯誤或遺漏，都是我個人的疏失。

海格斯壯

更多巴菲特投資法的網站

在現今的市場中應用巴菲特的投資方法，還有更多資訊可以參考，請到網站：www.thewarrenbuffettway.com，這個網站包括：

- 一個可以評估任何股票的互動工具；
- 波克夏海薩威公司所有持股的完整與即時清單；
- 巴菲特的新聞與論壇；
- 巴菲特自傳、投資程序摘要，以及他最有名的經典語錄；
- 有關巴菲特的其他產品，包括一支影片與相關書籍。

這個網站為本書提供了很寶貴的延伸資料，如果你希望像巴菲特一樣投資，網站中包含所有你需要的工具、資訊與評論。

國家圖書館出版品預行編目（CIP）資料

巴菲特的勝券在握之道：在負利率時代，存錢不如存股的 4 大滾雪球投資法／羅伯特 · 海格斯壯（Robert G. Hagstrom）著；林麗雪譯 . -- 初版 . -- 臺北市：遠流 ,2016.10
面；　公分
譯自：The Warren Buffett Way Third Edition
ISBN 978-957-32-7881-8（平裝）

1. 巴菲特（Buffett, Warren）2. 投資 3. 傳記

563.5　　105015308

實戰智慧館 446

巴菲特的勝券在握之道

在負利率時代，存錢不如存股的 4 大滾雪球投資法

作　　者——羅伯特 · 海格斯壯（Robert G. Hagstrom）
譯　　者——林麗雪

執行編輯——盧珮如
副 主 編——陳懿文
校　　對——呂佳真
行銷企劃——金多誠
出版一部總編輯暨總監——王明雪

發 行 人——王榮文
出版發行——遠流出版事業股份有限公司
104005 台北市中山北路一段 11 號 13 樓
郵撥：0189456-1　電話：(02)2571-0297　傳眞：(02)2571-0197
著作權顧問——蕭雄淋律師

2016 年 10 月 1 日 初版一刷
2023 年 6 月 25 日 初版十二刷
定價——新台幣 380 元（缺頁或破損的書，請寄回更換）

ISBN 978-957-32-7881-8

遠流博識網 http://www.ylib.com　E-mail:ylib@ylib.com
遠流粉絲團 http://www.facebook.com/ylibfans